金融哲学系列
之六

比特本位

周洛华　著

上海财经大学出版社
SHANGHAI UNIVERSITY OF FINANCE & ECONOMICS PRESS

图书在版编目(CIP)数据

比特本位 / 周洛华著. -- 上海：上海财经大学出版社, 2025. 9. --(金融哲学系列). -- ISBN 978-7-5642-4763-8

Ⅰ. F713. 361. 3

中国国家版本馆 CIP 数据核字第 2025NQ6951 号

□ 策划编辑　王永长
□ 责任编辑　王永长
□ 营销编辑　王永长
□ 封面设计　贺加贝

比 特 本 位

周洛华　著

上海财经大学出版社出版发行
(上海市中山北一路 369 号　邮编 200083)
网　　址：http://www.sufep.com
电子邮箱：webmaster@sufep.com
全国新华书店经销
苏州市越洋印刷有限公司印刷装订
2025 年 9 月第 1 版　2025 年 9 月第 1 次印刷

890mm×1240mm　1/32　12 印张(插页：2)　265 千字
印数：0 001—10 000　　定价：98.00 元

纸币和比特币的区别不是数量限制，而是发行门槛

发行比特币需要清晰明确且门槛不断提高的工作量证明

经济增长源自不断进步的科技，而非不停投放的货币

以下这些言论极大地影响了本书的写作过程：

相较于银行卡，比特币更像身份证。

——凌力

对持有者来说，比特币不是资产，而是信仰。

——宋晖炯

算力是未来的货币。

——山姆·奥特曼

银行将作为一种“服务”，而不是一个“机构”存续下去。

——比尔·盖茨

货币不是央行印出来的，而是人民用出来的。

——周洛华

深情怀念最近去世的岳母和两位导师。

张月芳

Richard S. Bower

Judith Fogelman Sennett

自序

2019 年 2 月，金融哲学系列的第一部《货币起源》出版了，我的“烦恼”也随之开始。这本书遭到了图书市场的冷遇——尽管它的盗版和未授权的电子版大行其道。结果就是出版商手里的正版书库存高企。为了消化这些库存，我被迫相继写了金融哲学系列——《市场本质》《估值原理》和《时间游戏》。我希望这一系列书能够满足不同读者的喜好，并激发他们对相关领域的兴趣，从而打开新市场，并最终带动《货币起源》的销售。

大约在 2024 年初，这个系列的第四部《时间游戏》出版以后，出版社通知我，《货币起源》的库存终于清空了。我如释重负，有一种“刑满释放”的感觉。于是，我开始谋划下一步的写作。

我想过是否应该继续写作该系列的下一部《风险史观》。原计划是把历史上那些重大军事和政治事件中当事人的决策过程模拟成金融学里投资人的交易策略。因为历史人物在做决策的时候，一定面对巨大的未知，承受巨大的压力。这种不确定性重压下的决策很像投资人面对某些市场机会和风险时采取的特定交易策略。这样一来，读者就可以用金融学的眼光去看待历史事件，以投资人的身份理解当事人决策时的掣肘和纠结。这种“讲故事”的写作计划很快得到了出版商热烈地反馈和欢迎。

但是，我对此顾虑重重。因为这种写作方法很像我祖父周谷城生前最反对的“资鉴派”历史学研究方法。他提倡“历史完型论”，即要把历史看成统一整体。因为历史不是短篇侦探小说合集，不能把某些事件和人物单独从历史中割裂出来写成故事，并当成镜子，来娱乐或教化当代人。

有鉴于此，他在新中国成立后很长一段时间里，一直拒绝修订他以前出版的《世界通史》。尽管早期版本中重大考古发现（英国“皮尔当人遗址”）已经被现代人证伪，他仍然坚持按照原著再版。他告诉出版社：“一只（湖南话发音为“扎”，意为“个”）字也不许改。”他认为，重要的不是修订或粉饰自己的著作，使得当代人读起来觉得“完美无瑕”；重要的是给后人留下一份思想史的史料，告诉他们当时的历史学家曾经怎样看待世界。这就是他对历史完型论的坚持。

秉承同样的原则，我回避了出版商有关修订《货币起源》的提醒和对《风险史观》的催促。于是，我想着写作另外一本新书，就像我在《时间游戏》结尾时预告的那样，写一本讲当代政治的《平等世界》。我开始准备工作不久，就发现一个重要的线索，十几年前出现的比特币最近成为重要的政治经济话题，几乎像分水岭一样改变了世界经济格局。我越是学习比特币和区块链的内容，越是感觉我既不能单独研究比特币的由来，也不能沿用货币史的老眼光去分析比特币的作用，而是应该反过来，从历史完型论的立场出发，在人类社会的进化史中理解比特币，从而给读者一种独特的新视角。为此，我有必要重述部分货币史——但这种重述不构成对《货币起源》的修订。在这本书中，读者会发现：只有理解了比特币，才能更好地理解金本位和纸币发行机制；只有理解了货币发行机制，才能更好地理解社会运转机制。它们都是统一整体的不同反映。从这个角度看，历史完型论所提倡的不能割裂和篡改历史记录完整性的思想，恰恰体现了区块链的特征。

我特别感谢复旦大学信息学院的凌力老师。在整个写作过程中，我无数次地电话打扰他，还数次去他家以请教为名蹭吃蹭喝。写完这本书以后，我意识到我问他的绝大多数问题其实都很低级、幼稚且重复。我完全应该自己事先在网上做好搜索和学习之后，再去请教他一些更有价值的问题。好在他每次都耐心地听我结结巴巴地问完这些肤浅问题，然后再细致地给我梳理出一个脉络清晰的解答，最后他还会责备自己上次没有把这个问题说清楚。他不仅从未向我们共同的朋友透露我其实是个对比特币一无所知的"小白"，还满含热忱并略带惊喜地称赞我分析比特币的视角十分独特，并说我的问题反过来使他受益匪浅。

于是，我又一次从愧疚中"刑满释放"并庆幸自己早年就认识了他这样一位当代"韩荆州"(这倒并非在暗示我就是币圈的"李白")。正是在他的启发和引导下，我才对比特币的本质恍然大悟：相比银行卡，比特币更像身份证。有关比特币的关键问题无关密码和算法，而是关于一群人为什么要获得一种新身份？他们要干什么？他们为什么要这样做？对于持有央行发行的纸币普通人来说，他们是敌是友？总之，我们不能从"人的资产"的角度去分析比特币的价值与未来，而要从"人的身份"的角度去理解为什么当代社会需要有人用一种新身份来扮演一个新角色。

在这本书中，我没有单独分析比特币的来龙去脉，而是在人类社会中完整地理解比特币的作用。我相信这是一本符合历史完型论的作品。

如果我在这一版中写错了某些东西，我也一定把这些行家眼里的"笑料"保留下来，绝不修订、掩饰或篡改记录。对于书中或有的错误，我会在再版时这样叮嘱出版社："请务必在书后装订一沓白纸，以便读者随手写下批判我的话。"

这一沓白纸，就是一页新账目，一块新区块，它将记录新交易、新思想和新路标，并时刻提醒我，一定要和年轻人一起奔向新世界。

周洛华

2025 年 5 月 2 日

目 录

货币的三个要素 / 001

集体共识:阿富汗的"去中心化"部落 / 009
发展机会:苏丹达尔富尔的游牧部落 / 056
社会关系:中国古代圣贤的策略 / 069
"能用出去的才是钱" / 077

使用生产要素的能力 / 081

特定工作量的证明 / 086
石币岛 / 091
金属货币 / 097
中国古代的钞票与银两 / 104

遵守集体规则的默契 / 111

金本位:约束发行人的工具 / 115
中国的废两改元 / 133
共识的形成 / 139
"在西西里,女人比猎枪危险" / 153

孕育发展机会的生态 / 159

英国的土地继承制度 / 166

“我们单位的厕所不对外” / 175

犹太人的金融化与欧洲的工业化 / 179

货币是“球”还是“锚” / 200

比特币诞生后的世界 / 207

2008 年危机暴露的问题 / 210

信任与同情的边界 / 222

“橡皮图章”本位 / 231

围猎中产阶级的“阳谋” / 244

澄清关于“储备货币”的误解 / 249

“短链”与全球化 / 267

2016 年“硬分叉”与 1517 年宗教改革 / 280

可以回头的未来 / 293

一直涨到新秩序! / 306

“共谋”与“共识” / 322

我们需要什么样的区块链? / 332

未来世界 / 339

“抵抗组织”人物素描 / 354

后记 / 367

参考书目 / 371

货币的三个要素

货币的发行方式取决于社会的组成形式（共识）、生产力的水平（科技）以及人们为应对未来不确定性所做的准备（机会）。

地主的身份、土地的确权和他们持有土地的方式是一体的。巴坦人的地主们共同拥有土地，从而构建了一个“无首长”的“去中心化”部落。这样做的好处是内部不会因土地兼并而出现一个“中心化”的大首领而导致阶级对立；外部敌人也很难入侵，因为无法将其各个击破。坏处是维持这个“去中心化”的部落结构需要消耗大量的粮食，将财富重新分配给佃农；并且无法催生技术进步。

苏丹农民向牧区移民以便积累财富。他们实现了财富积累和身份转变，却无法在新环境中提高生活质量和社会地位。**比特币提供了一条不用改变身份的财富移民道路。**

先来一段阿富汗谚语：

“会‘说’普什图语的，不一定是巴坦人；会‘做’普什图语的，才是真正的巴坦人。”

再来两句金句：

“历史不是历史学家写出来的，而是人民活出来的。”

“货币不是央行印出来的，而是人民用出来的。”

包括比特币在内的所有货币或者资产，都是真实的人用自己的生活活出来的。或者，你用一个人工智能时代更时髦的词，它们都是基于人类真实生活场景而“生成的”。

弗里德曼说过，“绿色的美钞之所以有价值，是因为所有人都相信它有价值，而且他们还相信其他人也持有相同的信念”。持有美元就是持有了各种可能性。美元容易被接受，容易用得出去，且可以用于多种场景——无论是去街边买一杯咖啡，还是去交易所下单做空一手咖啡豆期货。

不过呢，美元用着用着就出了各种问题，且愈演愈烈，最终人们逐一放弃了以下几个念头：

- 美元的这些问题是有特效药的；
- 这些问题是最终会被解决的；
- 这些问题会被货币当局和行政机关认真对待；
- 这些问题即便还没有被解决，普通人也能继续忍受。

“结局越是残酷，剧情就越要慢慢披露。这样就可以逐步摧毁观众心里最后一点侥幸，让他们放弃那种‘情况不会更糟了’的念头。当他们的侥幸心理崩溃的时候，他们会感受到巨大压抑和震撼。他们对过去越失望，他们对未来就越恐惧。”——惊悚片的导演们熟知的套路。

我不会把美联储或者其他央行当成惊悚片的导演。因为，我认识的导演们[①]都比央行雇佣的经济学家们可爱得多，他们说的都是我听得懂的大白话，更接近于真实生活中的人。

不过呢，在我看来，比特币的出现与过去30多年各国央行（主角是美联储）联袂出演的“惊悚片”《印钞竞赛》有很大的关系。比特币不应被视为中本聪设计的密码系统，或金融学家凭空创造出来的货币体系。它倒像是在纸币海洋生态系统中进化出来的新物种，它是被一群对央行和纸币感到无奈和失望的人“用出来”的新货币。

如果我认定比特币是在人的生活中演化出来的，那么，让我们先来看看进化史上一段遥远的故事给我们带来了什么样的启发。

狮子是唯一一种群居型大型猫科动物。长期在非洲塞伦盖地草

---

① 我是以影迷的身份加入上海电影学会的，至今已连任三届理事。

原上研究猫科动物行为的克雷格 · 帕克教授(Craig Packer)[①]发现,狮子们组成群体的很大原因就在于捍卫领地。不过,与大多数人的认知不同,领地真正的主人并不是威风凛凛的雄狮,而是由雌狮组成的“姐妹联盟”。普通人称之为“狮王”的雄狮其实是母狮子们的“赘婿”。对狮群来说,雄狮只是匆匆过客,它们的角色是雌狮们需要的“精子库”和“保安”。雌狮才是那片领地真正的业主。

如果有足够的捍卫能力,雌狮们世世代代都会生活在这片领地上。研究人员观察过的三个狮群都出现了母女继承领地的现象。而雄狮一般只能在这片领地上担任两年“狮王”的角色(在不同的地区,雄狮待在领地的时间长短并不一样)。母狮子从怀孕到带大自己幼崽大约需要 18 个月的时间。因此,它不仅需要外来的雄狮带来远缘杂交的基因,还需要它在这 18 个月里面帮助自己保护幼崽。18 个月以后,雄狮们就很有可能被更大、更强壮和更年轻的外来雄狮联盟打败,然后走上一条流浪的死亡之旅。这也就是为什么新狮王的第一件事就是咬死狮群里面的幼狮。它只有不到 2 年的时间,它需要母狮子们尽快发情,以便生下自己的后代。

雌狮一般不会离开领地。狮子进化的地理环境和栖息地直接导致狮子群居的习性。狮子形成群体就为了做一件它们最能合作一致、最能团结一心的事情——抵御外敌。促使它们形成狮群的原因就是:幼狮的存活率和水源地草食动物的数量是息息相关的。

---

① 摘自克雷格 · 帕克(Craig Packer)著:《前途未卜的狮子们:食人狮、鬃毛和猎枪》(*Lions in the Balance: Man-Eaters, Mane and Men with Guns*),芝加哥大学出版社 2015 年 9 月版。

帕克教授发现，几乎所有狮子繁衍的地方，都在河流的交汇处。那里的食草动物多，而远离河流的地方，幼崽的存活率会骤降。

“角马的智商不太高；斑马的智商稍高，但仍有限。”帕克教授解释了河流交汇处对狮子的作用。“即使是比较弱智的角马也知道狮子会在河流附近埋伏，所以角马们会沿着河走，直到发现前面走不了了。两条河的交汇处就像喇叭口一样，把角马们引进了死胡同。等待它们的正是伏击的狮群。”

那些狮子幼崽最容易存活的“好地方”往往由规模最大的狮群盘踞着。它们会抢占河流交汇处，把竞争对手赶到那些远离水源、难以繁衍的不毛之地自生自灭。总之，母狮子们越团结，它们孩子们的生存概率越高。

在帕克教授看来，狮群有点儿像人类的有组织黑帮。黑帮平时总是分散活动。但是，如果有人看上他的地盘，要上门抢生意的时候，所有兄弟姐妹就会一拥而上，跟对方拼个你死我活。与之相似，狮子内部平时保持低烈度的争斗。即使血缘再亲近的好姐妹（甚至母女），为了食物也会立即撕破脸皮，大打出手。而一旦有外敌入侵，它们就立即结成团伙，一致对外。为了让自己有繁衍后代的最好机会，不惜与入侵的狮子拼死一搏。而且，一旦打起来以后，它绝对会想方设法把对方置于死地（一般以咬断入侵者脊柱为标志）。

理解了母狮子繁衍后代的动机之后，帕克教授更好地解释了狮子集群的真正原因，以及为什么其他大型猫科动物，如老虎和美洲虎都是单独生活在森林里，花豹则单独生活在树林或灌木丛里。

这些地方由于地理气候因素制约，食物的密度远远不如非洲草原。但森林里水源分布比较平均，猎物的分布也比较平均，不会有某个地方明显比其他地方适于生存。说白了就是，森林能够供养的大型动物数量不够多，但是小型猎物的分布比较平均。因此，森林里的猫科动物都是单独生活的。

但是，狮子在进化过程中选择了离开森林，来到草原生活。在草原上，只有河流交汇处的猎物才足够密集，才能有较高的生存概率。那就需要团结更多的母狮子，组成更强大的狮群，才能占领这片土地。

由于狮王不是狮群领袖，狮群的核心是"去中心化"的姐妹联盟，狮群的组织形式就比其他群居性动物（比如猕猴）更像区块链结构。个体之间存在基于个体利益的争夺；涉及共同利益时（入侵的狮群或者企图篡改记录的黑客），它们会默契一致地联合起来，绝不放弃和相互背叛。每一头母狮子都像一个区块，记载了它的交易记录，它们共同组成了区块链。

基于这个角度，我们再来看雄狮交替的现象。母狮子们其实也在不断"面试"或"选择"雄狮。母狮子们为什么不帮助老狮王去攻击新狮王？老狮王毕竟和它们有感情并育有幼崽。新狮王肯定会咬死它们的幼崽。母狮子们为什么还对雄狮之间的战斗袖手旁观？为什么不帮助现任狮王？为什么还去和咬死自己上一个幼崽的新狮王生育下一个幼崽？这个问题类似于区块链里面的分叉链（fork）。[①] 把母狮子们视作现有的区块链，它们每隔 2 年左右的时间要面对一次新狮王还是老狮王的分叉链选择。

---

① 分叉链的问题会在后文详细解释。即便我在此处不详述这个概念，也不会影响您理解母狮子的动机。

从区块链的角度来理解母狮子们的行为就相对容易了，并不是它们选择了新狮王，它们只是在不放弃领地的前提下，在以下两个分岔中的一个继续挖矿（生育新幼崽）：

- “更有可能在未来18个月保持活力”的新狮王；
- “已经保持了18个月活力”的老狮王。

母狮子们不是选择接受了新狮王，而是选择在效率更高的染色体上继续繁衍自己的后代。这使母狮子群体失去领地的风险最小，相当于在“新狮王”这个区块链分叉之后，继续挖矿所浪费能源和时间的风险最小。

新狮王产生的方式是由母狮子们持有领地的方式所决定的。狮群表现出来的一切行为的核心，就是为了确保母狮子们继续以“姐妹联盟”方式占有水源地。

对母狮子来说，靠近水源的土地有足够的食物是它们的“生存要素”，协同捕猎能力是它们的“生产能力”；自动和有血缘关系的其他雌性联合起来保卫领地是它们的“行为规则”。所有这些“生物本能”都是为了让自己产生更多的血缘后代。

我感觉自己一下子明白了，小狮子就是这一切安排和做法的意义和目的。现在，如果“小狮子”这个词替换成“货币”，那么，您就和我一起来到了进化史的长河边。站在这里，我会有一种令人恍然大悟的新视角来理解货币。

货币的意义和使命就是让一群人不断提升和发展“使用生产要素的能力”，与此同时，还要让他们拥有“遵守集体规则的默契”。只有这样，他们才能继续占有这片提供他们生产和生活要素的土地。当然，

"达成默契"其实也是一种群体能力。只不过,在这里,默契不是指个人的能力,而是集体的能力。默契是指个体在集体中的共识、自愿、服从、参与、妥协和推动。总之,默契是个体对于任何一种符合集体规则的结果的被动且自动地接受——无论该结果对自己是否有利。

没有人遵守规则就没有人获得胜利。同样,对人没有约束的机制也就谈不上对人的激励。

"巧妇难为无米之炊。"以资源要素为本,并以规则约束为界,以集体行动为纽带,母狮、巧妇、能人和强者才能胜出。发行货币也好,拥有领地也罢,关键是建立一种机制,鼓励大家都去发展运用要素的能力并同时拥有遵守规则的默契。

有鉴于此,我不太赞成把比特币看成横空出世的"孙悟空"。我认为它和母狮子一样经历了漫长的演化过程。它既不独立于那些印钞票的央行,也不独立于普通人的生活。

比特币的"去中心化"恰恰与那些"中心化"的央行构成了统一整体,为普通人打开了更广阔的新空间,把人带往更远的新疆界,去面对更大的新可能。

集体共识:阿富汗的"去中心化"部落

拉尔夫·迪亚兹(Ralph Diaz)是硅谷一家负责全球数据安全公司(Cyber-security)的主管。面对比特币出现以后掀起的人工智能投资热潮，他不无戏谑地在自媒体上调侃道，你可以把以下几件事物的速度从低到高，按照升序排列：

- 正在追捕羚羊的非洲猎豹；
- 巡航的超音速飞机；
- 光速；
- 普通人摇身一变成为公众眼中的人工智能（AI）专家；
- 领先的 AI 公司代码和模型被竞争对手破解和复制；
- 一无所有的年轻人仅靠 AI 概念就赢得大把的融资。

哈哈哈哈！似曾相识的画面在 2001 年互联网泡沫时也出现过。确实，比特币也好，区块链也罢，这些与人工智能有关的概念如今是如日中天般的炫目和热门。

绝大多数介绍比特币的作者都会按捺不住自己的兴奋心情，迫不及待地想要把一大堆有关计算机算法和密码学的炫目的新名词塞入读者的脑子里（“炫”的目的可能就是要让你因眼盲而闭嘴）。

他们无比激动地惊呼比特币是人类有史以来的伟大创造，是前所未有的新事物。比特币在他们眼里颠覆或者推翻了金融体系和人类社会的固有运行规律。仿佛比特币是从天而降的一笔大财富，一个大机会，或者根本就是突然从石头里面蹦出来的孙猴子。

我是资本市场的老兵了。我知道，资本市场上最昂贵的——至少对我个人而言——代价最惨痛的一条教训就是轻易地相信：“这次情况有所不同。”（This time, it is different.）

不过，作为老兵，我总得要写出点与众不同的东西来吧！毕竟，我亲身经历了互联网泡沫从吹起来到破灭的全过程，把自己的青春、梦想和积蓄一起埋葬了。所以,我打算写一些"不变应万变"的基本原理。这样,既对得起读者的热切期待,又不辜负25年前的那次狂热留给我的伤疤。

很少有哪一本介绍比特币的书是从阿富汗开始的,当然本书例外。为了证明(而且只有带着伤疤的老兵才能证明)"这次情况没有什么不同",我打算先从遥远而古老的阿富汗部落开始讲比特币的事情。

这主要有以下几个方面的原因①:

在撰写本书之前,我曾经阅读了许多人类学的名著。这其中,挪威人类学家弗里德里克·巴特(Fredrik Barth)在1956年撰写的阿富汗各部落的田野调查报告深深地吸引了我。

他在那篇报告中指出,阿富汗绝大多数部落都由一个大统领或大酋长领导,唯一的例外是一个在斯瓦特地区的"巴坦人"部落。该部落没有首领,保持着一个"去中心化"(decentralized)的结构。同时,弗里德里克·巴特还发现,该部落与周围部落的政治互动是"生成式的"(generative)。

"去中心化"和"生成式"这两个单词立即引起了我的兴趣并让我陷入沉思。巴坦人和其他中心化管理的部落是如何互动的?为什么那片土地上会演化出这样一个独一无二的部落?今天,所有的纸币都由"中心化"的中央银行发行,而唯独比特币是一种"去中心化"的货币。而且,基于比特币挖矿技术同源的许多科技公司正在全力以赴开

① 另有一个不便在正文中披露的原因是这样的:许多读者反馈说我之前出版的金融哲学系列都是从灵长类动物交配行为开始说起……武打场景的戏份相对不足。所以,我这次就直接从古代阿富汗部落的争斗开始介绍比特币了。

发“生成式”的人工智能。将这两个场景进行类比是否有哲学意义?它们之间是否存在着维特根斯坦所说的“家族相似性”?

我很快发现了把区块链、母狮子“姐妹联盟”和巴坦人“男人之家”这三个现象放在一起思考会带给我某种哲学乐趣。[①]

斯瓦特谷地讲普什图语的人普遍被称作是语苏夫才巴坦人(Yusufzai Pathans)或巴坦人。这一群体包括同一个远祖语苏夫(Yusuf,又译为“优素福”)的后代和那些在政治上依赖他们的人。巴坦人的总人口大约是100万,他们占据了白沙瓦(Peshawar)行政区的部分地区和潘吉科拉(Panjkora)谷地以及斯瓦特河流域地区。斯瓦特谷地的人口大约是40万。

地理上的自然屏障把斯瓦特谷地与外界隔离开来。斯瓦特河发源于海拔18 000~19 000英尺的崇山峻岭之中——在地理上,这些山属于喜马拉雅山脉向印度河西部延伸的部分——然后向南部流去。位于海拔12 000~16 000英尺的小路从斯瓦特谷地上游地区通向西部的潘吉科拉河谷、北部的吉尔吉特(Gilgit)盆地和东部的印度河峡谷地带。

在斯瓦特河下游地区,河谷变得很开阔,海拔降到了3 000英尺以下。河流在这一带连续拐了几个弯,但河的两边依然是贫瘠的高山(6 000~10 000英尺),这些高山阻断了与外界的联系。最后斯瓦特河进入了一个非常狭窄的隘道,

① 这不是说它们之间一定有相似性,而是说,思考它们之间是否存在某种相似性是一件极具趣味和嚼劲的事情。

向南突破大山的阻隔流入白沙瓦平原。在这里斯瓦特河分成几个弯弯曲曲的河流,然后汇入喀布尔河。①

与母狮联盟占领河口一样,这个故事的主角斯瓦特巴坦人世代居住的故乡也是河谷。不过呢,有这两条线索比地理环境更为重要。

一是巴坦人拥有的这片土地的收成很不错,一年两熟。而与之相邻的科希斯坦人则生活在海拔 5 000 英尺的地方,他们种植的作物只能一年一熟。

二是在斯瓦特河谷,巴坦人当中实际拥有土地的人(又称为巴克图人)数量并不多。

于是,我们就在每个村子里看到了类似参议院的“男子之家”这样的政治组织形式。重要的事情都需要在“男子之家”商议,而且需要得到全体一致的同意。拥有土地的巴克图人经常在这里向其他等级(不拥有土地)的巴坦人分享食物。

土地所有者地位的实质是保护土地的所有权。在像斯瓦特巴坦这样一个没有头领的无政府状态下,这样的保护只是相对的,它取决于土地所有者在面临冲突的时候,能够联合他的支持者和追随者来捍卫自己权利的实际能力。

首领那种非理性的开销、赠予和款待是一种手段。他靠这种手段来赢得其他人的支持。在该村社范围内,跟首领有

---

① 摘自弗雷德里克·巴特著:《斯瓦特巴坦人的政治过程》,黄建生译,上海人民出版社 2005 年版,第 7 页。

社会关系的许多人事实上都不是他的政治支持者。那些为他的社会地位提供了坚实基础的宗族成员，那些交给他4/5收成的佃户以及他手下那些为整个村社服务以便能够按规定获得一部分农产品的铁匠等都没有义务在其他的活动领域内去支持首领。只有通过他的款待，通过赠送礼物等，他才能把更广泛的义务和依赖强加到别人身上。这样他才能赢得别人在政治上对他的支持，并最终获得他们在军事上的支持。因此，首领在“男子之家”的活动在根本上是用非政治性的关系来抹平政治上的不平等关系，即领导者与追随者之间的关系。[①]

我第一次读到这一段时，还没有打算写作本书。当时，我不禁将这种款待和比特币的电费账单联想起来了。斯瓦特巴坦人独特的组织形式具有某种区块链的特征，这使我情不自禁想要把他们的生产和生活与比特币进行一些对比。无论是否合适，这些对比至少能够帮我理解为什么辽阔的普什图语言地区偏偏在斯瓦特河谷诞生了独一无二的“去中心化”的巴坦人部落。这些对比也许还能帮助我理解为什么在一个普遍由中心化的央行发行纸币的时代，突然诞生了一个“去中心化”的比特币。

由此我情不自禁地展开了以下联想。

---

① 摘自弗雷德里克·巴特著：《斯瓦特巴坦人的政治过程》，黄建生译，上海人民出版社2005年版，第16—17页。

巴坦人共同拥有土地

每个巴克图人只拥有全部土地的一份受益权。没有人能够直接拥有某一块具体的土地。这就像没有人能够脱离区块链而单独拥有一个区块一样(请把一个区块链想象成一本账册,一个区块就是其中被装订起来的一页账册),他只是在区块链里面拥有一页账册的。当然,他的这一份权益,没有人能够剥夺。但离开了部落群体,他也就一无所有了。就像你拥有一个区块,如果脱离了区块链这本严丝合缝地装订在一起的大账册,你根本谈不上自己拥有了什么。

斯瓦特的土地集中在少数人手里。占人口多数的当地人现在是——而且一向是——受少数巴克图人的统治。大片的土地属于这些巴克图人的后代所有。当我们问一个巴克图人他有多少土地时,他会说出一定数量的布拉卡(Brakhas)。布拉卡的字面意思是“份数”。布拉卡这一名词是从印度莫古尔王朝的税率制中借来的。因此,他的回答可能是 yaunim brakha (1.5 份)。

然而,一“份”土地永远无法用平方英尺准确地表示出来。每一份或者一份中的一部分包括各种类型的土地:不能灌溉的、人工灌溉的、自然灌溉的(低洼地)、用墙围起来可灌溉的园地和村子里的房屋基地。由于这些土地的质量各不相同,所以,人们把每一片土地评估成 trikh(苦)或 khog(甜),然后根据这一评估进行调整。相应地,某一“份”土地可能会大一些,但产量却较低;而另一“份”土地小一些,但比较肥沃。最理想的情况就是所有土地的面积在价值上应该是平等的,各种土地搭配要均衡。这样,一个拥有两个布拉卡的人,他的总收成就比一个只有一个布拉卡的人的收成要多 1 倍。

……

每一片土地都是一个巴克图宗族共有的财产。因此,在血缘组织与土地使用权之间有着直接的联系。

……

每一个土地所有者所拥有的不是具体的某片土地,而是整片土地中的某部分土地的使用权。这样的体制很像工业企业中的股份,某个股东并不直接拥有该企业的某个部分。同样,巴克图人的一个宗族群体共有的土地被分成好几个等份——比如,80、112、120 个布拉卡——然后在成员中进行分配。每一个成员根据他应得的份额分得一些类型不同的土地,但他并不是永远拥有这些土地。由于任何形式的分配都不可能绝对公正,因此,为了达到各份土地绝对相等,各地区制定了自己的轮换时间:四年、五年或十年。到时候所有的土地都重新分配。从长远的观点来看,该群体的所有成员在使用全部土地的时间上是相同的。

这样的体制一般称为 wesh(划分或分配)制。在斯瓦特河谷的 11 个区里都实行这样的体制。每一个这样的地区就是一个巴克图宗族群体的土地。这些宗族群体相互联系,并通过翻阅其祖先征服的历史来证明他们拥有土地的有效性。

在重新分配的过程中,人们会拿出一些土地来作为特殊使用。这样的土地以前是,现在也是,称作 siri[①],主要有四种用途:永远送给维护清真寺的人;一部分土地从部落的共同财产中抽出来送给圣徒和调停者,这部分土地就变成了圣徒和他的后代永久的私有财产;临时分配给那些没有土地的专业技术人员,如木匠或铁匠等,作为他们提供服务的报酬;临时赠送给某位为该群体做了事的头人。

这样一些赠予减少了各个血缘群体的共同土地资源,但没有改变传统个体成员所持有的土地份数。因此,每赠送一次土地,每一份土地对应的收成(或价值)就相应地减少,对外赠送土地而带来的损失是被平摊到每一寸土地上的。[②]

斯瓦特巴坦人有两个主要的邻居,即科希斯坦人和俾路支人。这两个部落的情况各有不同。科希斯坦人的土地贫瘠,他们分散居住在各个小村落,由村落首领松散地进行管理,对斯瓦特巴坦人构不成威胁。俾路支部落则已经具备了现代民族国家的雏形。俾路支人的大统领是部落的领袖,他们已经形成了"中心化"管理的体系。在两个部落漫长的互动中,他们的物理边界基本得以维持(尽管边界不断有人员的双边流动)。俾路支部落从未能击败巴克图人并占领这片斯瓦特河谷的肥沃土地。

---

① 考虑到乔布斯将苹果系统的浏览器命名为"Safari"(即阿拉伯语的"陆路旅行"),我一度猜测苹果语音助手 siri 的命名即来自阿富汗普什图语的"帮手"。

② 摘自弗雷德里克·巴特著:《斯瓦特巴坦人的政治过程》,黄建生译,上海人民出版社 2005 年版,第 93—94 页。

我猜测，共同拥有土地的做法使得斯瓦特巴坦人在面对外族入侵威胁时会自动团结起来，因为他们保卫的土地里包含着他们自己的一份权益。任何觊觎斯瓦特河谷土地的入侵者都要掂量一下，那些在表面上服从他领导的奴隶、失地农民、雇佣兵和亲信卫队是否能够击破同仇敌忾、一致对外的斯瓦特巴坦人？

如果外来的黑客想要修改某个区块的报头信息并偷走一个区块，他有两种方法：一是同时要修改日期在该区块后面的全部区块报头信息——这需要极其强大的算力。密码学家会告诉你，这样的做法费时费力，电力消耗惊人，真的得不偿失。二是同时得到该区块后面区块的全体持有人的同意——这需要极其广泛的共识。常识会告诉你，比特币区块链上后面的持有人不仅人数众多，而且无从查找其真实姓名和联系方法，平时他们之间根本没有联系，要想同时得到这批人的共识是一项不可能完成的任务。如果绝大多数比特币的持币人都是由一个中心化组织统一领导和指挥的，那么，你只要搞定他们中的大首领，就可以让他们一致投票同意你修改区块报头信息。而实际情况是，比特币的持币人来源分散，要让他们达成一致意见太难了。这也是比特币比其他数字货币更受人信赖和追捧的重要原因之一。

相应地，想要夺取斯瓦特河谷某一个巴克图人的一块土地，你就必须武力夺取该部落的全部土地，或者得到全体巴克图人的赠予——这显然是不可能完成的。斯瓦特巴坦人的人口数量远少于俾路支人。他们用这种土地制度的安排，最大限度地打消了入侵者的野心，遏制或至少是推迟了兼并他们土地的入侵行动。

防止土地的内部兼并

巴克图(意即"拥有土地的乡绅")大约占斯瓦特巴坦人的20%。他们的祖先曾经制定了一个奇特的规定:土地轮换制度。巴坦人的土地轮换制度,不仅使得每一个人只能拥有全部土地受益权的一份,而且规定要定期轮换不同宗族之间的土地。因此,在发生外族入侵的时候,大家都会自发团结起来对外抵抗,因为被侵占的那块土地10年后可能就是我们家的了。

当然,任何一个祖制之所以能够在几百年时间里得到子孙们的执行,关键还在于它能够继续有效地解决当代人的问题。

> ……部落以征服者的身份进入该河谷地带,他们的子孙称他们对所有的土地都有所有权和管辖权。
>
> 根据传说,征服该地区的巴坦人无法公平地分配在征服过程中掠夺来的财物。于是,他们向一个很有名的圣徒赛克马里(Shaikh Malli)求助。该圣徒给他们创造了一个既公正又能够持续的分配体系。由于该群体内部的成员都是共同祖先的儿子们,他们根据相互间关系(根据父系祖先的排列关系较近的成员)的远近进一步划分成不同的支系。他根据支系(相对较大的部落)的数目把该地区分成数个部分,每一个支系分到一部分土地。
>
> 然后,他又根据各支系的分支,进一步将该支系分得的土地再次划分并分配给各分支系。如果一个支系内部有两个分

支系，他就把他们的土地分成两份；如果一个支系有三个分支系，他就把他们的土地分成三份。换句话说，他根据各主要宗族的构成情况对土地进行分配。

但是，他分配下来的土地没有哪两块是完全等同的。所以，赛克马里没有把任何一块土地永久地授权给某个支系，而是规定土地必须定期重新分配。比如，如果一个宗族内部有两个支系，那么每个支系各占他们共有土地的一半，每隔十年轮换一次。二十年两个支系分别占有两部分土地的时间完全相等。如果该宗族内部有三个支系，那么每隔三十年为一个轮回。在这样的体系里，个人没有权利拥有某一部分土地，土地的全部所有权都是支系成员共有的[①]。

通过这样的方式，他们就能保证大家完全平等地分享征服带来的果实。由于这样轮换的土地面积很大，所以，每隔十年土地的所有者就必须进行大规模的搬迁，搬到大约三十英里以外的地方去。

那些占人口大多数(但又不拥有土地)的巴坦人则不参与这样的迁移活动。因此，该地区的土地租赁制度强化了土地所有者和他们的雇农之间的差异。前者是占统治地位的、流动的“拥有土地的乡绅”(巴克图)，而后者则是固定的、从属的平民，他们为不同土地所有者提供服务。从职业上来说，这两

① 在引文中加下划线乃编辑认为其十分有趣，原文中并无下划线，以下同此。——编辑注

个群体处于一种共生的关系中。[①]

后面还将把斯瓦特巴坦人的土地轮换制度和英国农场主的土地继承制度做比较研究。在此,我只简单分析一下他们这样做的动机。

世界各地的土地继承制度中,最普遍和常见的是在男性继承人中平均分配土地。这种看似公平的做法往往带来两个意想不到的糟糕后果:一是下一代人的耕作面积缩小,导致其应用大规模生产技术的可能性降低,不利于诞生科技进步。二是容易引发同父异母兄弟之间的土地兼并甚至自相残杀。

圣徒赛克马里为巴克图人设计的方案包含了防范上述两个风险的核心方法:土地轮换。"好、中、差"三块土地的收成完全不同,让三个兄弟的家庭每隔 10 年轮换一次土地。每个人都清楚地知道:自己现在虽然拥有一片产量高的耕地,但是 10 年以后,他们就被轮换到耕种难度大的地块了。他们现在就需要对其他兄弟家庭好一些,这样将来才有可能在自己困难的时候得到对方的帮助。

这个制度最精彩的地方在于执行机制。80%的巴坦人并不拥有土地,他们只是村里的佃农、雇工、泥瓦匠、手艺人或者极少一部分圣徒(他们可能拥有小部分土地)。这个土地轮换制度使得占人口绝大多数的佃农自动成为监督者。如果三兄弟中有人打破祖制,不仅不换出自己现在占有的好地,还想方设法侵占自己兄弟的土地,那么,不仅另外两个兄弟会团结起来反对他,其他佃农也会抵制。对于佃农们来

① 摘自弗雷德里克·巴特著:《斯瓦特巴坦人的政治过程》,黄建生译,上海人民出版社 2005 年版,第 14—15 页。

说，如果他们以后只面对一个大地主的话，就再也没有人帮助他们制约这个大地主了，那么，佃农们的报酬和地位就会下降。这个大地主不太会照顾佃农的利益，也根本不用在乎其他人的想法。因为斯瓦特巴坦人的人口过剩，该地区人口密度高于周边的部落，地主们根本不愁没有劳动力。

在传统的土地轮换制度下最富戏剧性的是，巴克图人突然发现在今后的十年里，他们要面对几千个从不认识的人，其中可能有盟友，也可能有敌人。所以，巴克图人面临的问题是如何让村民对自己产生依赖，如何尽可能多地把他们吸引到自己周围来。答案就在巴克图人宣称他们拥有所有的土地，然后，以这样的假设为基础，运用各种契约，建立起一个组织。非土地所有者没有这样的政治组织来使他们能够团结起来去占有土地。他们只是一群在政治上毫无组织的农民和工匠。

……

很显然，永久性地划分土地必然导致血缘体系的最终瓦解。实际上，这可能就是斯瓦特统治者推行定居制政策时的主要目的。阿富汗的潘吉科拉(Panjkora)和巴加乌尔(Bajaur)河谷地区血缘组织的崩溃进一步说明了这一论点。这两个地区在经济上与斯瓦特地区相似，但没有建立土地轮换制。于是，从19世纪到20世纪，无数小封建王国一个接一个地出现。

对比其他地区来看，斯瓦特巴坦人的土地轮换制度很成功。巴克图人的子孙始终保持了土地的所有权并享有这片土地产出的绝大多数收成。斯瓦特人的土地所有权并没有一个专门的第三方的、中心化的中立机构来“确权”。这个制度是在共识中被默契地执行的。地主（巴克图人）只是有权享受土地上大部分产出的粮食，而并不拥有具体的土地。

这个安排就有点儿像罗马帝国的贵族制度了。罗马贵族其实不拥有封地，他只拥有在这片封地上的收税权。因此，贵族们不太会横征暴敛、竭泽而渔，也不太会收“过头税”，因为他们要为子孙后代留下一片商业繁荣的土地。而且，在罗马帝国当贵族是需要不断“充值续费”的。如果某人受封贵族以后，三代直系无战功的话，他的后代仅能保留贵族头衔，封地的收税权会被罗马皇帝收回并被重新分配。所以，罗马帝国出征时，各地贵族可能需要向此次出征的指挥官行贿才能获得参战资格。而且，他们普遍是自费招募并武装一批雇佣兵去打仗的。他们这样做的动机并非基于保卫罗马的爱国热情，而是基于为子孙后代保住封地收税权的生物本能。

无论是阿富汗还是罗马帝国，越是符合人性的制度，越是能够长久地执行下去。

“男子之家”的作用

在斯瓦特河谷，几乎每个村落都有一个“男子之家”。该“男子之家”往往是由当地最大的地主（巴克图）来主持。他是“男子之家”的首领(或称召集人)。但这并不意味着他是这个村落的领袖,更不意味着他可以在这个村子随意发号施令。

“男子之家”其实是一个拥有土地的少数地主拉拢并团结那些没有土地的平民并制造集体默契的地方。这么做的目的仍然是维持少数巴克图人对土地的所有权。“男子之家”拉拢人的方法和手段丰富多彩且极具地方特色。

> 需要强调的是,这些构成各种群体(男子之家)的基本契约都是自愿的(少数例外情况将在后面具体加以说明)。每一个人不仅在任何契约中具有选择合作对象的自由,而且他完全有权利选择参与还是不参与某项具体的契约。换句话说,一个男人不仅可以选择他想参加哪个“男子之家”或想追随哪个圣徒,而且可以自己决定不参加任何一个“男子之家”或不想当任何人的信徒。
>
> ……
>
> 首领在他的“男子之家”里的款待使他的追随者在食物方面依赖于他。如果不是他提供很多免费的饭菜,很多常到“男子之家”的人就不会来了。首领还给自己树立一个慷慨的名声,表现出他有能力管理好自己的财产并从中赚钱,并因此获得一个能干的领导的名声。追随的人就会来到他的“男子之家”里,他的政治势力也就得到扩大了。
>
> 通过这样的影响,他可以期望扩大他的土地,获得更多的财富、更多的追随者和产生更大的影响。与此同时,他的追随

者被整合成一个团体，共同的利益强化了这种整合，迫使他们都承担起相互支持的责任。那些没有共同利益，甚至利益相冲突的人如佃农和牧民，或者小商店主与长工等，都在外部压力之下成为一个共同体的成员。

……

土地所有者联合起来对佃农进行残酷剥削的办法实际上是不现实的。佃农们仅能维持基本生活。如果不是地主们以男子之家的施舍方式把他们交的租金部分地返回给他们的话，他们连最基本的生活都难以维持了。再说，佃农的人数远远超过了土地所有者。如果他们联合起来共同对付土地所有者，土地所有者也没法合成一个群体。巴克图土地所有者是靠佃农们的拥护和服从，而不是靠动用实力或与之对立来维护自己地位的。

……

但由于在大多数地方缺乏运输工具，粮食基本上卖不出去，因此，实际上当地生产的粮食基本必须在村子里消耗掉，而其中的大部分又是在男子之家的宴席上吃掉的。

这又让我想起罗马帝国的故事。爱德华·吉本说，罗马贵族夜以继日地过着醉生梦死的奢靡生活。他们让海外领地进贡各种美酒，这样就能把当地多余的粮食消耗掉，从而防止那里出现叛军。

在斯瓦特河谷地区的各村落里，“男子之家”是一种普遍现象。只不过，它的作用与罗马帝国的海外进贡机制相反，拥有土地的巴克图通过在“男子之家”提供各种美食来收获服从，这相当于把佃农缴纳的余粮用这种方式返还给了佃农。

鼓励特定的美德

读者一定要把斯瓦特地区的“圣徒”和阿富汗其他地区（比如邻近的俾路支部落）的“毛拉”区别开来。尽管他们都以宗教身份参与部落事务并拥有一定的社会地位，但这两者的行为却完全不同。

18—19 世纪英国殖民者从印度派出军队试图占领俾路支部落的土地，结果他们遭遇了一场又一场的惨败。这其中，“毛拉”的角色尤其值得注意（他们甚至被英国殖民地官员惊恐地称之为“疯毛拉”）。

对于俾路支人来说，“毛拉”不仅仅是宗教事务的组织者，他更是勇气的象征。一个人要当好“毛拉”这个角色就必须展现惊人的勇气，才能团结一批追随者。在有些情况下，“毛拉”及其追随者就成为部落里最极端的一批人。他们看起来对宗教很虔诚、对部落很忠诚，但在对外事务上，他们特别爱走极端，动不动就要对邻近部落发动所谓的“圣战”以便消灭“异教徒”，以此来体现他们的虔诚和忠诚。其实，俾路支部落的酋长或大首领们一般都比较温和，不太愿意在所有问题上表现得太极端，从而丧失今后决策的灵活性。这反倒促使“疯毛拉”们更加极端，他们特别爱表现自己的极端“勇敢”“虔诚”和“忠诚”，以此来反衬部落首领的“不够勇敢”“不够虔诚”和“不够忠诚”，从而有效制约部落首领，并提升他们自己在部落里的地位。所以，那些极“左”分子或者极端狂热的宗教激进主义者们并不是对真理和真主特别忠诚，而是对权力和地位特别痴迷。

斯瓦特部落的圣徒与“毛拉”完全不同。由于巴坦人的祖先本来就是先知的卫队。那个帮他们出主意定期轮换土地的圣徒赛克马里本身也是先知的血缘后代,这从他的名字(Shaikh)就可以看出来。所以,从整体上看,斯瓦特巴坦人并不是被征服后皈依伊斯兰教的部落,而是从一开始就是虔诚的信徒。因此,他们属于血统上纯正、信仰上纯洁的虔诚信徒,根本不存在是否足够虔诚的问题。

如果说俾路支部落的“毛拉”像是奉行“原教旨主义”路线的反对派的话,那么,圣徒在斯瓦特巴坦部落里的作用则有点儿像我们街坊邻居的“和事佬”或者“老娘舅”。他的宗教角色反而不那么强烈。

如果用我们熟悉的语言来说的话,要当好人民内部矛盾的“调解员”,那还得“打铁还需自身硬”或者“身正不怕影子歪”。归根结底,孔夫子说得对,“子帅以正,孰敢不正”。所以,巴坦人的圣徒很重视他自身的修养,他倒并不怎么团结或者动员部落里的其他人从事宗教修行。圣徒会千方百计地保持低欲望的生活方式,过着远离普通人的清淡生活,平时非常注意保持某种神秘感,也不参加任何“男子之家”的宴请吃喝活动。当他的“高尚”“洁净”和“神性”形象得到村落居民的认可时,他就自然而然地在这个村落拥有了威望。于是,“其身正,不令而行”,圣徒就在众人眼中成了“公平的裁判”或“可信的调解人”。

圣徒不仅为村民担任调解人,他们还可能为地主巴克图服务。比如,他们会被派往邻近的村落去劝说对方接受本村巴克图的赔礼道歉,不要带人来寻仇。如果他成功说服对方的话,本村的地主巴克图会赠送一片小的土地给他(需要经过原先拥有那片土地的巴克图人的一致同意，因为每个人的份数所对应的土地面积缩小了）。于是，圣徒就可以自己直接拥有土地。他们一般不参加田间地头的劳作，而是雇佣当地的村民并支付酬劳。

斯瓦特地区的圣徒为什么在宗教上不如他们的邻居俾路支的“毛拉”那样极端？恐怕根本原因还在于拥有土地的方式不同。在斯瓦特地区，没有一个大地主直接拥有大片土地，他也没有一群等着分割土地的儿子们，各个村落也没有统一发号施令的大酋长。没有压迫的地方就很少有反抗。疯毛拉们看似在抵抗英国殖民者，其实是在制约本部落的大酋长。斯瓦特巴坦人不需要进化出一个用虔诚宗教作为崇高借口来走极端路线的圣徒，整个河谷里根本就没有需要他去挑战和制约的大地主、大首领和大酋长。即便偶然诞生了一个宗教上比较极端的圣徒，也根本就没有大首领去“招安”他。

在斯瓦特河谷，地主巴克图的土地是在不断缩减的。他们可能为了平息各种潜在的冲突而赠送部分土地给圣徒。圣徒们拥有的土地因此多起来了。我们无法预测地主和圣徒之间最终的平衡是怎么样的，因为这片土地的绝大部分现在已经并入独立后的巴基斯坦国了，并按照该国的法律改革了他们原先的土地制度。

我很好奇那些圣徒们的最后结局，他们的命运对于理解斯瓦特巴坦人来说是一个重要的线索。如果你把斯瓦特巴坦部落视作一个区块链的话，那么，拥有全部土地的地主巴克图人像是全体区块所有者；圣徒有点儿像是挖新区块的矿工。如果圣徒提供的劝和斡旋为地主巴克图赢得了和平，在得到他们全体一致认可的情况下，圣徒将被授予一定数量的比特币作为酬劳。

矿工挖到的新区块可以让原来区块的所有人记录他们之间新产生的交易，可以让比特币交易继续进行下去；圣徒赢得的和平时间使得巴克图可以按照他们原来的方式继续生活下去。

斯瓦特巴坦人部落这个区块链鼓励那些没有土地的人，要么来“男子之家”成为蹭吃蹭喝的附庸，要么成为因虔诚修行而获得威望的圣徒。前者就像是来币圈交易的投资人，他们中的绝大多数人可能都没有赚到钱，但就是乐此不疲地交易着数字货币——交易本身就是诱惑。后者就像是挖矿的矿工，他们用更快的芯片、更好的算法和更低功耗的矿机来挖一块新的区块，供大家进行交易——只要努力就会有回报。

任何一个货币体系都需要有这么一个正面激励机制；否则，不要说货币没有人用，就连社会都容易瓦解。

作为支付手段的粮食

俾路支人用的是巴基斯坦发行的纸币。而斯瓦特巴坦人则很少使用货币。外来人带着钱（无论是印度还是巴基斯坦发行的纸币）来这里都没用，钱根本用不出去。

这说明当地人已经被深度绑定在当地现有的生活方式上，外面人带来的钱没有用，说明他们不需要外面世界提供的新机会或可能性。他们有意识地排除了这一点，以便捍卫他们现有的生活方式——尤其是地主巴克图们继续拥有土地的现状。

土地是巴克图们真正的货币，粮食则是他们的支付手段。这就把所有人绑定在土地这个核心生产要素上了。同时,也防止了俾路支部落的渗透和兼并:如果你发行的钱在这里没人用,那么你也就在这里没有影响力。斯瓦特河谷就继续保持着独立。

发行货币的几种方式:持有核心生产要素的方式;不同阶层的人之间形成共同体的方式;个体之间形成默契的方式;他们共同遵守的规则得到颁布、执行和落地的方式;他们与周围经济体互动的方式。所有这一切都是统一整体。在斯瓦特河谷,核心生产要素就是土地。因此,他们发行货币的方式就是由他们持有土地的方式决定的。

> 巴克图成员的资格取决于他对部落土地的继承权。如果所有的土地都失去了,所有权就终止。相关的人或者父系群体就会失去作为土地所有者血缘群体的成员资格。
>
> 斯瓦特河谷地区大多数交换的媒介是粮食。在一些交通不便的偏远村子里,很少能见到卢比。我不得不从较发达的地区买来粮食,然后在一些较偏僻的地方用粮食去换其他的生活必需品。①
>
> 斯瓦特地区高度发达的生产和劳动分工体系的顺利运行并不需要货币。经济体系中的交换单位不是货物而是服务。村子中的经济活动是一个复杂的交互服务和补偿体系。这种体系显然构成了传统的印度加杰马尼体系(Hindu Jajmani

---

① 这个“我”指的是人类学家弗雷德里克·巴特。

System)[①]的一种变体。

服务和补偿的相互关系是通过一系列个人间的契约构成的，只有根据这些关系，经济体系才能得到最好地描述。它们中比较重要的关系可以分成：

● 土地租用和耕作劳动，佃农最多可以获得土地收成的一半或三分之一。

● 农耕者与制造工具、从事运输等方面的专门职业者之间的关系。农业生产不仅仅需要土地和耕作者，还需要其他专门人员来制造和维护劳动工具和运输粮食。为了解决这些技术上的问题，在斯瓦特地区形成了各种职业种姓体系，在各种生产者与专门人员之间形成了复杂的关系网络。一个生产单位至少包括了土地所有者、佃户或帮工、木匠、铁匠、做绳子和筛子的人和赶骡人。在斯瓦特，这样的生产单位有点像工业社会学家所说的"流水线上的协作流程"——一个人与其他专门技术人员之间的联系是直接的。所以，制作工具的人直接对该生产单位内部的其他成员的需求作出反应。他们之间没有中介，没有商店，没有仓库来储藏做好的工具。在这个生产单位里，所有成员的报酬都要等到粮食收割完毕才能支付，一般都是根据双方事先约定的比例来对总产量进行分配。

在这样的体系中，土地所有者起着至关重要的作用，是因

① 这是印度种姓制度以外的一种"雇佣"关系体制——贾吉曼体系(Jajmani System)。贾吉曼体系存在几个明显特征：(1)主要存在于婆罗门和吠舍(手工艺者)之间，前者是雇佣者，后者是被雇佣者；(2)"以世代传承的人身关系来表达分工制度"，手工业者代代以此为业；(3)报酬以实物形式支付。

为他与他们签订了契约才使其他人成为该生产单位的成员，是通过他，最后的利润或报酬得到了分配。在实际操作中，一般是按下面这些步骤来进行的。

某个工匠（比如说木匠）与一个或几个土地所有者签订契约，负责维护他们家所有需要维护的木制家具。而真正耕地的人是佃户或帮工，所以，木匠实际上是直接为佃户们提供服务的。当犁卡在石头之间被拉坏了的时候，不管这犁是佃户的还是土地所有者的，都被送到木匠那里，他必须把它修好。铁匠、做绳子和筛子的人以及负责把粮食运到仓库的赶骡人也签订了类似的契约。虽然这些服务都不是直接互惠的（除了木匠和铁匠之间），一个生产单位内部的成员之间并不需要付任何报酬。佃户不需要给木匠修犁的报酬，赶骡的人也不会向佃户要运种子的费用，也不会给铁匠付做蹄铁的报酬。

等到粮食收割并完成脱粒以后，佃户或者帮工召集所有参加该生产活动的人来到拉舍（rasha，在田中间的脱粒场边上晒干扬净的谷堆）。粮食的分配是在土地所有者的监督下，以最简单的方式，根据事先约定各人应得的比例进行分配。他们一般把粮食均匀地分成数堆，并排成一个个长排，头人的一个特殊仆人（类似于管家）顺着谷堆边走边分，每隔四堆就分一堆给佃户，每隔二十堆就分一堆给赶骡人，每隔四十堆就分一堆给铁匠和木匠，有时候还要拿出几堆来捐赠给穷人。做绳子和筛子的人一般是以一年给多少来算。这样，该生产单位的每一个成员都从全部产量中分得一份，剩下的，也是最大的一份，归土地所有者。

手艺人和工匠为耕作的佃农们提供的任何服务都不能当场结清费用。在一个没有货币（他们可以使用，但拒绝使用）的地方，手艺人该怎么办呢？如果他们是16世纪的欧洲手艺人的话，还可以拿到由犹太商人签发的汇票，承诺到期支付一定的金额。他们可以到威尼斯的码头上去贴现这些汇票，拿到现钱，然后回去维持日常开销。但这些金融工具，无论是纸币或是商业承兑汇票，在斯瓦特河谷都没有。这就把手艺人（比如木匠和铁匠）也绑定在这片土地上了。他们平时兢兢业业地劳作，不能自由流动，更不能造反和背叛地主巴克图人，否则他们年底就可能拿不到报酬，那他们全年就白忙了。

支付手段的应用场景越丰富，货币越好用，商业机会越多，使用该货币的人越方便也越自由，人们就越愿意持有该货币，越愿意服从该货币发行者制定的规则。这部分佐证了我在《货币起源》里的观点：金钱并不是"万能"的，但在金钱有用的地方，往往有更多的商业机会，人就会有更大的自由和发展空间。

作为货币的土地

斯瓦特巴坦人比我们提前一百多年进入了2140年以后的世界。忍住，不许笑！这是真的。

按照比特币减半奖励的进度，大概在2140年以后，挖到新区块的矿工就不再获得系统授予的比特币作为奖励了。那么，比特币就玩完了吗？当然不是，比特币或整个币圈都还远没有到 Game Over 的时候。

只要比特币的交易仍然在继续，就仍然需要矿工来挖新的区块，以便把交易记录池里面的记录转移到新挖的区块上来。到了那个时候，比特币的交易就需要向记录该交易的区块所有者缴纳一定的费用（俗称 GAS 费——就像长途旅行者向加油站缴纳汽油费）。这样就可以继续鼓励矿工来挖矿，为整个区块链增加新的区块用以记账。这个用比特币支付的 GAS 费是从别人手里扣缴来的。但是，别人是自愿且主动给你的，因为规则规定了交易者愿意支付的 GAS 费越多（给地主留的收成越多，他越愿意把地租给你种），他们的交易就越容易尽早被记账，交易也就能越早完成。

在斯瓦特河谷，类似的做法从公元 7 世纪开始就付诸实施了。巴坦人的土地就像区块，他们只是没有像挖新区块那样对外扩张，而是在原有的土地上获得粮食收成。前提就是全体人都必须围绕着土地来谋生，以此来获得身份，并建立相互之间的认同关系。大家离开了土地都不能单独谋生。这样一来，土地就像 2140 年以后的区块链一样，不断产生 GAS 费了——巴克图人的土地越来越少，给部落立功的圣徒的土地会越来越多。

对于经济上的契约和租房契约来说，我的这个论点似乎不是太恰当，因为一个没有自己的土地的人实际上都是不得不去签订某种协议才能有房子住，才能谋生的。关键是：在所有的事件中，他都可以根据自己的意愿去签订他有资格签的任何一种协议。

……

为了支付房租,租户们会从山里给主人家弄来一些柴火。一般是一个月一捆。主人还希望他们为他干些杂事。他们必须随时修理自己住的房子和主人住的房子。在农忙季节,还要到主人的田地里帮忙。有时候主人还把他们当作劳动力,要求他们来帮着做一些建筑方面的活和农活。在大多数村子里,他们每个月或每年都要给房东支付一定的房租,一般是过滤过的黄油。

……

房东还有更多的权力来支配他的房客,这种支配权力强调了他们之间关系的本质。在某个房客的女儿结婚的时候,无论她是不是属于该社区,房客要按习惯给房东一定量的现金和实物(例如,在帕罗纳地区的礼物包括 6 个卢比、2 磅过滤过的黄油、10 磅大米、一只小鸡)。虽然这一费用是房客给房东的,但实际上是新郎和他的父亲作为彩礼的一部分特意提供的。如果某个司法机关、村民机构甚至斯瓦特政府对某位房客罚款,当罚款收缴以后,房东还有权得到其中的三分之一。

需要强调的是,以这些房东和房客之间的关系为基础而形成的群体很少在地理上是一个聚居的群体。巴坦的土地所有者一般都拥有好几块土地,同样,他们的房子也可能在好几个村子里。在一个村子里,一个人的几栋房子一般都集中在一片地区，但在该地区内又可能是分散的。特别是在实行轮换制的地区，土地的使用权在不同时期会落到不同的土地所有者手里。在某段时间内对同一个房东负有一定义务的人就形成了一个社会群体。这一群体的形成仅仅是因为他们与房东之间的关系。

人与土地之间的关系是理解这一关系网络的关键，因为地方群体的存在是以全体成员对土地的依赖为基础的。所以，在分析当地群体的组织之前必须先讨论土地租赁制度。

……

在斯瓦特，土地是一种稀有资源，随时都有一些急盼着要买土地的人。因此，在整体全部出售的情况下，土地的价格是相当高的。但人们不大愿意出售不动产，因为这就等于放弃了较高的社会地位。

根据巴坦谚语的说法，巴坦人之间争斗的主要目标是“zin，zer，zamin”（女人，金子，土地）。无论对领导者来说还是对追随者来说，zamin（土地）都是生活的首要资源。获得和维持土地是双方的利益所在。对土地的所有权使领导者有权力支配那些靠土地生存的人们。

……

土地构成了斯瓦特地区整个组织体系的基础。土地以租金的形式为占有它的人提供了收益。除此之外，单是占有土地本身就能给它的主人提供权力和对许多人的控制权。

斯瓦特的所有人都以某种形式直接依赖土地，没有土地的人只能通过与土地所有者签订协议来获得土地的使用权。[①]

粮食是土地的衍生品，是土地的支付手段。巴克图人相互之间通过土地轮换机制建立的互助共识机制，以便永久地共同拥有土地。巴克图人还通过“男子之家”来笼络佃农，谋求与他们达成跨阶层的互助共识。

土地就是巴坦人最根本的生产要素。它把所有人都捆绑在一起了。如何使用土地，如何保有土地，如何继承土地，当人们默契一致地只接受土地上产出的粮食作为支付手段的时候，所有这些人和他们的相互关系都融合成了一个统一整体。

没有自由的地主

斯瓦特巴坦的地主不能为所欲为。有时候，他甚至需要反过来巴结佃农。我本来感觉“男子之家”是村委会，是参议院。后来我发现我错误地理解了它的功能。它更像是烧钱买流量的网红。斯瓦特巴坦人的土地产权不是口口相传或者白纸黑字的地契，而是你捍卫土地的能力，是你让其他佃农遵守约定并上缴收成的能力，是你维持现有生活方式的能力以及你赢得其他人的承认和尊重你现有地位的能力。下文中的“首领”是指“男子之家”的召集人和组织者，并不是部落的

① 摘自弗雷德里克·巴特著：《斯瓦特巴坦人的政治过程》，黄建生译，上海人民出版社 2005 年版，第 105—106 页。

首领。

……首领不断提供食物，有时还提供其他有价值的东西，这样就使来到“男子之家”的人产生负债感和依赖性。

由于土地的产量很高，首领和其他土地所有者最多能够从佃户那里收到大量的粮食——大约是总产量的3/4或4/5。这样多的粮食远远超过了首领家人的基本需要，但在当地那种非货币化的体系里，他们又无法把这些粮食转换成可储存的资本。要不是让别的人来消费，这些粮食大部分只能是腐烂。然而，首领的款待并不仅仅是把他多余的财富消耗掉。在激烈竞争的压力下，巴坦首领的开销已经超过了他们从自己的土地中收到的财富，以致他们要么靠暂时减少自己的财产来巩固自己的地位。

……

土地所有者联合起来进行残酷剥削的办法实际上是不现实的。非土地所有者已经只能维持基本的生活了，如果不是头人们以“男子之家”的施舍方式把他们交的租又部分地返回给他们的话，他们连最基本的生活都难以维持了。再说，非土地所有者的人数远远超过了土地所有者。如果非土地所有者联合起来共同对付土地所有者，土地所有者也没法合成一个群体。巴克图土地所有者是靠成为非土地所有者的首领而不是靠与非土地所有者对立来维护他自己的地位的。

要理解首领们用款待来建立他们与其他追随者之间关系

的重要性,最好的办法就是看他们在政治压力下有什么样的行为。

如果这样的施舍时间长了,一个穷人的家庭经济就不可避免地以此为基础了。要隔断他们之间的这种联系对穷人来说就威胁到他及家人的生存问题。

在这样的背景下,我们必须理解礼物和款待作为首领的政治权力的一个源泉的重要性。赠送礼物和款待是控制别人的有效手段,这并不是因为它们产生了回赠的义务,而是因为受赠的人需要这些礼物和款待维持生计。礼物的不断流动产生了需要,强化了依赖性,终止这种关系的威胁成了一个强有力的制裁手段。付报酬和施恩惠这样的行为把责任放到了支付的人——首领身上。

大多数的礼物赠予和款待是在"男子之家"进行的。在这里,礼物是在公开的场合传递的,所以,它的功效能得以大大提高。通过这样的传递,外面的人都知道这里的首领是一个很慷慨的人。这样,他就能吸引更多的人到他的"男子之家"来。

我在那里的时候,有几个首领就碰到了这样的情况。其中一个首领是一位曾经很重要的首领的大儿子。他自己也很有名气,但他总是隔三岔五地失去土地,而且常常被斯瓦特的行政长官罚款。在这一过程中,他一直保持比那个地方其他任何首领的款待都高的规格。在最近十年里,他已经把大量的土地都卖了,用来招待很多到他的"男子之家"来的人。我和他一起探讨过这样的做法。他完全清楚他的行为在不断地减少他每年的收入，而且不断加重自己的财务危机。“但从另一个方面来说”，他说道：“如果人们不再来我的‘男子之家’了，我的土地会丢失得更快，只有不断表现自己的实力，才能把这些贪心的人留在港湾里。”

另一个例子是作为土地所有者居住在乌蕾尤村子里的金匠和赶骡人群体。这一群小土地所有者之所以到这个地方来就是因为该村子里的曼基首领不断地卖土地以便为款待宴筹集资金，想通过超额的开支来维护自己的政治地位。①

越是靠近俾路支部落的村落就越容易面临被吞并的风险。这些村落的地主巴克图人，即便自己团结起来，也很难应对这种风险。他们被迫维持庞大的开支来维护男子之家，以便维持一个众人追随的表象，从而最大程度地遏制俾路支部落的扩张念头。“男子之家”提供丰盛的“慈善晚宴”，其目的仍然是维护地主巴克图的自身安全，以便继续持有自己剩余的土地。

类似地，世界上有些风险是很难克服的：就像你持有一块土地的石油开采权，但由于特殊地质构造的原因，只要你一开采，它就不停地向周围更低的沉积盆地漏油；就像你持有一个行权价不随分红调整的看涨期权，这个股票越是分红，你越是头疼；就像你借钱建设了一座核电站，工期被延误多次之后，你的贷款利息开始吞噬你的资本金了。

---

① 摘自弗雷德里克·巴特著：《斯瓦特巴坦人的政治过程》，黄建生译，上海人民出版社2005年版，第54—79页。

持有某些资产或者货币意味着风险的时候，持有人是没有自由的。他们能做的就是自己尽快消耗掉这些资产，然后转化自己的身份，和周围的人们重建一种新的社会关系。

区块链是一种政治组织

斯瓦特河谷究竟是因为落后而稳定，还是因为稳定而落后？这里社会安定，但农业技术几百年没有进步，商业也不繁荣。当地人也不外出寻求新机会，并主动排除了各种可能带来技术进步的外来因素。

他们真的不需要技术进步来打破他们现有的阶级关系和周边环境的稳定。平衡的关键是什么？是这里没有技术进步吗？不，是因为他们不需要改变。

这片土地上的粮食单产不需要大幅度提高。如果大幅度提高了，那么，地主的货币（土地）和佃农的货币（粮食）之间的汇率——乃至地主和佃农之间收租比例和相互关系——就都需要被迫重新调整了。

于是，我理解了“破坏性进步”这个词。技术进步往往对原有的社会关系形成巨大的冲击。人与人之间的社会关系需要重建。有些人的地位会上升，而有些人的地位将下降，但所有人都将以新身份被重新认识和接纳。

比特币是有缩减奖励机制的。每隔一段时间，挖到一块新的区块所获得的比特币奖励就会减半，直到 2140 年就会停止奖励。许多分析师认为这是供需紧张的根源，还有经济学家说这是比特币数量稀缺的标志。

我认为他们都被经济学教科书中供需关系的框架一叶障目了。问题的核心是:比特币这个币圈不是靠供求平衡来维持的,而是靠技术进步来维持。说得更彻底一点,维持比特币这个币圈的生存状态只能是进一步的繁荣而不是平衡、稳定和衰退。因此,它需要不断地取得技术进步——同时还要大家相信这一点,这样才有人不断加入币圈。

每隔一段时间,挖矿所需要的GPU或者其他专用芯片的能耗就大幅下降,而算力则成倍提升。这就是比特币所依赖的技术进步。如果这个时候,系统不减半授予挖矿的比特币奖励,那么,就相当于遏制了挖矿所需芯片的技术进步。如果大家都不需要新的芯片技术,仅凭银行的低成本融资,即可租用矿机来挖矿,而且收入相当不错,那样的话,整个挖矿就变成了“谁敢加更高杠杆”的金融游戏。

减半奖励机制保证了以下两个因素同时起作用:一是挖到新区块而获得的回报变得更高;二是挖不到新区块而承受的风险也变得更高。

这样一来,比特币的矿工就不能仅仅依靠“运气”和“融资能力”来挖矿了。依赖技术进步是任何一个理想的货币发行体系所必须依赖的机制。

想象一下:你借高利贷买了一堆矿机来挖矿,每次你挖到新区块就被系统奖励一枚当前价值10万美元的比特币。你更喜欢以下哪个场景呢?

场景一 你只要敢借入足够多的高利贷,你能买许多矿机,你就会挖到很多比特币。但由于没有减半机制,比特币的价格只会越来越低。于是整个币圈没有办法吸引到足够的炒家,也就无法鼓励技术进步。一个只依靠民间融资扩大规模的高利贷生意迟早会瓦解。

场景二　系统有减半机制,新区块越来越难挖,但比特币的价格越来越高。由于价格走高,吸引来了各路炒家,大家继续追捧比特币。你发现只要你不断投资买新的算力更强大的 GPU,你就可以继续挖到和以前一样多的新区块。

场景一就是行业内卷。价格战打到最后是什么结局?只剩下一个人的情况下,他究竟是幸存者、幸运儿还是胜利者?在一地鸡毛且寸草不生的生态环境中仅剩一人,那么他不是冠军,而是最后一个牺牲品。所以,人人喜欢场景二。这是一个繁荣扩张的生态系统,能吸引更多的人参与其中。物种在这里进化得更敏捷也更智慧;货币在这里有更广泛的用途;人在这里有更多的选择权和自由空间。技术进步在场景一里面无法让这最后一个人避免恐惧,而在场景二里面却能让每个人拥抱机遇与未来。

我把区块链看成一个政治组织的行事规则。它让人各司其职并各尽其责。以比特币为代表的整个币圈的成功之处就在于构建了一个类似场景二的生态系统,吸引了足够多的人来参与其中。形形色色的人来得越多,比特币的用途越广,它的流动性就越好,它的价格就容易上涨,在减半机制的刺激下,这就创造了一个鼓励技术进步的机制。

与之相反,我国许多行业很容易在便宜的融资成本和高涨的投资热情中进入一个恶性循环。比如,光伏组件的跌价实在太快,快到了一个新工厂即便采取了先进技术,投产以后仍然很难在残酷的价格战中生存下来的程度。结果呢?“跌跌不休”的光伏组件价格和血流成河的价格战吓退了潜在的行业投资人。于是,这个行业就不容易吸引到新的人、新的主意、新的投资,它只是不停地淘汰那些不够能干的人,而不能吸引新的能人。这简直就是行业内耗和自残。

技术进步会淘汰落后者,但这不是技术进步的全部意义。技术进步在一个先进文明社会中会吸引更多的人参与其中。我不是说要靠涨价来作为正面激励,从而鼓励大家来参与币圈。我也许不能说“追涨杀跌”是普遍的人性,但“趋吉避凶”肯定是最朴素的人性。无论他是出于什么目的,新人的加入,只会给先进文明带来更多流动性和更大的可能性。先进文明总是保持开放,欢迎新人加入;落后文明总是愚昧而又故步自封的,怀疑每一个外来人都是其他部落派来的奸细。

斯瓦特河谷的地主巴克图们做了许多事情。他们形成了一个类似区块链的政治组织,自发地团结起来强化了他们作为少数派对土地的控制。为了保住他们自己从土地中得到的收益权,他们也慷慨地派发粮食以维护他们追随者的队伍规模。问题只在于,他们不需要技术进步。他们不需要任何一种能够提高土地单产并减少劳动力投入的技术。这些技术进步只会打破“土地”和“粮食”之间的汇率平衡关系,从而威胁他们作为少数派掌权者的地位。

真相并不复杂,道理也十分简单。斯瓦特巴坦人几百年不变地维持原状没有技术进步的根本原因是既得利益集团太强大。地主巴克图人虽然人数少,但是他们通过特有的土地持有和继承制度,实现了默契一致的联合。他们反对提高土地产出的技术进步。

比特币的币圈比斯瓦特巴坦人的组织有一个明显的优势:比特币没有少数派构成的既得利益集团,所有人是一个利益共同体。你挖到一个新区块才能获得一定数量（以“X聪”为单位）的新发行的比特币奖励。你得到了比特币，你并不拥有区块，那个区块虽然是你挖的，但是，它已经固定在区块链上了，上面记满了各种交易产生的账目。没有人能够控制区块链。

在币圈，一群素昧平生且彼此提防的人，根本不可能联合起来形成共识去阻止新区块的产生——而且这也不符合每个人的利益。

如果利益集团达成了共识，社会就容易实现稳定，并在排除了技术进步之后慢慢衰退和瓦解。如果在没有利益集团的情况下，个体的人相互仍然能够形成共识，社会就容易实现由技术进步推动的繁荣。前者是斯瓦特巴坦人，后者是比特币。

确定性与可能性

确定性带来生存保障；可能性带来发展机会。这两样东西都很可贵。但是，我们不能在同一个集体游戏中同时解决确定性和可能性的问题。我在《时间游戏》中指出，那些为人们提供安全生存保障的集体游戏，往往也不提倡个体尝试新机会，以免招致不确定性破坏原有的稳定机制；那些为人们提供自由发展空间的集体游戏，往往鼓励大家去探索新的未知世界，由此带来的新发现会给所有人带来更多的可能性和更大的自由。

斯瓦特河谷土地制度的核心是消除各种不确定性以便维持稳定。为达到这个目的，他们必须遏制各种意外的发生。防范意外的措施也会同时扼杀创造力，遏制人的发展。人们相互之间形成相互依赖的社会关系在这里实现了低水平的保障、低强度的忠诚和低烈度的社会冲突。

比特币或币圈的繁荣一切都依赖于尽可能多地创造更多可能性。你说比特币能够干什么？它不能干什么？比特币是可能性，甚至是无穷的可能性。这不说明它的用途的无限性，而是说明我对它的用途想象力已经匮乏。我说不清楚它能够干什么，但大家都乐于相信并敢于想象它能够做很多事情，并且投身其中——这就是最好的状态。

比特币不是一个孤立的事物。整个数字货币的币圈（比特币以外还有多种基于区块链的数字货币）包含多种基于区块链的应用，它们共同构成了一个生态圈。在智能合约的帮助下，它已经能够取代中心化的交易所，完成各种交易的清算。你根本不需要走进美洲银行的交易室，就完全可以在币圈完成多种衍生品交易。

斯瓦特和比特币分别是确定性和可能性这两个发展方向的代表。人类主流文明应该介于两者之间。为此，斯瓦特河谷要排除外来人，不让他们用货币来打扰（破坏）当地的社会关系。同样的动机使得比特币（乃至整个币圈）需要排斥来自国会和联邦政府的监管。币圈只需要"素不相识"的人形成维持交易系统的共识，除此之外，一切任由数字货币玩家来自由发挥。

斯瓦特河谷的地主巴克图们其实在玩这样一个游戏，他们遏制别人的发展机遇，防止自己被颠覆。他们遏制别人发展机遇的方式是施舍，让对方依赖自己。但是，这种施舍反过来又成为地主们的负担，使得他们在保证自己地位的同时消耗了自己的财富。如果有一天，他们最大的财富（土地）消耗殆尽，他们的地位也就随之消失。

斯瓦特河谷的巴坦人需要花钱来维护共识,因为他们明白,买来的共识也会轻易失去。这种社会里的政治组织就像是一个没有个体自由的区块链,不会生成新的生产力。

斯瓦特地区各个村子里的经济组织是非常复杂的,它包括一系列在很多专门职业人员之间建立起来的各种契约,这些契约不仅与土地有关而且还和各种服务有关。这种专门化来自种姓制,经济组织在相当大的程度上是种姓制的一种反映。

这一体系的某些特征对政治组织有着非常重要的意义。作为一个基本上非货币化的体制,它不允许人们积累起大量的资本,只能以土地的形式来积累财富。而土地的所有权又基本上仅限于当地占主要地位的巴克图种姓血缘群体的成员,其次是圣徒家庭。

大部分的经济关系都是以租赁的形式或相对长时间的职业契约的形式表现出来。他们的报酬都是到收割以后才支付或由第三者来支付,而不是相互间直接支付。

在主要的生产活动——农业中,土地所有者处于关键的位置。它把各种职业人士组织起来,只有通过它,参与生产活动的各方才能从总收成中分得一部分。

所有这样一些"雇主"与"雇员"的关系(除了主人与家仆之间的关系外)在形式上纯粹是经济性质的和靠契约来界定的。它们之中没有明显超越经济范畴的政治统治和属从关系。但是那些签契约的人总是高于那些出卖技术和劳动力的人。由于该地区人口过剩相当厉害,很多人找不到工作,所以出卖技术和劳力的人在讨价还价过程中处于劣势地位。实际上,他们非常迫切地希望获得和保持这样的契约。要终止契约的威胁成了土地所有者的一个非常有力的法宝。如果他愿意的话,这种权力就可能转换成他在政治上统治那些与他签订契约的人的权力。①

斯瓦特河谷的政治格局遏制了技术进步的可能性。不,更准确的表述是,它防止了技术进步给当地的社会关系和利益格局带来冲击。我简单梳理了以下一些在斯瓦特河谷的客观社会条件(请读者对照思考比特币的不同之处):

一是地主巴克图人形成共有产权和内部共识,共同捍卫他们的绝大多数土地。

二是河谷内人多地少,佃农和工匠数量远超过地主巴克图人。

三是地主、佃农、工匠和圣徒都被捆绑在基于土地的农业生产上。

四是当地流行的支付手段是粮食。周边国家发行的纸币反而没有办法用出去。

这样一来,斯瓦特河谷就是一个充满确定性的地方,任何意外的可能性都已经被提前扼杀。斯瓦特提供的安全稳定吸引了一批喜欢安全稳定的人来此定居,成为巴克图的附庸和佃农。我在《时间游戏》

① 摘自弗雷德里克·巴特著:《斯瓦特巴坦人的政治过程》,黄建生译,上海人民出版社2005年版,第97—99页。

一书中指出，一般来说，弱者寻求安全，强者追求自由。如果来这里的人都没有上进心、积极性和主动性的话，他们就容易安于现状，容易接受以粮食为支付手段的生活方式。

与之相反，比特币可以有无穷的可能性。这种可能性不仅来自GPU算力提升带来的科技进步，而且来自某些央行的“胡作非为”导致纸币持有人“伤心欲绝”后投奔比特币生态圈。关键还是来自比特币这个生态系统自身固有、得到自动执行、自发捍卫和自觉遵循的共识机制。

请大家再想想黄金吧！同样是数量有限且无法造假，同样被认为是央行无法控制，同样被认为是可以对抗通胀，黄金作为可以信赖的货币已经被使用了几千年了。但是，在过去的15年时间里，它的涨幅为什么远远低于比特币？恐怕还是用途的有限性。你买了黄金很难用出去。黄金经常的应用场景往往是储藏在自己家里的保险箱和地窖里。黄金已经被美元边缘化了。你要用黄金作为支付手段去买卖有价证券是不可能的，你必须先要持有美元或者其他可兑换纸币。但是，比特币的应用场景就丰富多了。你完全可以绕开美元、美国监管机构和美国的投资银行，你甚至在不需要知道对方是谁的情况下，就可以用数字货币在智能合约的安排下成交并清算。“交易即清算！”点对点完成交易的比特币乃至整个数字货币世界并不需要一个中心化的清算中心来配合完成交易。

一个货币越是好用，就越吸引人。它的生态圈就越来越丰富。更多的人被吸引来了以后，他们还会创造出新的可能性和新的应用场景。

共识是发行货币的基础。如果一个地方的秩序得到自觉的捍卫，那么，人们就会放心大胆地来到这个地方。如果这个地方的货币有丰富的支付场景应用，那么，人们就有了更多的自由和选择权。那样的话，这个地方就会吸引更多人来参与创造新的可能性。

斯瓦特巴坦人是有共识的，但他们的共识所形成的秩序更像是一个缺乏个体自由的区块链。斯瓦特巴坦人的独特制度同时造就了缺乏集体安全感的富人和缺乏个体进取心的穷人。两者都不需要发展机会，他们只需要现状稳定和未来安全。它也许有一些区块链的特征，但它更像是《星球大战》里面的寂静的“死星”。

在“小农经济”和“集体农庄”之间

一个部落拥有土地的方式决定了部落成员相互之间的关系，也就同时决定了个体在部落里的身份（或角色）。如果斯瓦特巴坦人的祖先没有采取土地轮换和共有土地的方式的话，他们的后代可能有两种极端的情况。

情况一　如果斯瓦特巴坦人的祖先采取了“各男性继承人平均分配土地”的做法，那么，他们大概率会演变成越来越小规模的自耕农。假如历史是有规律的话，那么，巴坦人的后代会出现部族火拼和土地兼并。那样的话，我们今天看到的斯瓦特河谷地区应该是已经被邻近的俾路支人占领了，由一个部落大首领统一领导了。

情况二　他们的结局还有一种极端的可能性（人类历史罕见，但仍有记载），那就是苏联的集体农庄。在名义上，集体农庄的员工并不直接拥有任何一块土地。在这个问题上，他们有点儿像斯瓦特巴坦人的巴克图一样，(在理论上)拥有全部土地收益的一分子。但是，他们又不能像巴克图人那样，以地主的身份脱离田间地头的劳作。于是就出现了离奇的一幕，集体农庄的效率极低。如果你只看苏联报纸上的宣传，会以为苏联粮食产量惊人。但实际情况是，苏联从 1959 年以后就未能实现粮食自给，每年需要进口大量的粮食。苏联解体以后，集体农庄制度也随之瓦解。而同一片土地上的粮食产量突然提升。如今，好几个苏联的加盟共和国都变成世界粮食市场的主要出口国了。

这种既扼杀创造力又遏制生产力的集体农庄，就其生产关系的安排来说，还不如斯瓦特巴坦人的“男子之家”呢！设计这个集体农庄制度的人也许以为，共同拥有产权的方式会激发大家的劳动积极性。结果呢？事与愿违。集体农庄看起来有共识也有秩序，而且还有先进的拖拉机和肥沃的黑土地。但是，这个共识是强加给他们的，人们之所以遵守秩序是因为害怕统治者的鞭子。他们不敢反抗，因为那样的话，结局会更悲惨。所以，共识必须是符合人性的自发行动。

请读者不要误会。我毫无居高临下批评斯瓦特巴坦人的意思。相反，我非常钦佩他们对土地制度的探索。这种探索给了我巨大的启发。巴克图地主们需要维持一种共识来保有他们的土地。但这种共识需要用巨大的代价来维持。共识机制很重要，而维持共识是要付出代价的——就像维持比特币系统需要各算力节点消耗大量电力一样。

比特币之所以迅速得到认同和追捧，关键还在于它的设计符合人性。你根本不需要巴结领导，提防同伴，你也不需要投靠地主，追随圣徒，就能获得安全。你可以完全依照你自己的意愿来处置你的资产。

而且当你这样做的时候，其他人默契一致地各行其是，这样反而使得每个人都独立而完整地获得了安全。

我必须纠正自己的一个天然偏见。我往往认为有政府的地方就是有秩序的地方，我还认为有市场的地方就是有机会的地方，我甚至认为既有政府又有市场的地方大家就自动遵纪守法按规则行事了。如果你也有这些念头，暂时还不要紧。糟糕的是，绝大多数人有了上述念头之后，就自动在脑子里形成一个逻辑推论：无政府主义就是混乱、危险和秩序崩塌的糟糕状态。这就完全是被经济学教科书误导了。

比特币是一场伟大的社会学实验（我后面还将根据剧情发展的需要，进一步将其讴歌成另外一场伟大的金融学实验）。它证明了在没有政府参与，尤其是在没有央行插手的情况下，人们可以仅凭某种事先设定的机制就能自发形成秩序，并用自发的共识来维持这种秩序。这种秩序一旦形成，就能够让其他人相信这里可以创造出基于共识的无穷可能性。于是，比特币这个集体游戏就吸引了更多人参与其中。所以，问题的关键是比特币这个自发秩序是怎样形成又是怎么自发维护的。

这种自发秩序是人们默契一致地使用了一种新身份——在密码学的帮助下。一旦开始用新身份了，你就觉得它极其符合你本来的真实面目，那种三千万年前灵长类动物祖先早就留给你的真实人性。

人是一种很奇怪的动物（我是对着镜子在说我自己，或者躲在背后说我老婆，读者和你们的领导都例外）。当我吃完晚饭，穿上拖鞋，出门去倒垃圾的时候，容易在路上和那个与我有宿怨的邻居吵一架。

当我和老同学喝到三分醉(一般是晚上 10 点半左右,老婆还没有打电话过来)的时候,容易慷慨激昂地承诺许多我明天做不到的事情。当我接受女记者采访的时候,我容易高估自己的判断力,我会掷地有声地坚定捍卫自己对市场涨跌的预测(尽管我的账户因亏损严重已经好久不打开了)。当我西装革履去参加儿子学校的家长会的时候,我又展现出温和、宽容、稳重和友好的一面。我发现我的戏路很宽,每个角色都很入戏,而且剧情和台词都是我自己临时发挥的。我没有拿到诺贝尔经济学奖完全是我咎由自取——我本来就应该瞄准奥斯卡最佳男主角奖。

话说回来,人这个物种实在是进化得太好了。我们同时拥有各种身份,每个身份就是一个角色,有一套专门的服装(演技差的话,你还得配一个面具,像我这样演技好、变脸快的就不用),专门的台词,专门的行为举止和行为规范。关键是,在不同的身份中,我们会扮演不同的角色,我们会遵守不同的规则,和不同的人形成共识和默契,演绎不同的剧情。

比特币是我们各种身份中最特殊的一种情况。我不能说它是虚拟的泡沫,我甚至也不能说它是我们人类发明的新货币。我只能说,比特币是我们人类在集体游戏中进化出的新角色和新身份。我们在这个新角色中拥有了新身份,戴上新面具,使用新台词并演出新戏份。然后,我们吸引了新观众,招徕了新赞助商,形成了新秩序,凝聚了新共识,开辟了新世界。

比特币基于对人性的深刻而坦白的认识,鼓励人们形成对新身份的追求。在密码学的帮助下,人们很容易形成共识,达成遵守规则的默契。最后，在充分体现各种制约因素之后，以比特币为代表的数字货币生态圈优化出一种生产关系来鼓励技术进步。这是斯瓦特巴坦人没有做到的事情，比特币尝试着去做了。

维持一个基于区块链的共识，需要培养核心生产要素，分别是更高的算力和更低的功耗。基于密码学的区块链是持有货币（也同时是获得身份）的方式，它使得缺乏信任的人之间天然具有行动默契。当然，比特币之所以有广泛用途，不仅有智能合约的推动，恐怕还要归因于纸币的失控。

我经常把比特币或者其他数字货币的生态圈想象成《星球大战》里面的抵抗组织。你只要掏出抵抗组织的徽章，全宇宙都会有被压迫的人同情你并帮助你。

问：那个抵抗组织最后能成功吗？

答：天晓得。

问：抵抗组织给你带来什么好处？

答：很难说有什么实际的好处，其实，有时候它带给我的风险可能更大。

问：加入抵抗组织之后，你到底获得了什么自由？

答：好像有，但具体说不清楚。

问：如果没有黑暗尊主、第一军团和西斯帝国这些大反派的严酷统治，你会觉得抵抗组织有什么好处（或用处）吗？

答：不会。

达斯·维达或帕尔帕廷皇帝麾下的军团总是制服笔挺，军容整齐，昂首挺胸，步调一致地前进。抵抗组织里面的人则是来自五湖四海的三教九流，习惯于自说自话和自由散漫。这种表面看起来自由散漫的状态其实有核心的共识——捍卫自由。至少，导演肯定是希望你这样想的。

关键不在于抵抗组织是否能够胜利，或者它提供了什么有价值的自由，而在于那些受不了宇宙黑暗面统治的人们相信抵抗组织至少给他们带来了希望：一种人与人之间相互成全的积极、乐观、正面和互助的状态。这种状态让每个人有了自由发展的可能性。抵抗组织成员们形形色色的"多样性"暗示了他们的未来有包罗万象的"可能性"。这恰恰就是比特币生态圈吸引人的地方。

维特根斯坦说过："宗教的疯狂源于非宗教的疯狂。"他认为，世俗的人们越是疯狂追求金钱，就越会有苦行僧去修道院虔诚修行。守财奴和苦行僧一定同时出现在同一个时代的同一部小说里。

毫无疑问，央行行长和他们雇佣的经济学家们肯定希望你认为比特币是疯狂的泡沫。这样你就会因为害怕泡沫破灭而持有他们发行的纸币。你还没有明智地意识到（或勇敢地承认）恰恰是央行下辖的印钞厂制造了比特币的疯狂上涨。

从逻辑上讲，我还需要解释为什么人会抛弃自己原有的生活方式去追求比特币带给他的新身份。要回答这个问题，我得暂时离开阿富汗斯瓦特河谷，到苏丹达尔富尔地区寻找线索。但归根结底，还是孟子说得对："天下之欲疾其君者皆欲赴诉于王。"——人民向往先进文明，这是阻挡不住的历史潮流。什么是先进文明？它有对人和财产的更好保护，而且这种保护，不依赖于慈父般的圣主明君，而是依赖于千千万万普通人之间的共识。

发展机会:苏丹达尔富尔的游牧部落

我编过一个关于新西兰人和澳大利亚人的段子。

问:新西兰人和澳大利亚人最大的区别是什么?

答:在新西兰,人们无论男女老幼、高矮胖瘦和黑白贫富,都以为自己是毛利人。而在澳大利亚,人们无论男女老幼、高矮胖瘦和黑白贫富,都以为自己是英国人。

这个段子在说英语的受众中很受欢迎,唯独澳大利亚人笑不出来。尽管人们起源相同,但是,他们一旦形成了各自的族群,就会想方设法维持各自边界。为此,他们特别强调(甚至夸大)各自的差异。在大多数情况下,只有维持住了边界,你才有安全感;而某些时候,只有跨越了边界,你才有发展机遇。又或是两者缺一不可?

我还听说,新西兰现在面临着一种独特的移民潮:本地以外的人想方设法来获得当地身份;本地新西兰人(尤其是受过良好教育的年轻人)则热衷于移民去邻近的澳大利亚找工作。为了阻止这种趋势,新西兰开始对外来移民设置各种不便,如限制他们买房子或者买农场。

移民带来的身份变化是很常见的。如果你移民去其他国家,你会获得一个新身份,开始一段全新的旅程。你会面对新的机会和新的风险。如果你支持的工党获胜了,在议会取代了保守党,组阁的时候,你就会焦虑而期待地等待候任首相秘书的电话。他会通知你在唐宁街的新岗位,你会有一个新身份去执行一套工党喜欢的新路线。最普通的情况下,你虽然没考上公务员,但是被一家大型国企录取了。你就会用你的新身份去适应那里的新环境和文化。

有没有一种情况,你既没有从民营企业辞职,也没有捐助工党的竞选活动,更没有从新西兰移民到了澳大利亚,但你仍然获得了一种新身份?或者请思考这样一种可能性:你在保有过去一切生活方式和社会关系的同时,又拥有了一种新身份去参加一场新的完全不同的集体游戏?如果这正是你的期待的话,比特币就提供了这样的一个选项。

在经济利益驱动下的移民,是否会有身份的转化?这个问题解答了大多数比特币持有人的悬念。他们到底来干什么?是逃避纸币贬值威胁?是对议会政治的失望?还是来开垦新土地、开始新生活?比特币到底是"诺亚方舟"还是"五月花号"?前者在洪水退去以后把你带回家乡,后者把你带往新世界定居。

要搞清楚这些问题,我们先来看看下面这个例子。它来源于卑尔根大学的人类学家贡纳尔·哈兰(Gunnar Haaland)在20世纪60年代对苏丹达尔富尔(Darfur)地区游牧民族的田野调查。这个个案展示了苏丹地区以农耕为主的富尔人(Fur)将他们的身份转变为以放牛为主的巴加拉人(Baggara)的过程。这个过程取决于非常明确的经济环境:与游牧民族中的投资可能性相比,富尔人农村经济中缺乏投资机遇。积累起来的资本和机遇鼓励富尔人放弃他们的农田和村落而转变成相邻的巴加拉人。

巴加拉人的历史起源与从14世纪初阿拉伯人侵犯苏丹有关。巴加拉人声称他们有阿拉伯入侵者的血统，并且认为自己是阿拉伯人。虽然他们在文化上与具有黑人血统的早期居民不同，但是今天从体质特征来看，巴加拉人与黑人血统的居民已经没有什么区别了。

……

巴加拉人是放牛的游牧民族，但是在雨季，他们中的大部分人也种植小米。他们分成几个部落群体，实行首领等级制度。每个群体有被认可的家园，称作“达尔”(Dar)。他们的领土呈带状从尼罗河一直扩展到乍得湖。巴加拉人当地社区是由2～20顶帐篷组成的迁徙营地。雨季他们留在适宜放牛的达尔。旱季来临时，由于缺乏水草，他们被迫迁徙到别的地区。

……

大约有三万巴加拉牧民在西部达尔富尔低洼地带的富尔人的土地上度过旱季。由于这两个族群利用不同的生态，因此他们之间的资源竞争并不激烈。在雨季，富尔人进行大部分的耕种，而由于苍蝇和水蛭的侵扰，该地区不适合放牛，也因此不适合巴加拉人生活。当牛侵害旱季灌溉田地时，冲突就会产生，但是并不严重，因为灌溉农业仍然只是处于小规模状态。

……

尽管富尔人和巴加拉人几个世纪以来一直在不断接触，

但是文化上仍然保持了各自的特色。在一般的生活方式、生计模式、显性的文化特征(如语言、房屋类型、武器和行为评判标准等)方面都表现出差异。

富尔人与巴加拉人的接触受共有的、对各自族群成员都适合的对等身份法则的约束。富尔人和巴加拉人都是穆斯林,因此在仪式场合可能有所接触。巴加拉人在旱季的时候有可能会在富尔人地区驻扎营地。

……

每个富尔人都有机会获得土地。土地由当地首领管理,并且根据需要分配给社区的成员。只要在土地上耕种就可以获得使用权。土地被耕种几年之后就要休耕,这时候农民就无权再使用这块土地了;其重新分配权又回到了首领那里。农民无权转让他的土地。

在富尔人中每一个成年人个体都拥有农业生产所必备的资源:获得土地的权力和他自己的劳动能力。这些资源的管理相对简单。主要农业生产种植农作物来满足个人的消费。小米是主要的农作物,用来制作富尔人饮食当中重要的两样东西:啤酒和粥。

……

由于土地所有权的特性,用钱来换取土地是不可能的。钱与劳动力的交换也受到了限制,因为为钱而工作被认为是可耻的。聘礼习俗允许从现金到妻子的价值转化。而且如果金钱用在了麦加朝圣或宴会上,它就会转化成社会尊重。在这些制度化规则范围内，一名富尔人为了满足他的消费需要不得不管理自己的资源。

……

另一种投资的可能性就是牛。养牛是有风险的。养牛的富尔农民为了避免这个问题，常把他们的牛交给巴加拉人。他们把富尔人的牛放养在自己的牧群里，在雨季时把牲畜赶到自己的地里。富尔养牛户可以获得牛犊，而巴加拉人可以获得牛奶。如果牛由于猛兽和疾病的原因而死亡，巴加拉人不负任何责任。

牛构成了积累资本的唯一方式，同时牛也成为以牛犊的形式获取利益的投资。相比其他方面，这种投资模式的收益性取决于母牛如何在雨季的时候能够在放养区茁壮成长。因此，大部分富尔农民更愿意把他们的牛交给巴加拉人去放养。然而，这也是一个冒险的办法，因为对于富尔农民来说，很难知道他们的损失是因为巴加拉牧民不负责还是牧民把他们的牛杀了以后卖了。一个富尔人在养牛上投资越多，他就越考虑把牛交给巴加拉人所冒的风险。五头牛相当于 40～50 英镑的价值，这是一笔相当大数目的财富。

……

勤劳的富尔农民会逐步陷入进退两难的境地：一方面，农业区不利于牛的成长；另一方面，放牧契约又极冒风险。养牛的富尔农民经常选择的解决办法是：当他们有 5～10 头牛的时候，他们自己就成了放牧者。这似乎是一个很矛盾的选择：

最富有的富尔农民变成了达尔最边缘化的游牧民。作为游牧民,他们将不能维持在富尔当农民时的消费水平和生活方式。

……

通过作为当地社区的成员,村民们可以自动获得土地使用权。相对于其他价值形式,富尔人对土地的价值是没有概念的。因此,是做农民还是成为游牧民的选择并不等于以土地的形式积累财富还是以牛的形式积累财富的选择。这种选择是:让自己成为游牧民从而获得牛这类的资本,但是要忍受它所带来的消费水平的下降;继续当农民,拥有令人满意的消费水平,但是却要冒着丧失自己已经积累起来的财富的风险。当牛这类资本达到 40～50 英镑时,富尔人发现第一种选择更为可取。

在选择季节性迁移时,放牧新手不得不考虑到在各个地区养牛和种植小米的条件。牧群越小,越要权衡种植机遇。由于 5～10 头牛的牧群收入并不多,因此,游牧民在很大程度上要依赖于小米的种植。这就意味着在雨季他不能迁徙到巴加拉领地上,因为在那里种植小米的条件比较恶劣。富尔游牧民迁徙到富尔地区较高的沙地上,在那里失去牛的风险要比在地势低洼的农田小,而且种植小米的条件比巴加拉地区好。如果牧群增加的话,考虑到他的牛群给他带来的利益,他可能要做出迁徙的选择。当他大约有 25 头牛的时候,他就没有必要依赖小米种植。雨季来临时,他就迁徙到巴加拉地区。因此,在富尔人中,经济上成功的发展开始于村庄并引起富尔地区内部的游牧迁徙,最后以在漫长的雨季迁徙到巴加拉地区而告终。

……

在游牧化的第一阶段,富尔游牧民与富尔地区其他边缘游牧民在一起宿营。由于营地各种牧群的发展不同,因此,经常产生关于迁徙的分歧。当牧场主有了足够的牛要在雨季从富尔地区迁徙出去的时候,一个严峻的形势出现了。如果他开始漫长的迁徙,他就不得不离开说富尔语的游牧营地,而竭力依附于说阿拉伯语的巴加拉游牧民,那么,他的孩子们长大后就要学习阿拉伯语而不是富尔语,并最终会在巴加拉社区选择配偶。

……

通常他们要花费很长时间克服自己的抵触情绪,然后才能参与对话。因此,在展示好客的场合里,富尔人与巴加拉人之间存在质的差异。当我们来到富尔游牧民的营地时,我们所受到的款待类似于在富尔人村落中的,而不能与巴加拉营地相比。茶水迟迟没有端上来,对话进行得很困难,过了一会儿端来了一碗牛奶。在回村庄的路上,我的这两个同事(富尔人)抱怨富尔游牧民的所作所为:"这不是牧民待客的方式啊!"换句话说,他们是根据巴加拉的好客标准而不是他们自己的标准来评价富尔游牧民的行为。

我认为这个事例表明,在富尔人和巴加拉人的明显分化中存在一个非常重要的观点:以游牧为生的人被划分为巴加拉人，也就是说，人们希望他的行为举止要像巴加拉人，他所得到的评价表明似乎他就是巴加拉人。他讲富尔语仅仅意味着与农民的沟通更方便一些。过游牧生活的富尔人在村庄社区仍然有亲戚，但是亲属关系不像以前那样紧密了，只是在与相关的村民进行沟通的有限空间内，亲属身份才变得有意义。游牧化属于可逆性选择的这个事实（如果过游牧生活的富尔人还想成为农民的话，他仍然可以被当地村庄社区所认可）与以上的观点并不冲突。[①]

其实，问题的关键还是土地所有制度。普通富尔人并不拥有土地，大酋长分配一些土地给他们种，也会夺走他们的土地。一个勤劳的富尔农民无法积累财富，因为土地的收成是小米和啤酒，都很难长期储存。话又说回来，人积累财富的根本目的是什么？恐怕还是要锁定自己的社会地位。无论将来发生了什么变故，自己年轻时候的辛勤工作积累起来的财富能够确保自己年老以后的生活，不至于沦落到社会底层，但小米加啤酒是无法帮助普通富尔人实现这个目标的。

于是，他们就选择了养牛。毕竟，牛比小米和啤酒更容易积累财富。整个故事里面最有趣的是那个门槛：5～10 头牛。低于这个门槛的富尔人会待在原来的部落里，过农耕为主、放牧为辅的生活。他们会继续生活在本部落。

与此同时，达到这个门槛的富尔人会拿出一部分财富（主要是牛）

① 节选自弗雷德里克·巴斯主编的论文集：《族群与边界》之“民族过程中的经济决定因素”，作者贡纳尔·哈兰，商务印书馆 2014 年版，第 59—65 页。

放到另外一个部落去。委托巴加拉人打理他们的牛。这就像是我访谈接触过的绝大多数声称自己参与了币圈或者染指了数字货币的普通中产阶级家庭。他们继续过着原来的生活,但是拿出一部分钱去交给了币圈。他们当然知道币圈风险重重,但现有的中产阶级生活也只能这样安排了。如果他们不参与数字货币(他们不认为这是移民,而是理财),他们在自己的生活中就只能买房子或买股票。前者需要背负更大的人民币债务,后者可能吞噬大部分人的本金。

只有极少数人[①]真正参与了币圈的交易,尤其是以太坊的智能合约。他们就像是积累了超过 10 头牛的富尔农民,最后,要保住这些资产就只能"移民"去了达尔地区加入巴加拉人的游牧部落。

我周围有些人取得移民身份以后,继续留在国内生活,做生意。他们并不生活在外国,只是持有外国的居住证,拥有一个外国身份而已。移民都有门槛,各个国家规定不一样,有的是规定了投资门槛,有的则是年龄和技能的门槛。富尔人向达尔地区移民的门槛就是 10 头牛。你向比特币代表的数字货币生态圈移民的门槛就是每枚 10 万美元(写作本书时的价格)。

前面引述的这段田野调查报告中有精彩的内容:过上游牧生活的

---

① 你也可以说我访谈的对象人数不够。但实际情况是,我必须淘汰大多数人。我发现声称自己玩转数字货币的人不少,但他们旨在炫耀并提升自己的社会地位,实际上,他们从未参与过。我不知道这种人在上海是否很多。过去,我每年会遇到几个年轻人,对我说:"周总啊,向你学投资啊,我对投资什么都不懂,我就是 20 年前满仓拿着贵州茅台,什么也没有干,这些年我一直在做慈善。"这几年,我遇到的年轻人会对我说:"周哥,向你学金融啊,我对金融一窍不通,就是十几年来满仓拿着比特币没动过,我一直在做环保。"我就像选演员的导演一样,必须辨别并筛选出这样的人,把他们排除在《比特本位》的剧组以外。

富尔人拥有了更多的牛，但他们未必生活得比以前更幸福，因为那些牛成为新的负担。他们在巴加拉人的达尔地区的财富，用牛来衡量，是比以前高了许多；用生活质量来衡量，则可能倒退了。这就是移民的特征。你一旦在富尔的农耕社会拥有了10头以上的牛，你就只有这一条路可以走了。一旦巴加拉人的社会不会接纳你，你就从一个富裕的富尔农民变成了边缘化的达尔牧民。

除了都有门槛以外，加入比特币生态圈和移民的最大区别在于，你不会面临是否被接纳的尴尬问题。

如果你只买比特币作为保值的资产，那么，你给币圈提供了流动性。你就像是委托巴加拉人代你养牛的富尔农民，把一部分资产托付给币圈了。

如果你不仅买了比特币或者其他数字货币，你还使用智能合约积极参与币圈的生态圈，匿名的玩家只会欢迎你，不会排斥或抵触你，更不会歧视你。事实上，你的加入对他们来说，现在多了一些流动性或者将来多了一个交易对手。你作为独立的人加入比特圈会让他们的资产更安全，对他们有利，币圈更不容易被单一玩家控制。

比特币就像你移民后获得的新身份证，因为你加入了类似“抵抗组织”的币圈。还记得以美联储为首的各国央行首次对比特币发起“围剿”的时间吗？那是2014年。[①] 如果你当时在低位买入了比特币，并持有到现在，它带给你的涨幅可能应该超过英伟达股票的涨幅。那次围剿可真是动真格的，一下子切断了许多“平台”和传统金融机构的

① “反围剿”这个词来源于我访谈过的币圈玩家。截至我写作这本书时，他们津津乐道的有三次“反围剿”，分别是2014年、2019年和2021年。

结算通道。各国央行雇佣的经济学家更是口诛笔伐地谩骂比特币是泡沫和阴谋。

这场美联储主导的“金融围剿”和传统意义上美国社会的“种族歧视”有异曲同工之处。它们都有一个共同的目的:“维持种族边界。”印制纸币的央行想方设法把比特币或者其他数字货币放在被歧视的贱民阶层。这样一来,他们就能够把中产阶级留在他们的纸币圈里面了。为什么是针对中产阶级呢?因为底层的穷苦农民和真正拥有土地的大酋长们是不会冒着风险移民到陌生邻居家里去放牛的。同理,靠玩资本游戏的大佬和靠救济金活命的穷人恰恰是纸币圈的受益人。只有勤奋、聪明、老实交税又没有特权的中产阶级,才会感受到纸币泛滥对生活质量和社会地位的威胁。一旦不努力赚钱,眼前积攒起来的一切财富都会贬值——一如富尔农民存储的小米和啤酒保质期都很短,富有的富尔农民就要想办法把小米和啤酒换成保质期更长的牛。

新移民总是争取融入他们的新家园。在许多情况下,他们会遇到原居民的抵触。新移民试图表现得“我们和你们一样”“我们很优秀”“我们也在努力为这个国家做贡献”。但是,原居民总不太愿意接纳他们,总是千方百计在小问题上挑刺,找出传统文化的优势来,并提醒新移民,“你们和我们不一样”。

我在北京工作过一段时间,我认为我的普通话已经很“溜”了。但是,北京人却认为我的普通话和北京话差距很大。后来,我才知道,北京话里面还有“老北京话”。据说,那才是地道风味的“皇城根儿北京话”。这让我想起了我在美国遇到的一个英国来的交流生。我一下子听出了她的口音。我说:“你有英国口音。”她愠恼地答道:“这个世界上根本没有英国口音。英语是我们英国人几个世纪以来说的母语。我们将继续自豪地说着纯正的女王英语。”

我于是明白了,形成族群边界的手段很多,但其中很重要的一条,就是强调差异,而防止“新人”获得“老人”相同的待遇和地位。阻止新移民享有和原居民相同的发展机遇,就能够逼他们更努力,但往往是,他们越努力,越不被承认和接纳。因为原居民并不需要一个加倍成功的新邻居;他们需要的是一个加倍努力的新邻居。为此,他们要维持边界,防止新移民取得和他们一样的社会地位。如果一个地方的机会是固定的,那么,新移民来了以后就会稀释掉每个人的机会。当然,这时候就会出现对新移民的不接纳、抵触甚至歧视。其目的是形成一个激励机制,鼓励(或者用一个你在新闻中常见的词“倒逼”)新移民更努力,这样就让全社会的机会落到了更努力的人手中。为此,整个社会就有了一种正面的激励。

比特币是另外一种移民。它的机会恰恰是新移民创造出来的。比特币的“老人”不仅不会因为“新人”的到来而丧失安全保障,反而还会获得更多的发展机会。因为新人的到来扩大了共识的基础,在更大范围内达成共识就能够给所有人创造更多新的机会。由于区块链的独特设计,任何改动某一区块报头的企图都必须同时改动它后面的全部区块报头才能生效。这显然是不可能完成的任务(更准确的说法是“得不偿失”)。“老人”的交易记录反而会因为“新人”的加入而变得安全了。区块链越长,链上越早的记录就越安全。

移民的门槛不仅是限制了人的流动性,更是一种“筛选机制”。它挑选出一批有能力的富裕农民或者中产阶级去往新的家园寻求新发展机遇。新移民遇到的歧视和抵触不仅是种族和文化差异,更是一种“激励机制”。它激励新人更努力工作,并想方设法证明“我至少和你们一样好”,以寻求被接纳。相比较而言,比特币是最开放、最安全和最公平的移民目的港。新移民的加入不仅不受歧视,反而广受欢迎,因为他们的到来给全体持币人创造了新机会。

马路上多一辆出租车也许对老出租车司机来说是一种竞争,一种机会的稀释。但是,公路系统上多一段新高速公路对于所有司机来说,都是好消息。他们能去更远的地方,从而有了更多的商业机会。“老土著”特别愿意接纳“新移民”,这就是比特币和其他移民方式的区别。

资产的流动性和人的流动性是一体两面的。人在没有流动性的地方,往往缺乏上升通道,缺乏上进的氛围,缺乏发展的机会。钱在这种地方反而没有什么用处,有钱也买不到什么东西。但这并不说明这里的人民十分高尚纯洁,如圣徒一般“视金钱如粪土”,而是说明这种地方依靠扼杀人的发展机遇,以维持现有利益格局的稳定。因此,我们要在部落里理解财富和地位;在集体游戏中理解自由和安全;从移民获得新身份的视角来理解比特币。脱离了这样一群人,根本谈不上有财富、地位和货币。

在苏丹达尔富尔地区的农牧民需要移民来保持自己的财产增值,为此,他们改行去当了牧民。他们移民是为了寻求更大的发展机遇,但也因此需要承担风险——那种不被新地方接纳的风险,那种回不去故乡的风险,那种被鄙视的风险。

中产阶级把财产转移到比特币,类似一种财富移民。我需要研究为什么他们选择了比特币，他们为什么在保持自己原有社会身份的同时，把自己的财富放到一个政府（主要是税务局）监管不到的地方去。他们为什么不能在原有的社会体系中保持身份和财富的一致性。这些问题是值得我们深思的。

社会关系：中国古代圣贤的策略

我在上海影评学会的会议上多次提议拍摄一部抗战期间展现上海各阶层市民和日寇伪军打“金融战”的斗争经历。其中，不仅有可歌可泣的英雄事迹，可圈可点的金融原理，还有让人意想不到的市场化操作。

上海沦陷以后，市民们自发抵制南京汪伪政权发行的货币，但重庆国民政府发行的辅币已经从流通中消失了。这时候，英商上海电车公司的预售车票就成了各大商户普遍接受的辅币——你去杂货铺买烟的时候对方就把车票当零钱找给你了。上海市民有自发的共识，默契一致地把这个预售车票当成辅币来用，而汪伪印制的金储券则是毫无用处。

与此同时，在上海交易所大厅里，各路掮客们把持的大宗商品交易也默契一致地要求用重庆国民政府发行的法币结算。到了抗战后期，日寇败象已现，他们为了从中国买大宗原材料物资回去维持国内的生产，也被迫使用重庆政府的法币。他们被迫从国内运来大量的生活物资到上海倾销，以便从市场上拿到法币。一来一回，日本国内的物资更紧缺，物价更失控。抗战胜利后，从重庆来上海接收日伪资产的官员曾经感叹，没想到法币在上海市场的购买力这么高，上海的物价远比重庆便宜。

同一个社会，同一个时代，人们在用不同的货币。这就是我在《估值原理》说的，人们在不同的集体游戏中会使用不同的“比赛用球”。各集体游戏之间不是割裂的，而是有互动的，不同阶层的人们之间不仅相互防范，维持着自己的边界，还有相互促进的互动。

春秋时期左丘明撰写的《国语》中有一篇《臧文仲如齐告籴》为我的猜测提供了佐证。

> 鲁饥，臧文仲言于庄公曰：“夫为四邻之援，结诸侯之信，重之以婚姻，申之以盟誓，固国之艰急是为。铸名器，藏宝财，固民之殄病是待。今国病矣，君盍以名器请籴于齐？”公曰：“谁使？”对曰：“国有饥馑，卿出告籴，古之制也。辰也备卿，辰请如齐。”公使往。
>
> 从者曰：“君不命吾子，吾子请之，其为选事乎？”文仲曰：“贤者急病而让夷，居官者当事不避难，在位者恤民之患，是以国家无违。今我不如齐，非急病也。在上不恤下，居官而惰，非事君也。”
>
> 文仲以鬯圭与玉磬如齐告籴，曰：“天灾流行，戾于弊邑，饥馑荐降，民羸几卒，大惧乏周公、太公之命祀，职贡业事之不共而获戾。不腆先君之币器，敢告滞积，以纾执事，以救弊邑，

使能共职。岂唯寡君与二三臣实受君赐，其周公、太公及百辟神祇实永飨而赖之！”齐人归其玉而予之籴。

这段话大意是：天灾流行，饥荒又降临到了鲁国，百姓瘠瘦羸弱，生命受到威胁。鲁国国君派臧文仲拿着祭祀先王的宝器作为抵押，去邻近的齐国借粮食。齐国把粮食借给了鲁国，并退还了宝器。

《国语》是中国传统文化的优秀典籍。在这段记载里面有几个值得注意的地方：

第一，臧文仲诉诸齐国的国君。他并没有过度渲染灾民的疾苦来哀求对方，而是告诉对方借粮是为了履行鲁国国君的义务。粮食的用途主要还是用于祭祀和向周天子朝贡。这说明国君和国君之间的沟通适用同样的道德、观念和价值。第二，鲁国没有使用金银等“天然货币”去购买粮食，也没有使用当时已经出现的刀币、铲币或者贝币等货币形式去支付购粮款，而是用鲁国国君祭祀祖先的礼器。这说明国君和国君之间通用的货币是他们共同奉行的仪式上用的礼器。第三，这个过程不像是一次性买断，更像是质押式回购，等于提供一个质押凭证向对方保证将来是要偿还这批粮食的。

齐国退回了礼器。这说明他打算遵循鲁国国君同样的道德体系和游戏规则。如果齐国拿下这些礼器，反而说明自己的国君“德不配位”了。国君之间有天然的默契让臣民觉得国君和自己不一样。

19 世纪欧洲的“三皇联盟”之间就有类似的互动。当时，法国和英国已经开始实行议会制，首相或总理由议会多数党成员担任。普鲁士、奥匈帝国和沙皇俄国仍然是君权统治，皇帝从贵族中挑选首相，然后再组阁。这两大阵营的对立让我想起了人类学的原理:群居性灵长类动物的根本区别是它们产生首领的方式。于是,普、奥、俄这三个君主国天然就成为惺惺相惜的盟友。沙皇曾经热忱地表示俄国愿意无条件地派兵镇压任何一个欧洲国家反对君主的革命。普鲁士的腓特烈·威廉国王则说:“我将永远不运用煽动革命的手段去对付邻国。普鲁士永远不同法国或撒丁王国结盟。因为,我们不结交谋杀国王的人。”奥匈帝国首相梅特涅说过:“君主简单的血缘团结正如民主原则在我们时代里一样,是逃避条约承诺的好办法。”俾斯麦首相曾致函沙皇:“我们两国中的任何一个都不允许另外一国被摧毁。”

君主有他们的荣辱,士大夫有他们的进退取舍,普通人有自己的悲欢离合。他们都在不同阶层玩不同的集体游戏,也就使用了不同的“游戏代币”(货币)。

《管子·轻重乙》记载了这样一段对话:

武王问于癸度曰:“贺献不重,身不亲于君;左右不足,友不善于群臣。故不欲收穑户籍而给左右之用,为之有道乎?”癸度对曰:“吾国者衢处之国也,远秸之所通、游客蓄商之所道,财物之所遵。故苟入吾国之粟,因吾国之币,然后,载黄金而出。故君请重重而衡轻轻,运物而相因,则国策可成。故谨毋失其度,未与民,可治?”武王曰:“行事奈何?”癸度曰:“金出于汝、汉之右衢,珠出于赤野之末光,玉出于禺氏之旁山。此皆距周七千八百余里,其涂远,其至阨。故先王度用于其重,因以珠玉为上币,黄金为中币,刀布为下币。故先王善高下中币，制下上之用，而天下足矣。”

其中，有这样两句话特别引起了我的关注和思考：“(先王)因以珠玉为上币，黄金为中币，刀布为下币。故先王善高下中币，制下上之用，而天下足矣。”

这段话信息量极大，且十分直白(不像美联储的新闻统发稿，说了半天，听者不知所云)。它给了我许多令人欣喜的启发。君王让不同阶层的人使用不同的货币，从而将整个社会分割成三个层次。不同层级之间的人有着互动关系。他们使用不同的货币，不仅说明他们的社会地位不同，还说明他们信仰不同的道德，遵循不同的规则，扮演着不同的社会角色。贵族阶层使用珠玉作为货币，下层民众使用刀布作为货币，其他中层的人使用黄金作为货币。这样一来，君王就可以“制下上之用”，即通过控制上下两个阶层的行为来控制黄金的价格；反之亦然。

尤其值得注意的是这句话：“故君请重重而衡轻轻，运物而相因，则国策可成。”这句话说明了如何调节黄金价格，即人为调节“衡的轻重”。把这段话放在现代经济体的话，它就相当于说：通过人为调节本币兑黄金的汇价来实现国内经济政策目标。通过有意识地让本币兑黄金贬值，使得国内的粮食价格上涨。农民就会发现种地有利可图。于是，他们都去种地，则“天下足矣”。[①]

《管子·国蓄》中记载了另外一段对话，可以佐证我的这个国君“操纵汇率”的猜测：

① 此乃“通古今之变，成一家之言”的精辟总结。——编辑注

管子曰:“滕鲁之粟釜百,则使吾国之粟釜千;滕鲁之粟四流而归我、若下深谷者。非岁凶而民饥也,辟之以号令,引之以徐疾,施平其归我若流水。”

这个政策的通俗解释就是要让国内的粮食价格略高于周边国家,粮食就可以像水往低处流一样,流入国内市场。

管仲又是如何通过调节上下两个阶层的货币(珠玉和刀布),从而影响中间层的主流货币(黄金)的价格呢?他推荐的方法相当直白且令人吃惊。

桓公曰:“吾欲杀正商贾之利而益农夫之事,为此有道乎?”管子对曰:“粟重而万物轻,粟轻而万物重,两者不衡立。故杀正商贾之利而益农夫之事,则请重粟之价金三百。若是则田野大辟,而农夫劝其事矣。”桓公曰:“重之有道乎?”管子对曰:“请以令与大夫城藏,使卿、诸侯藏千钟,令大夫藏五百钟,列大夫藏百钟,富商巨贾藏五十钟,内可以为国委,外可以益农夫之事。”桓公曰:“善。”下令卿诸侯令大夫城藏。农夫辟其五谷,三倍其贾。则正商失其事,而农夫有百倍之利矣。

国王用荣誉感来激发贵族们的虚荣心和攀比心,那些在自己家里囤积许多粮食的贵族会得到国王赏赐的珠玉,他们的社会地位也会随之而提高。与此同时,他们收购和储藏粮食的行为会推高市场上的粮食价格，使得每斤粮食的价格比周边国家的价格高“三百钱”，从而使得国内的农民热衷于种粮食，外国的农民乐于来卖粮食。

齐国的贵族不好当啊……他们竟然是国君用来调节货币购买力并实现国内经济政策的工具！

2018—2019 年间，在为撰写《货币起源》而读《管子》的时候，我就一直有些吃惊。他那么直白地揭示了整个社会运转的真相，让我很难消化和接受他的观点。直到最近，我为探究比特币的起源而阅读《斯瓦特巴坦人的政治过程》时，才发现这两者之间有着某种联系——这大概就是维特根斯坦说的“家族相似性”吧。

关键不在于三种人使用三种不同的货币，他们阶层不同，自然也遵奉着不同的行为规则和价值取向。关键是让他们相互协调、制约和互补，协同地实现整个社会的稳定和进步。如果所有人使用的是同一种货币，国王反而不容易利用并操纵另外两个阶层的行为来实现控制黄金价格的目的了。我们在现代金融学的教科书里经常看到美联储调节货币政策来影响各阶层的消费投资行为；我们何曾想到过中国古人是通过操纵各阶层的行为来制订货币政策的。

我由此意识到，应该由不同的人组成不同的阶层和集体。然后，让他们使用不同的货币。这样一来，他们就有可能扮演不同的角色，从而相互制约、协调和互动，最终实现整个社会的进步。

于是，我打算以侦探片编剧的身份来忖度美联储新闻稿中的未尽之意。当今世界其实也有三种货币：以黄金为代表的大宗商品，以美元为代表的纸币和以比特币为代表的数字货币。

如果这个世界只有美元一种纸币的话，反而很难发挥好货币的作用。美元需要大宗商品和数字货币来作补充，从而构成一个完整的货币体系。真正的货币工具不是美联储议息会议上的那些“官样文章”、会后的“窗口指导”和公开市场的“收益率扭转操作”。真正有效的货币政策工具可能是另外一些我们平时误以为是非货币政策的操作手段。大宗商品涨价，导致美国通货膨胀上升，这样就容易实现眼前的经济繁荣和充分就业。数字货币虽然被贬斥为虚拟的泡沫，但是它的价格一路上涨，这样就容易促进美国国内的高科技投入，用于开发效率更高、速度更快、算法更优、功耗更低的芯片。这样的高科技投资不仅可以用于比特币挖矿，还可以用于提高实体经济的劳动生产率，这样就能通过科技进步的办法来遏制通货膨胀。

让贵族帮我提高粮食价格，让农民帮我增加粮食产量并压低粮价。于是，广大中间层都服从我“仁慈而万能”的统治。

让通货膨胀帮助我提高就业率，让科技进步帮助我遏制通货膨胀。于是，广大中间层都信任并追捧我印的花花绿绿的纸币。

要让整个社会有不同的群体，不同的阶层，并且让他们使用不同的货币。一旦有了大宗商品和数字货币，纸币的货币政策反而可以更灵活有效地解决人类对于安全（充分就业）和发展（科技进步）的关切了。

这是用货币史的眼光审视《管子》带给我的最大启发。

“能用出去的才是钱”

维特根斯坦曾经非常推崇物理学家赫兹(几乎每个充电器上都有他名字的缩写:Hz)的理想:“不使用‘力学’这个词就重述整个牛顿力学原理。”海因里希·赫兹被称为“物理力学”运动学流派的开创者。这一流派认为,一切物理现象都是运动着的、有质量的物体在接触时的相互作用。因此,我们根本不应该从“力”这个角度来解释这些现象,而是应该从物体运动本身来研究其相互作用的规律。“力”反而是一个错误的标签,一个徒劳的视角。赫兹对力学的研究成果,主要体现在《无力的力学》及1876年出版的《力学原理》等书中。赫兹在这些著作中,最早将力学定律看作发展着和变化着的事物,从而为突破近代力学的思想束缚做出了思想上的准备。

使用“力学”这个词只会把你的注意力集中在一个错误的观察点上。在那个观察点上,你将费时费力又找不到问题的实质,应该去观察物体的质量、运动和相互作用,而不是把这些东西一股脑儿地装入一个抽屉,上面贴着“力学”标签。

我想着是否只有放弃使用“货币”这个词,才能说清楚人类为什么会最终被这种称为“货币”的东西组织在一起。“不单独研究比特币,才能真正理解什么是比特币。”——这就是我写作本书时的愿望。我希望尽可能复原当时人类发明和使用货币的自然环境、人文风俗、部落制度和生产水平，这样就可以在不谈论货币理论的情况下，让人自然而然地来到这样一种境地：不需要借助货币这个名词和概念，就能够推测和接受当时人们有什么样的生产力水平，在什么样的自然环境中，用什么契约方式，因着什么样的内在必须，从而进入了货币时代这样一种社会默契。

维特根斯坦主张对事物概观的理解。他不主张寻求事物的本质，而主张寻找事物的用法。因此，我们不要问什么才是货币的本质？渴望寻求本质源自焦虑恐惧症。我应该管理好自己的焦虑情绪，客观地向读者呈现货币的应用场景——那种被称为本质的东西恰恰根植于该事物的用法之中。

我们不要把货币问题从人类社会的系统中分割开来，孤立地进行分析。我们应该打开思路，全面地看待货币。货币其实是人类进化史中与道德、法律、风俗习惯一起产生的某种约定和制度。它深深地扎根在我们的血液里，种植在我们的基因里，与我们的生物本能密切相关。

货币的表现形式不必是黄金、美钞和比特币，也不必是交易所清算系统里面的符号。货币的表现形式可以是兄弟情谊、政治联盟、部落约定、国家秩序、社会道德和国际条约。货币是灵长类动物（人）组织方式的相应产物。而这种组织方式很大程度上取决于自然环境、科学技术、生存技巧、气候条件、生产方式、繁育策略、风俗习惯和宗教禁忌等。货币的出现只不过是强化了灵长类动物的某种组织方式。如果你从人类学角度发现两个国家的风俗习惯、人文传统和组织形式是不一样的，那么，你也不能指望这两个国家适用于同一种货币发行机制。

邮票为什么不值钱了？因为贴邮票寄信的生活方式改变了，那个需要邮票的生活场景消失了。那个场景消失以后，我们才宣称邮票曾经是一场泡沫。比特币到底是不是泡沫？不能由现在印纸币的人说了算，而应该看将来人们的生活中是否还有它的应用场景。

货币应该同时体现出维持社会运转并推动人类进步的三种力量：掌握生产要素的能力、采取集体行动的默契和创造未来机会的预期。

我们传统认识中的金银货币体现了人类掌握生产要素的能力；我们现在使用的纸币体现了人们以集体行动参与国家治理的默契；以比特币为代表的数字货币则体现了尚不明朗但催人奋进的未来发展机会。

很难有一种货币同时体现上述三种力量。更有可能的情况是三个利益阶层，三个国家联盟或者三个政治集团各自体现其中一种力量为主，然后他们之间产生互动。这种互动就是弗雷德里克·巴特在斯瓦特河谷观察到的所谓的“生成式的”互动关系，一定是见招拆招的随机应变。斯瓦特巴坦人的“去中心化”政治活动一定和邻近部落的中心化体制有关。只不过双方都没有签订条约。

斯瓦特巴坦人有维持土地所有权的默契，也掌握了灌溉种植技术。但是，他们没有创造未来机会的动机。拥有共识的地主巴克图阶层很清楚：外来的人口越多，外来货币在本地的用途越广，带来的新机会和新变化的可能性就越大，他们原有的政治体制和利益格局就越有可能被瓦解。所以，这个地方没有进化出现代意义的货币，而只有用途狭窄的支付手段。一种货币的支付手段越灵活，应用场景越丰富，持有它的人就越容易相信它能够给自己创造更多的机会。一旦人们看到了未来的机遇,他们就会努力提升自己的能力,也会自愿结成某种默契来维持秩序,确保自己拥有更大的发展机遇。

发行纸币的国家特别依赖全体人民采取集体行动的默契。纸币需要一个人人参与的国家治理方式;否则的话,央行就会沦落为一部分人操纵利益的工具。发达国家纸币购买力相对稳定一些,发展中国家纸币购买力很容易贬值。这其中不仅仅是生产力水平的问题,更重要的是生产关系的问题。发展中国家的人民往往无法通过有效的渠道来参与国家治理,他们对财政和央行都没有约束力。这时候,他们就容易沦为被剥削的对象。尤其令人惋惜的是,这里的人民往往缺乏相互信任的默契,不能团结一致地反对垄断利益集团或者军阀政府的压迫。

相比拥有"开发资源的能力"和"形成默契的共识",创造机会其实是最困难的。在未来创造机会就意味着现在就要承担某些风险,这往往是强者才能办到的,因为强者才有能力和共识去承担风险创造机会。

要么承担风险等待时机,要么科技进步创造机会。除此之外,没有第三条道路。很难想象一个国家的科技很发达,但它的金融很落后。落后的金融体系无法对风险进行定价,也就无法对科技进步给出合理的估值。

使用生产要素的能力

人们会自发汇集共识，指定一个体现当前生产力水平的标的物，将其定为货币。巴坦人的土地、富尔人的牛、石币岛的石头、金本位制度下的黄金、纸币时代的物价指数和比特币的算力（或电力）都是使用该货币的经济体根据当时社会生产力水平所确定的工作量证明。

货币不仅要防伪，还要防止“私铸”。为此，需要有一个机制来鼓励人们将与货币同源的技术应用于生产而不是制造货币。

比特币发行数量每隔四年减半一次，其实是为了提高工作量证明的门槛，从而推动算力和电力的技术进步。比特币过去是算力的工作量证明，今后是电力的工作量证明。它的价格飙升预示着未来人类文明更依赖于电力。**比特币是能源革命的催化剂。**

发行纸币所需的工作量证明（通常是物价指数、就业率和经济增长率）不像比特币工作量证明那样清晰、明确和具体。这导致纸币时代的金融学和经济学理论流派纷呈，无法统一。

那些通过技术进步提升劳动生产率的公司帮助纸币发行人遏制了经济体的通货膨胀，使得纸币所包含的工作量证明（购买力）基本保持稳定。因此，这些公司的股票大幅度上涨，相当于让它们的投资人获得了更高的社会地位。

比特币没有内在价值，它只有外在作用：**鼓励对算力和电力的投资**。它的持续上涨会推动人类解决清洁能源的瓶颈问题，推动国际社会为应对气候变化达成共识，最终推动人类社会因人工智能的普及而重塑社会结构。

绝大多数由金融学者撰写的货币史都会从石币岛的故事开始。但是,石币岛绝对不是人类货币史的序章。

荷兰灵长类动物学家弗朗西斯·德·瓦尔曾经记载过这样一个场景:动物园饲养的黑猩猩群体正在由主雄(首领)分配食物,群体内每个成员只能拿到一个橙子,但是主雄会给自己喜欢的雌性黑猩猩多留一个橙子。[①]

在这个故事中,如果我们把橙子视作黑猩猩的货币,我们也许能说黑猩猩已经具有了货币数量单位概念,并且它们的货币与交配机会挂钩,还兼顾了群体内平等原则和其他成员的生存需要,但这一幕是否就是货币史上最古老的一页呢?——当然不是。

我很早以前就在《货币起源》一书中解答了这个问题。为什么只有我们人类进化到了使用货币的阶段?因为在货币出现之前,我们先

---

① 这位极具幽默感的灵长类动物学家在观察到这个场景之后,在当天午餐时,特地拿了两个橙子,当众献给自己的一个女同事,引发研究团队成员的哄堂大笑。我在撰写本章内容时,得知他去世的消息。他的作品曾经给我极大的启发——教会我从人类学角度看货币,在此向他致敬。

进化出了道德。道德在执行的过程中,需要一个补丁,于是就有了货币。货币是道德的补丁。

货币的发明是人类文明进程中最重要的一环,使用货币与驯养动物、耕种土地和利用权力地位相当。在珍妮·古道尔发现会使用工具并不是人类独有的能力之后,格特鲁德·斯坦因(Gertrude Stein)指出,"区分动物和人的标志应该是货币"。但她没有说为什么,这恐怕就得由我来解释了。

在货币出现之前,人类只有当场结清的物物交换。有了货币之后,才有了跨场景和时间的交易。这使得人类学会适应了一种更复杂的人际互动形式。进化史学家早就指出,复杂的集体游戏是促进大脑进化的关键因素。

爱德华·威尔逊曾经这样感慨:"今天统治地球的全是集体进化的社会化物种,个体进化物种的生存情况已经岌岌可危。"看看吧!白蚁、蜜蜂、企鹅、斑马、羚羊、狮子、狼和猴子,这些都是社会化动物,它们确实在今天的世界上占据了明显的优势地位。其他那些以个体形式进化的动物则或多或少地被边缘化了。

我建议读者采用"来自火星的人类学家"——而不是"地球顶尖的经济学家"——的视角,来看待货币问题。你会发现,并不是货币本身有什么规律和属性,而是人类在用货币玩集体游戏。游戏有规则和输赢。我们在游戏中形成了更高效的组织,更强大的个体,更复杂的社会和更丰富的互动关系。货币是人类进化路上的里程碑和工具箱。

橙子是黑猩猩的货币吗?当然不是!如果你将橙子替换成其他抽象的符号,它们将无所适从。橙子对于它们来说,就是当下的美味而已。橙子看起来很像黑猩猩的货币，但这只说明你能够“换位思考”，你能够“设身处地”进入黑猩猩的角色，试图从它们的角度去思考。这只说明你进化得比它们高级。要知道，换位思考并不总能发生，西方有句谚语：“我经常读到鸟类学家撰写的有关鸟类的报告；我从未读到过由鸟类撰写的有关鸟类学家的报告。”——黑猩猩根本无法从人类角度去理解货币。

货币不独立于人。它从诞生开始就是人类集体游戏使用的工具。我在《货币起源》中指出，早期人类之所以开始使用货币，是为了实现从“平均”到“公平”的飞跃。前者保护弱者，后者鼓励能人，从而兼顾了安全和发展两大诉求。我在《估值原理》一书中指出，人类需要使用货币来组织一场集体游戏。在集体游戏中，克服我们面对的共同风险。货币就是参加集体游戏的门票。

在不同历史时期，人类会使用不同的货币。因为我们会遇到不同的风险，我们需要用不同的方式把人组织起来应对风险，我们还需要用不同的科学技术去克服风险。

我看待货币时采用的视角是一种“风险史观”：我们之所以走上了这条进化之旅，写下了这一路精彩曲折的货币史，完全是因为我们在这条路上遇到了不同的风险。

特定工作量的证明

人工智能公司 Open AI 的 CEO 山姆·奥特曼(Sam Altman)曾经非常乐观地表示:算力是未来的货币。他说得不完全,未来世界的人们并不是抛弃了金条改用芯片当货币了,而是未来世界的货币体系肯定需要鼓励人们具备更强的计算能力。

比特币其实是挖矿的奖励。所谓挖矿,是指在区块链上生成一个新的区块,作为一个新账目,加入原有的账册(区块链)中,供大家交易时记账使用。要在挖矿竞赛中获胜,唯一的办法就是完成工作量证明(Proof of Work,POW)机制设定的任务,而且越快越好。从这个意义上讲,挖区块的矿工其实像是交易所的簿记员。大厅里面的人不停地做交易,簿记员就默默地给账本钉上一页又一页的新账册。

比特币系统为挖矿工作设计了一种“穷举式计算”的工作量证明算法,基本原理和运行流程如下:

(1)初始化区块头,只给矿工留下一个“计数器”的调节空间。

(2)系统自动设定一个“目标值”,全网所有矿工以此为共同的参照目标。

(3)矿工进行挖矿时,由矿机调节“计数器”的值(一般从

0 开始)，并按给定算法对区块头进行计算，然后得到一个计算结果。

(4)如果该计算结果符合“目标值”的要求，则挖矿成功；否则返回第(3)步。

从挖矿原理可以看出，矿工比拼的是反复尝试计算的实力。因为无法推测“计数器”的解，甚至无法推测最优范围，所以只能从 0 开始计算所有数值。虽然每一次计算的工作量是有限的，但是不断地循环尝试累加起来的工作量十分繁重。

从挖矿流程还可以看到，任何一个“计数器”的值都有可能产生正确的结果，数值小说明所花的时间较少，数值大说明已花了大量时间。因此，挖矿成功的时间并不确定，不会是精准的 10 分钟，有时不到 1 分钟，有时可能需要一个多小时。

从概率分布状况来看，挖矿时间符合泊松分布(Poisson Distribution)模型，平均时间为 10 分钟左右。为了保持产生新区块的节奏，比特币系统给每一次挖矿设置了一个“难度值”，并由此导出“目标值”。配合算法的特点，可以达到难度越大目标越难实现的效果。比特币系统统计过去一段时间区块生成时间间隔的平均值。如果小于 10 分钟，则调高“难度值”；反之调低难度值，即可维持新区块生成频率的大致恒定。随着电脑运算性能的迅速提高和矿工挖矿工具的不断优化，挖矿能力必然呈逐步提升态势，而同步提高的“难度值”则抵消了这一增量，将这些技术进展通通消弭于无形。所以，矿工们要不遗余力地改进技术,抗衡的不是系统,而是其他矿工①。

……

对于矿工来说,每次失败的挖矿就意味着投入的成本没有任何回报,成本包括时间、场地费、电脑损耗(折旧费)、电费、空调费等。为了尽力压缩成本,挖矿往往会在水电资源丰富、地价低廉的地区进行,并使用计算能力强、价格便宜的显卡来跑挖矿程序。

不管怎样,比特币采用的工作量证明方法具有公平合理性。每个矿工唯一能做的就是老老实实提升自身的算力,力争在这场周而复始竞赛的更多轮次中获胜。虽然矿工没有投机取巧的余地,但是仍然可以采用一些改进方法来提高算力。

分析挖矿算法,“计数器”取值范围从 0 到 256^4—1(4 294 967 295)。单核 CPU 只能从 0 开始,以 1 为步长依次递增尝试,但矿工可以同时运行 n 台电脑组成的集群,采用并行计算,各自负责计算一段取值区间,任意一台的成功就意味着挖矿成功。有了平行计算,投入挖矿的算力就可达原来的 n 倍。②

这里有一个需要提醒大家的地方。并不是你的算力越强就一定

① 多么熟悉的句子!它似乎揭示了某种普遍规律:“市场并不随机淘汰一部分投资人,而是淘汰那些不够随机的投资人。”“中产阶级玩命工作,到底是为了改善自己的生活,还是为了防止其他人更快地改善生活?”

② 摘自凌力编著:《解构区块链》,清华大学出版社 2019 年版,第 32—33 页。

会挖到新区块,然后获得比特币奖励。挖矿有相当的运气成分,而不是完全靠算力。这恰恰需要从货币三要素去理解。设想,如果没有"运气机制"这个机制,那么,挖矿生态圈里面会进化出一个超级算力拥有者。他有最强的并行算力,他就会挖走后面全部的区块。区块链就会出现一个中心化统一领导的大首领。这对于区块链所依赖的"陌生人达成共识"机制是一种威胁。区块链需要一大堆素不相识、素昧平生、素无来往的"素人"。这样一来,区块链上的所有人才能真正安全;否则一个强人控制了区块链之后,他不仅可以篡改交易记录,他还可以控制算力节点,让节点只认证他控制的矿机的工作量证明。以后就只有他的矿机能够挖到比特币了(那样的话,大家就会抛弃比特币,比特币就会变得一文不值,他等于毁了他自己)。

"运气机制"的存在避免了出现超级算力赢家通吃的情况。让区块被不同的人、相互之间根本不相关的人(最好是让那些势同水火、不共戴天、思想和行动永远都统一不起来的一群人)挖到,只有这样,才能避免出现"胜者为王"或"赢家通吃"的中心化格局,才能维护去中心化的区块链共识机制。

理解了比特币挖矿的 POW 概念之后,我再回头去看货币史上早期人类使用过的形形色色的实物货币,它们或多或少都像是"工作量证明"。

《诗经》中有"抱布贸丝"和"握粟出卜"的句子,《礼记》中有"问庶人之富,数畜以对"的记载,《周颂》中有"庤乃钱镈,奄观铚艾"的劝诫。可见,纺织品、粮食、牲畜和农具都曾经被我国古人用作货币。同时代的古罗马情况比较简单,他们在进入铸币时代之前,就用地契作为基础货币,由此派生出与之相关的处置或分割土地权利凭证,可以将其用作货币清偿债务。

早期人类货币的形式极为多样,用法也不统一。古希腊和古埃及货币分别叫德拉克马(drachma)和德本(deben),这两个词的构成是一样的,分别由“分解”(decompose)和“参照”(benchmark)这两个词根构成。这体现了货币在交易过程中被当作价值标尺使用。

从考古证据来看,古埃及的货币有金、银和铜三种金属。“德本”其实是古埃及人的重量单位,一个德本相当于现在 90 克左右。德本下面是凯特(kite),一个德本相当于 10 凯特,金、银、铜三者价格的比例为 1∶2∶100。打个比方:一头牛要价 30 个铜德本,我除了拿 30 个铜德本支付买牛款,我还可以拿相当于 30 个铜德本的银凯特来支付,或者相当于 30 个铜德本的其他物品,如大麦和布匹等来支付。

现有的考古证据表明中国古代最早的货币是殷代的贝币。周代的货币反而不发达。当时,各领地以自给自足的实物经济为主。“货币”一词从词源来考察的话,“货”是存储宝贝的意思,“币”是支付的意思。因此,货币最早的用法应该就是储蓄和支付。“货”这个字揭示了古人使用贝币的情况。在汉字中,“分贝”为贫,“贝少”为贱,可见我国古人创造这些文字的时候已经广泛使用贝壳货币了。世界各地同一时期的考古遗址中都有贝币的痕迹。有人类学家推测,当作货币使用的贝壳寄托了繁育更多后代的祈祷。

考古发现同时指出,虽然各地遗址发现的贝币不尽相同,但都不是本地的贝壳。即便在沿海地区发掘的部落遗址中,贝币所用的贝壳也是当地罕见的种类,绝非俯拾可得的常见品种。石币岛则非要指定用400英里外岛上的石头做货币。这大概是最早的货币防伪措施了。

货币为什么要防伪呢?因为要确认对方通过了同样的工作量证明。这样一来,交易才公平。为什么会有那么多实物先后被当作货币呢?因为不同阶段的人们需要掌握不同的生产要素的能力,货币就是不同阶段的工作量证明。

石币岛

早期人类使用各种类似生产工具的物件来作为货币。石币岛是其中的典型。最早记录这个故事的是人类学家威廉·亨利·弗内斯三世。他于1903年来到当时的德国殖民地密克罗尼西亚的加罗林群岛。群岛最西端是雅浦岛,就是后来闻名于金融史的"石币岛"。他留有名著《石币岛》(The Island of Stone Money),经济学家弗里德曼在他的著作《货币的祸害》中完整地引用了这个故事。

> 该岛不出产任何金属,却有着丰富的石头资源;他们的劳作都耗费在搬运和磨制石头上了。这与文明社会里开采黄金并用来铸造货币一样,都代表着用辛勤的劳动来创造财富。
>
> 他们把用来交换的媒介称为"费"(fei)。它是一个粗大、坚硬和厚重的石轮,直径从1到12码不等。在石轮的中间有一个与石轮直径相匹配的孔,人们可以在孔中插入一根粗细

合适的木杆。这根木杆还要足够结实，才能支撑得起石轮的重量，便于搬运。这些石头“硬币”的原料来自大约 400 英里远的另外一个海岛上的石灰岩石，最初是由一些敢于冒险的当地探险者登上那个海岛进行开采，并打磨成石轮状的硬币，然后再用独木舟和木筏运回雅浦岛……

这种石币有一个显著特征……石币的拥有者在使用石币的过程中，并不一定会减少石币的占有量。他们在做成一笔交易之后，如果所涉及的“费”太大，石币多到无法便利地搬动的时候，理应获得石币的一方会很乐意地接受单纯的所有权的口头确认，甚至都懒得去做个标记来注明这种交换，石币仍然静静地躺在原先那位拥有者的家里。

我有一位值得信赖的老朋友，名叫法图玛(Fatumak)。他曾经信誓旦旦地告诉我，他们附近村子里有一户人家，拥有确信无疑的巨大财富——换言之，他家的财富得到了每个人的确认——然而，村里没有一个人，甚至他们家自己，亲眼见过或亲手摸过这笔财富。这笔财富是一块巨大无比的“费”。然而，至于它到底有多大，只是村民之间口口相传的传奇；从两三代人以前开始传出这个传说，一直到现在，这笔财富一直躺在海底。很多年以前，他们家的一位先祖出海探险，找到了这块大得出奇、极具价值的“费”，随后把这块石头搬到木筏上，准备运回家。途中，海上刮起了猛烈的风暴，为了保命，他们不得不砍断缆绳，任其漂流，石头随之消失在人们的视线中，沉入海底。回家后，所有的人都证明说，“费”的体积十分庞大，品质特别优良，而且石币的丢失一点也不能怪罪拥有者。于是，从那时起，村里的人打心里认定，石头沉入大海纯属意外，不值一提；沉入几百码深的海里，应该不会影响石币本身的巨大价值，因为石头已经开凿打磨成应有的货币形式了。因此，就好像它躺在拥有者的家里一样，无论在与不在，这块石头的购买力仍然存在……

雅浦岛上没有轮式交通工具，因此，岛上没有可以行车的道路，只有一些清晰可辨的小径连接着各个居住点。1898年，德国政府从西班牙人手里买下了加罗林群岛，承续了这个群岛的所有权。当时，岛上这些所谓的小径，路况极差，因此，有几个部落的首领得到了通知，他们必须把这些小路修好，而且要维护好。但是，对于赤脚走路的当地人来说，用大块的珊瑚随意铺就的道路已经足够好用。因此，虽然三令五申，仍然没有人在意。不得已，德国政府决定向抗拒命令的部落首领征收罚金。但是，用什么形式来进行征收呢？……最后，德国人想出了一个巧妙的办法：他们委派一个人，走遍那些抗拒命令的当地部落，这个人只需在每一家石屋(failu)和公共场所(pabai)中最有价值的石头上，用黑墨水画上一个“十”字，就表明这些石头已经被政府征收了。这个办法立竿见影，那些悲惨的穷苦大众开始动手修路，把连接岛屿两端的道路修得整整齐齐，看起来就像是公园里的休闲便道一样漂亮。然后，当局又派出几位工作人员，擦掉了画在石头上的“十”字。转眼之间，罚款付清，幸福的“石币主人们”重新获得了石币的所有权,得以再次尽情享有自己的财富。[①]

我读完这个故事的第一反应是:“那些真正重要的东西都没有被记载下来,被记载下来的东西都不重要。”这段话其实是德国历史学家、《罗马史》作者特奥多尔·蒙森批评古罗马历史学家普布里乌斯·塔西佗的。他还进一步批评了《罗马帝国衰亡史》的作者爱德华·吉本,说他的作品中充斥着“猎奇式的观感”。

这段话很符合我看到“石币岛”故事时的心情——那些有关该岛居民生活方式、风俗习惯、生产水平、部落和家庭的组织形式的内容恰恰被忽略了。脱离货币使用者的生活,直接谈货币,或者单就货币谈货币政策、谈货币史、谈货币发行机制、谈经济运行规律,都是舍本逐末,也是大错特错的。囿于资料有限,我现在只能推测石币岛上人们的生活情况,试图还原出当地人的生活,这对于理解他们的货币体系是至关重要的。

我感觉这个故事里面的“石币”,有点儿像“比特币”。两者都不依赖于集中在交易所或者中央银行的发行簿记制度,而是依赖于一个基于共识的分布式记账系统——在石币岛上,这种分布式记账系统就是一代又一代人口口相传的故事和共同记忆。

在显眼的地方公开展示石币实物,在岛上每个居民的记忆里保存有关石币的开采、转让和使用的记录,实物和记忆共同构成了居民脑

---

① 节选自[美]米尔顿·弗里德曼著:《货币的祸害》,中信出版社 2016 年版,127—143 页。最早的出处应为 William Henry Furness 所著的 *The Island of Stone Money*,伦敦 J. B. Lippincott Co. 出版社 1910 年版。

子里的“分布式记账系统”。以至于谁家有钱没钱，他们每个人都知道，谁家的纸币放在哪里，上次又是从谁家“转账”过来的，每个人都一清二楚——这也像比特币。某个地址上的比特币的来龙去脉是完全透明的，无法篡改这个记录——只不过人们不知道这个地址对应于哪个具体的人。

石币岛还是一个允许“自由铸币”的地方。石币的规格有统一的技术标准（相当于工作量证明），只要符合这个标准，打造出来的新石币都会被接纳。这个造币过程不仅仅需要费时费力的体力劳动，还需要将这一开凿、打磨、搬运和展示的全过程纳入岛上居民的记忆体系里面去。

石币之所以被当成货币，是因为开凿、打磨、运输等集体合作能力就是石币岛上居民生存所必备的能力。用于制造石币的这些技能同样可以用于生产粮食、制造工具、运输货物和团结互助等生活场景。石币毫无价值。但是，生产石币的能力至关重要。拥有这些能力的人自动在岛上拥有了更高的社会地位。这就鼓励了大家去模仿、学习和掌握这些技能。所有这些最终有利于集体生存。

请允许我使用“既要……又要……”这个句式来进一步表述石币岛货币的发行机制：既要鼓励大家掌握制造石币的技能，又要鼓励大家把这种技能用于实际的生产活动，而不是用于制造更多的石币。这个机制就是让制造石币的风险高于生产劳动的风险。

普通人往往都想走捷径，快速致富，甚至不劳而获。设想你在石币岛上生活，你要积累财富有两个途径：要么去外岛辛辛苦苦打磨开采，然后冒险去运回一枚新的石币（想想那个令人后怕的翻船故事）；

要么你就在本岛踏踏实实地打磨石质农具来种地，然后用你的劳动成果去换取一枚石币。货币发行机制需要自带风险约束机制，从而鼓励大家将掌握的先进技能用于工作，而不是投机取巧一夜暴富。

相应地，比特圈既要鼓励大家拥有比特币，更要鼓励大家将挖矿所使用的并行计算技术用于人工智能的开发。当大家看到挖矿有利可图的时候，他们就会投资购买更先进的芯片，这些芯片不仅可以用于挖矿，还可以用于搭建人工智能环境。于是，比特币大涨就容易催生更先进的芯片技术和更廉价的人工智能应用。

挖矿会消耗大量的电费，还不一定挖得到；挖到新区块之后，比特币还可能跌价，你还可能亏钱——这就是风险。挖矿或者炒作比特币始终是有风险的，而且这个风险会比投资人工智能应用更高。因此，不用担心比特币价格波动。它的波动就是它自带的风险激励机制，这种机制把具有相同技能的人赶到实体经济里面去。如果比特币没有风险，价格稳定上涨，没有上蹿下跳的剧烈波动，那反而是坏事情——这等于是吸引大家都用同样的技术去打磨石币而不是农具。

于是，我就想通了石币岛故事中的那个细节：为什么那枚巨大的石币和船一起在风暴中沉没了，而全体见证人都活着呢？连人带船一起沉没不是更符合那个海难场景吗？真相只可能是：部落需要这些人活着回来讲故事，而故事的核心是“发行一枚新货币是有风险的”，隐含的意思就是“还是好好干活吧”。这就使得大家安心种地，这对全体居民都有好处。在一个部落里，人们口口相传一个虚构的故事，并信以为真。这种情况在人类学的田野调查中屡见不鲜。

金属货币

人类进入工业文明以后,具备采掘和冶炼金属的能力比拥有贵重金属重要的多。于是,金属货币开始大行其道。

我小时候常有这样一个幻想:要是我们国家的哪个荒漠深处挖出一个大金矿就好了,或者一颗主要元素是黄金的大陨石落入我国境内就好了。那样的话,我们国家就会一下子实现"四个现代化"了。这个念头在我心里装了许多年。现在我明白过来了,重要的不是黄金,从来就不是!重要的不是生产所需的要素,而是生产要素的能力。欧洲人的黄金主要都是从美洲抢来的,美洲有那么多黄金,印第安人为什么没有统治世界呢?那么多黄金反而使得当地居民沦为殖民者皮鞭下的苦力。如果你没有能力运行和维系一个先进的工业体系,你手里的黄金就是强大邻居惦记的对象。当然了,他们抢了你的黄金也毫无用处,一定是埋在他们的地下金库里。巴菲特早就看穿了这一点。他说过:"如果火星人在观察地球,他们一定认为我们疯了。一群地球人千辛万苦把黄金从地下挖出来。然后交给另外一群地球人小心翼翼地运到另外一个地方埋起来。"但是,黄金毫无疑问是先进文明取得胜利的记分牌,是工作量证明。巨量的黄金储备不是财富,而是宣传大喇叭,告诉全世界他们拥有先进的技术和强大的文明,并且还在不断取得扩张和进步,从而使得人们对他们的能力充满信心。于是,人们安心地持有他们发行的纸币。

> 这里我插播一条预告。人们一旦对先进文明产生信心并形成共识,他们就默契一致地愿意持有它发行的纸币。这说明货币的第二个重要支柱是“遵守规则的默契”,这种默契源自个体基于自己本能而形成的集体共识。

人类历史上,把金银等贵金属当成财富的例子比比皆是。许多人都被那耀眼的光芒迷住了双眼,以为金银是万能的货币。他们忽略了关键的因素:金银之所以有购买力,是因为它所代表的冶金技术和工业能力维持着整个经济运转。采掘和冶炼金属的能力对于人类文明至关重要。所以,黄金白银之所以能够称为货币,关键还是“掌握生产要素的能力”。

据彭信威的《中国货币史》记载,明崇祯十六年(1643 年),明政权已经摇摇欲坠。户部再行议钞,打算把老百姓手里的白银集中起来,用于军饷。计划是每年发行面值 5 000 万贯铜钱的纸钞。当时全国的白银约有 2.5 亿两,如果连续发钞 5 年,就刚好可以把全国的白银收归国库。崇祯皇帝批准了这一计划,设立内宝钞局,日夜赶造,结果根本就没有人愿意用白银去换钞票(尽管当时规定用白银来换纸钞时有 9.7 折的优惠),京城各商户为了拒收纸钞,宁可关门歇业。内阁大臣蒋德璟说了这样一句话:“百姓虽愚,谁肯以一金买一纸?”

这是对金属货币的典型误解。人们误以为白银是天然的财富,只要把财富弄到自己手里,就可以解决财政问题。真正能够解决问题的是你的动手能力,而不是你地窖里的金块和银锭。金银是你拥有能力的结果,而不是你没有能力时的解药。把全国的白银集中到国库里并不能替朝廷解决边饷等一系列棘手的财政问题。老百姓不愿意拿白银换纸币,不是因为他们觉悟不高,不够爱国,而是因为这个岌岌可危的朝廷对任何挑战都无能为力,人们看不到胜利的前景。朝廷发行的纸币背后既没有先进生产力,也没有赢得胜利的集体共识。如果老百姓现在把白银换成失败者发行的纸币就等于让自己丧失了今后生存的机会。所以,对于货币当局来说,关键还是要鼓励生产力的发展。同时,还要让有能力的人默契一致地愿意为你工作。这就是我从《货币起源》就开始提倡的"货币无锚,锚在人心"。大家看到并认同你掌握且不断培育先进生产力的时候,人们会自然而然相信你发行的货币——哪怕只是一张纸。

这里我再插播一条预告。人们一旦认定持有先进文明发行的货币能够做更多的事情,能够应对更多的支付场景,能够给他们带来更多发展机会,他们就不会去自己铸造金币,而是乐于将黄金出售给英格兰银行指定的兑换窗口,以换取法定含金量对应的英镑纸币,从而加入英镑这个纸币生态圈(经济体)里面。这说明货币的第三个重要支柱是"创造发展机会的预期"。这种预期源自个体对先进文明的期待。

货币史上还有一个证据说明发行货币的第一因素是掌握生产要素的能力,这种能力的提升能够带来货币的升值或者溢价。

清道光十六年(1836年),两江总督林则徐在奏折中说:

> 洋钱流入内地,其成色比纹银低,其价值原比纹银贱。因小民计图便利,日渐通行。未几而洋钱等于纹银,又未几而洋钱浮于纹银。道光十三年间……维时江苏省每洋钱一元作漕平纹银七钱三分,虽成色远逊于足纹,而分量尚无轩轾……近日苏松一带,洋钱每元概换至漕纹八钱一分,较比三四年前,每元价值实已抬高一钱,即兑换成制钱,亦比纹银多至一百文以外。

中国古代实行银两制(不是银本位)。市场通行的是银锭,而不是机械化铸造的银圆。一般由钱庄下辖的银炉作坊铸造银锭。银锭的含银量接近98%。上面一般打上标记,标识铸造的年份和钱庄的名字,称为纹银。无论是清缴朝廷的税款、放贷或者是交易买卖都可以使用纹银。其中,库平纹银和漕平纹银的含量和重量标准略有差异,需要折算一下,但基本上两者都通行无阻。林则徐说的“洋钱”一般指的是原本用于中外贸易结算的俗称“墨西哥鹰洋”的银圆。从他这份奏折可以看出,每100枚墨西哥鹰洋(含银量90%)的含银量相当于73两纹银(含银量98%),但在实际使用中,它的购买力相当于81两纹银的购买力。这个溢价是怎么来的呢?

墨西哥鹰洋的购买力高于其自身含银量,体现了“拥有更先进生产能力的货币”产生溢价。以墨西哥鹰洋为代表的机制银圆的合金比例经过优化,它更适应机器压铸,最后由高压蒸汽锤锻打成形。机制银圆的内部结构更加致密。而中国的银锭一般是熔化之后浇铸成型，留有许多气孔。两者的加工工艺可谓有天壤之别。墨西哥鹰洋之所以含有其他10%的金属，是为了让这种合金铸造的硬币经过压铸工艺以后，能够承受蒸汽锤160吨冲击的锻打而不扭曲变形。这使得仿造鹰洋变得极为困难。另外，海外流入中国的银圆一般都采用了“齿边”。这是英国人最早发明的防伪技术。为了防止金币和银币被剪边或者锉削，采用了齿轮纹铸造硬币的边缘，这样就能有效防止削边减重。

一枚墨西哥鹰洋不仅含有白银，它还含有当时世界上最先进的铸造技术。这些技术不仅能够铸造鹰洋，还能制造坚船利炮。因此，鹰洋体现了工业化时代的共有技术。它对含银量更高的纹银的溢价体现了市场对先进制造能力的认可——真正重要的不是银子，而是能力。

马克思曾经说过，“金银天然不是货币，但货币天然是金银”。这句话启发了我去思考金属成为货币的原因。

我国古代铜钱使用了将近2 000年。从汉五铢钱到清康熙通宝，铜钱的铸造技术几乎没有任何进步(请回忆一下斯瓦特巴坦人也没有技术进步)。主要原因在于：历代封建帝王的统治十分残酷也十分自私。代表封建地主阶级的帝王将相们不需要劳动人民在生产技术上取得进步，它们只想维持他们自己的统治。

基于同样的动机，他们也时刻提防老百姓们形成共识，形成默契，形成反对他们的组织。我曾经去宁波附近的保国寺参观，那里陈列着当地的一块石碑。上面记载着这样一件事：清嘉庆年间，天旱连月无雨。当地老百姓聚众求雨，就被知府带兵抓获，判他们蛊惑人心，最终枭首示众，以儆效尤。可见统治者防止人民为一个共同目的而聚集，已经到了丧心病狂的地步。

凭借强大的封建专制，中国古代的帝王们根本就没有采用新生产技术的动机，朝廷只需要重用那些酷吏就足以掠夺老百姓的财富了。

由于朝廷采纳的铸币技术相对简单，所以，我国从汉代起，历朝历代都有民间私铸铜钱的情况。尽管从汉武帝开始就对私铸铜钱的行为进行了残酷的镇压，但私铸行为仍然屡禁不止。

汉武帝(公元前156年—前87年)为应对边事，发明了所谓的“白金钱”，其实就是往铜钱里面掺锡。这种铜钱相当于减少了其原有的含铜量，因此，铜钱的购买力下降。汉武帝就是用这种办法来掠夺人民财富的。各地民间于是开始仿造朝廷的白金钱。老百姓私铸白金钱，其实也是迫不得已。不这么做的话，自己的财富很快就被一种劣质的钱稀释。私铸铜钱的话，多少还可以弥补一部分损失。对于私铸行为，汉武帝毫不留情地进行了镇压。

据《汉书·食货志》记载：“自造白金五铢钱后，五岁赦吏民之坐盗铸金钱死者数十万人。其不发觉相杀者，不可胜计。赦自出者百余万人，然不能半自出，天下大抵无虑皆铸金钱者矣。”

与汉武帝差不多同时代的罗马帝国也处在“征服—统治—融合—再征服”的对外扩张过程中。当时，曾经出现过一个奇怪的现象，公元前 212 年罗马与迦太基的第二次布匿战争期间，为了支付雇佣兵军饷，罗马人不得不将银币的含银量从 98%降低到了 36%，而同期罗马银币的购买力居然没有缩水。同一时期，罗马境内的贷款利率从 12%降低到了 4%。按照传统的理解，银币减重应该导致购买力下降，并发生利率上升的“通货膨胀”。实际情况却恰恰相反，罗马银币含银量下降以后，并没有出现通货膨胀。

一个是铜钱减重，一个是银币减重，两者几乎是同时代的事情，为什么结果会有这么大的差异呢？恐怕还是对未来的共识。罗马人有理由相信节节胜利的罗马军队会继续取得胜利，会征服更多土地，会掠夺更多的金银，会带来更多的商业机会，所以大家普遍接受了新发行的含银量更低的货币——持有这枚减重的银币，虽然持有了较少的白银，但是持有了更多未来的商业机会。罗马银币减重就相当于向罗马人借时间。而汉武帝为对外征战而横征暴敛并不能让老百姓分享成果，也就无法形成共识。

这两个故事对于我理解货币来说，是一条很重要的线索：一个扩张的、胜利的和繁荣的帝国总是带给人信心。人们会安心持有它的货币。这种信心的基础是人们看到不断有新领地被征服，不断有形形色色的新商品输入到罗马，不断有新商业机会出现。因此，铜钱也好，银币也好，无关金属本身的优劣，而是事关持有人对未来机会的信心、预期和共识。

中国古代的钞票与银两

宋代确实出现过纸钞,但那个不是现代意义上的纸币,它更像是一个实物铜钱 ETF 的纸质赎回凭证。元代大规模使用纸钞,那简直就是一张“掠夺量的证明”。经过明初的最后尝试,朝廷最终采用白银为法定货币,这是老百姓与官府达成的妥协。官府用白银收税,而不是用印钞票的手段来直接掠夺老百姓的财富。

我国自明代开始使用银两制的主要原因是宋元两朝“纸钞”的失败。尤其在元代,大量使用不能兑付铜钱的纸钞以后,民间怨声载道,甚至有观点认为元朝是亡于印钞。元代统治者把印钞作为掠夺老百姓财富的一种手段。他们自己寻欢作乐,对外大肆赏赐,对内大肆搜刮,动不动就发行一种新的钞票来掠夺老百姓的财富,从而使得老百姓手里原先的钞票失去法定偿付效力,老百姓手里的购买力作废。这样反复掠夺百姓是非常残酷的。元朝发行的纸钞品类繁多,仅我所知道的就有至元钞、中统钞和至正钞。而按照孔齐在《静斋至正直记》中的记载,到元末还有所谓的观音钞、画钞、折腰钞、波钞和熝不烂等形形色色名目的钞票。在元代,每当一款钞因滥发而耗尽了信用之后,统治者就另发一款新钞代替,然后再次滥发贬值,如此反复几次,官府全无信用可言。所以,我们今天仅从钞票名目的变化上就可以看到统治者有多么贪婪,对老百姓就有多么残忍。元代文人陶宗仪的《辍耕录》收录了一首《醉太平·小令》：

堂堂大元，奸佞专权，开河变钞祸根源。惹红巾万千。官法滥，刑法重，黎民怨。人吃人，钞买钞，何曾见？贼做官，官做贼，混愚贤。哀哉可怜！

"人吃人，钞买钞"这6个字就是当时人民悲惨生活的真实写照。到元末，铜钱已经退出流通了。人们尽量把铜钱和其他贵金属储藏起来，尽快把手里的钞票用出去。纸币贬值造成了恶性通货膨胀，人与人之间的信任机制没有了，人们无法对社会秩序形成共识，对未来也不抱有预期，对官府则完全没有信任。

从货币史的角度来看，一个经济体一旦进入了恶性通货膨胀模式，罕有用货币政策挽救局面的成功案例。局势到了这种地步，任何货币政策都没有什么用处了。如果一个社会的道德体系和价值观都崩溃了，人们相互之间不信任，生活在恐慌之中，光靠货币有什么用呢？真正能够挽救元朝政权的只有严肃财政纪律，管住自己掠夺民间财富的贪婪欲望。可惜的是，元代没有这种制约机制，统治者自己根本没有自律的意识。

当明朝统治者开始建立一个新政权的时候，他们遇到了许多麻烦，对外要防范蒙古人南下，对内要扫清盘踞在云南的蒙古残余势力，还有陈友谅等起义军需要剿灭。一开始，朱元璋还想学前朝继续发钞，即"大明宝钞"。为了促进宝钞的流通，朱元璋还硬性规定了铜钱退出流通，在交易中禁止使用铜钱。但是，人民很快就抵制这种纸质的宝钞,继续悄悄使用铜钱。商业活动甚至退回到实物交易的状态。与此同时,海外贸易带来了白银,国内也发现了新的银矿。于是,民间贸易逐步开始用白银结算,“大明宝钞”的购买力一落千丈。民间自发形成了“大数用银,小数用钱”的共识——大额交易用白银计价,小额交易则用铜钱结算。

在这种情况下,官府索性顺势推行使用白银。于是,在万历九年,明朝推出了名为“一条鞭法”的税制改革。这在历史学教科书上被描述为继唐朝“两税法”之后中国历史上又一次重要的税收制度改革。其实,它是一场赋予白银法偿地位的货币制度改革,它规定了纳税都要折算成白银,铜钱兑换白银的比价自由浮动。这个税改方案实质上确立了白银的货币地位,只有用白银才能完成交易,民众只有用白银才能完成自己对政府的交税义务。铜钱要按照市场价格兑换成白银再去缴税。而且缴税的时候,对于成色和重量不一的碎银还要征收“火耗费”(名为“火耗费”,实际是为基层征税的官吏们留下了中饱私囊的借口)。

西方列强在 18—19 世纪开始实行金本位是基于民众达成了共识:他们可以监督并约束政府,因而他们可以信任政府发行的纸币。因此,在这种信任的基础上,金本位制度的国家实际使用的是纸币。而中国在明代开始实行银两制度则是基于民众对政府的不信任,这种不信任源自老百姓不能当家作主,源自封建王朝贪婪成性。这种不信任使得全社会缺乏共识机制,最终体现为民众对政府发行纸钞的不信任。因此,外国的金本位实际流通的是纸币;而中国的银两制则是为了避免使用纸币。

是老百姓对明朝这个新政权的约束也罢，是新政权自我约束也好，明朝最终采用了银两制。结果就是白银具有唯一的法偿地位，铜钱作为辅币，宝钞退出流通。如果不这么做的话，新政权完全不能取信于民，他们发行的宝钞就没有人要，如果强行推行纸币就是自寻死路。在某种程度上讲，是官府接受了社会共识。这些共识包括：

首先，官府不可靠，他们发行的纸币没有信誉。

其次，无论是靠出口茶叶和瓷器，还是靠开山冶炼，"获得白银的能力"代表了当时社会最先进的生产力。为了鼓励大家成为拥有这种能力的人，社会共识将白银定为"工作量证明"。

最后，相比纸币和铜钱，白银作弊的难度最大。民众以此来提防官府掠夺自己的财富。

我始终认为银两制不是一种银本位制度。因为，使用银两制的民众既没有意识到这是一种货币，也没有意识到参与国家治理的重要性。这两个判断可能很突兀——我是在现代意义上使用"货币"和"国家"这两个词的。明代中国社会可能仍然是一个分散而居的农村，大多数人终其一生都在本乡本土生活。他们不能理解抽象的货币单位"元""圆""镑""盾"或者"里拉"。这些抽象概念只有当人们有了国家概念之后才能形成。明代人们心中的国家应该是一种家国情怀，是一种乡土眷恋，而不是现代政治学意义上的国家。因此，即便明代开始实行了银两制，但对于普通老百姓来说，这就是一种缴税用的实物。以前缴税用的是铜钱，用的是粟、米、绢、绫等实物，现在不过是用一种实物取代另外一种实物来完成纳税义务。从某种程度上来说，老百姓的纳税义务其实加重了，因为他们不能确定稻米粮食和其他农作物的价格,也不能锁定白银对铜钱的汇兑关系。纳税人面对的不确定性增强了。因此,实际税收负担反而更重了。

明清两代实行的都是实物银两制,官府税收完全是白银实物进出。即便有钱庄的银票,也是一一对应于实物,相当于现在的白银ETF份额凭证。在这种情况下,明代的中国社会很难发展出类似于西方金本位国家的那种创造信用的银行。这成了明清以后发展经济的短板之一,却也是由当时的国情所决定的。那个时候的中国只有放高利贷的钱庄,没有现代意义上的银行。

有些“食洋不化”的经济学家认为晚清落后的原因之一是不肯发行国债来促进工业化大生产。当时的中国没有国债发行和交易的市场体系,这并不是因为明清两代朝廷不懂财政政策,不想发行国债,也不是因为朝廷里没有聪明人,而是因为国债根本发不掉,发了也没人要。据计六奇编写的《明季北略》记载,可怜的崇祯皇帝想去找周皇后的父亲周奎商借200万两白银“以助兵饷”都没有成功。最后,还是周皇后自己出资3 000两白银。可见,就连皇亲国戚都知道,自己根本无法以债权人身份去约束皇帝,去催讨债务,更不要说是资本市场上普通的国债投资人了。

西方的金本位其实是发行纸币,并由现代意义的商业银行来创造信用。而黄金的作用看似是为发行纸币的银行提供了一种担保,其实是约束政府不能乱花钱、乱举债,约束央行不能乱投放货币。这种看似来自黄金稀缺性的约束其实是来自金本位国家的人民对政府的约束,来自那些国家人民对自由的追求和对共识的捍卫。如果一个地方的人民不能达成并捍卫有关国家治理的共识,那里的政府往往就不受约束。它们不仅滥发纸币，而且压榨和掠夺人民，那里的人民根本没有基本的生活保障，更没有自由。一个地方的人民越是容易达成谅解、互信和共识，政府就越容易被他们的人民约束。这个地方的市场就越活跃，商业就越繁荣，货币就越坚挺。

孟德斯鸠曾经说过，法律是由风俗习惯决定的。他发现同样的法律条款在不同国家执行起来完全不一样。中国在明清两代乃至民国时期始终未能建立起一个得到全国人民广泛信任和拥戴的政府。因此，币制改革困难重重。

遵守集体规则的默契

人们可以变得崇高并向上寻求共识，这种共识高度依赖个体的素质。人们也可以变得自私并向下寻求共识，这种共识高度依赖货币发行机构和社会管理机构的权威性。

在通常情况下，人数越多，人的素质越低。人的诉求差异越大，他们就越难形成共识，而没有共识就很难建立并维持一个货币发行体系。

比特币最大的价值在于它的共识机制。越是素不相识、素昧平生、素无来往的个体越是能够基于其本能的自私动机来自觉捍卫共识机制。该共识机制防止出现一个中心化的机构来发行货币，也阻止出现一个中心化的权威机构来管理社会。

捍卫货币的本位需要人们基于共识采取集体行动。在金本位时代，如果央行超发货币导致物价失控，人们就会要求兑付实物黄金；在纸币时代，如果央行超发货币导致物价失控，人们就会在下次议会选举时更换政府。

比特币的共识需要数量众多且来源广泛的持币人依据自己本能的自私立场采取行动，从而防止个体之间串谋并形成一个拥有巨大算力的利益集团，防止该利益集团演变成一个中心化的发行人。

1991年,撒切尔夫人在她首相任内最后一次参加下议院一般性辩论时,仍然不忘对反对党工党的影子内阁成员冷嘲热讽:“为了不让富人变得更富,他们不惜让英国的穷人变得更穷。”谁也没有料到,她随后话锋一转,矛头直指欧洲经济共同体(欧盟前身)刚刚通过的欧洲货币一体化方案——简直到了破口大骂的地步:“一台难以运转的、巨大的官僚机器急需一场胜利证明自己还没有病入膏肓。”她指的是当时的欧共体很想说服英国加入共同货币体系,以此来证明欧洲共同货币的前景。

撒切尔夫人的话提醒了我,维持经济社会运转的秩序是决定货币发行的第二个重要因素。大家在发展某种生产能力的时候,需要产生共识。而且,生产力水平越高,对社会共识的要求也越高。在某一个生产力水平上,大家会遇到共同风险,人们必须学会相互协作来解决问题。大家形成共识,并凝聚到某个点上,能够促进大家去发展某种特定技术的生产力(金本位时的冶金技术、比特币时的计算能力)。体现这种技术的物质载体就自然而然地成了货币,具备这种技术的人在社会中的地位也会相应提高。

从石币岛到比特币，人类使用的货币在演进。这主要是因为文明所需的生产要素在演进。原始部落需要打磨石质工具的能力，工业文明需要采掘冶炼金属的能力，当代人又需要支持人工智能的计算能力。

对于货币发行体系来说，除了掌握生产要素的能力，集体行动的默契也很重要。它需要千千万万的持币人基于共识的各司其职、各抒己见和各行其是，而不是任由一个强大的中心化的货币发行人精心谋划、越俎代庖和为所欲为。

请设想一下，世界上有两个地方的交通事故率处于同一水平：第一个地方人人自觉遵守交通规则且相互礼让，当地并不需要大量监控设备（个体素质越高，集体形成秩序的成本越低，可以高效运转一个分布式系统）；第二个地方人人不自觉遵守规则，一旦出事故就赶紧逃逸，而不是留下来救人并准备承担责任（个体素质越低，集体形成秩序的成本越高，需要一个中心化系统才能高效运转）。

第二个地方就需要大量安装监控设备，雇用大量警察并准备足够多的监狱。这两个地方都有秩序，但前者维护秩序的成本极低，后者成本极高。相对来说，前者发行纸币容易，后者很难。

人类的大多数货币发行机制都介于第一个和第二个地方之间。而比特币则更像是第三个地方。这里的汽车即便是由流氓、地痞和混蛋驾驶的，即便监控设备和基础设施都落后得像阿富汗斯瓦特河谷，这里也不会（比“不会”更准确的词是“无法”）出现交通混乱和事故逃逸等问题。这个地方唯一的问题是交通系统的运行效率比较低，无法支持高速通行和大的交通流量。

比特币并不需要持币人有什么崇高的个人修养。它的优势在于它维系秩序的共识机制是天然的、固有的、内在的，就像男人不会怀孕一样。系统并不需要人人成为圣徒般纯洁而虔诚的司机，也能维持交通的安全顺畅，不会出现交通事故逃逸、“路怒症”、酒驾或加塞插队的情况。一个完全由“下三烂、不入流”的持币人构成的比特币仍然可以实现集体秩序，仍然可以保护个体交易自由和财富安全。

比特币的优势在于它可以在大范围内以极低成本快速实现共识机制。在区块链中，一群由骗子、笨蛋和浑蛋组成的“一盘散沙”反而能够“固若金汤”。比特币系统真正需要防范的风险反而是其中一部分聪明人结成一个“共谋的黑帮”来破坏系统的安全。

与比特币截然相反的是，一群看似高素质的人被拧成一股绳，如十字军、钢盔团、冲锋队这些极端严格且步调一致的准军事组织。这种组织已经不需要发行货币了，它只会用暴力手段来迫使民众服从，而不会用公平竞争来鼓励创造市场机会。它更不允许有人以市场的名义来约束它的行动。

金本位：约束发行人的工具

在一个中心化纸币发行体系内，人们要形成社会共识才能形成国家治理模式。而任何一个国家治理模式都需要有政治性的约束。有了政治约束才能维持社会经济秩序。如果没有约束,那么,激励就是空谈。约束可以体现为各种形式的不放心和不自由:被敌对国家渗透或征服,国家间的对峙与贸易壁垒,对财政赤字的数量限制等。对个人的约束可能来自许多方面,而不仅仅是法律、条约和道德,还可以是路边的摄像头和邻居同事之间怀疑而审视的眼神。

在快速形成共识机制方面,比特币就像是纸币发行者们不敢直视的镜子。我知晓了比特币的共识机制以后,再回头看金本位,感觉豁然开朗:金本位的核心不在金,而在本位;本位的核心不是铸币条例,而是可以低成本快速形成并得到全社会广泛接纳的共识。这种共识体现了人民认为应该怎样治理自己的国家,并且,他们还会自觉捍卫自己的国家和自己选择的治理国家的方式。

我在前一章有关斯瓦特人的内容中谈到过:

- 发行货币的方式就是持有资产的方式;
- 持有资产的方式就是获得身份的方式。

发行货币的方式同时也是国家治理的方式,就是人在集体中的身份确认的方式。在那些实行金本位的国家里,人拥有较高的社会地位和个体自由,个体的人能够以某种类似主人的方式来参与国家治理。这个国家就体现为繁荣、进步和强大。金本位的核心不是要确立黄金的法偿地位,而是要确立人的主人地位。所以,一个国家在确定金本位作为货币发行方式的同时,也确定了它的国家治理方式,确保了市场可以约束政府的共识机制。这就是我从《货币起源》一书就开始反复唠叨的:“并不是拥有大量黄金储备的工业强国才能实行金本位,而是实行金本位的国家几乎都成为强国。”

最早实行金币本位制的国家是英国。1717 年著名的物理学家艾萨克·牛顿在担任英国铸币局局长期间将每盎司黄金的价格固定在 3 英镑 17 先令又 10.5 便士。1797 年,英国宣布铸币条例,发行金币,规定了含金量,银币处于辅币地位。1816 年,英国通过了《金本位制度法案》,以法律的形式承认了黄金作为货币的本位来发行纸币。到 19 世纪后期,金币本位制已经在资本主义各国普遍采用,它已具有国际性。由于当时英国在世界经济体系中的突出地位,它实际上是一个以英镑为中心,以黄金为基础的国际金本位制度。这种国际金本位制度持续了 30 年左右,到第一次世界大战爆发时宣告解体。在金本位制度的全盛时期,黄金是各国最主要的国际储备资产,英镑则是国际最主要的清算手段,黄金与英镑同时成为各国公认的国际储备。英镑之所以与黄金具有同等重要的地位,是由于当时英国强大的经济力量。英国也是国际经济与金融活动的重心,伦敦成为国际金融中心。于是,英国形成一种以黄金和英镑为中心的国际金本位制,也有人称之为英镑汇兑本位制(Sterling Exchange Standard System),也就顺理成章了。继英国之后,荷兰(1818 年)、德国和日本(1871 年)、法国(1873 年)、丹麦和北欧各国(1875 年)、俄国(1893 年)以及美国(1900 年)先后实行了金本位。有一点特别值得注意的地方:日本并不是在甲午战争击败中国并获得巨额白银赔款之后才进入金本位的。

历史事实并非西方经济学家宣扬的那样,强国才能实行金本位。真相应该是,实行金本位的都成了强国。为什么会这样呢?因为金本位对应于一个现代化的国家治理体系,这里的民众能够基于共识机制自觉联合起来约束政府,捍卫自由。捍卫个体自由就是确保了市场产生更多的机遇。有了机遇之后,市场就能够吸引更多人参与。新来的参与者带来的黄金只会进一步巩固该国的金本位。

在写《货币起源》一书的时候,我只重视持币人约束发行人的机制。现在仔细研究了比特币之后,我发现我之前的观察点还是太狭隘了。约束应该包括以下两个方面:

一是政府(货币发行当局)的权力越大,对民众的约束越多,就越容易在经济社会形成秩序。这种秩序代表的文明水平较低;维持该秩序的代价较大;它所能创造的商业机会也较少。

二是民众(货币持有人)的权力越大,对政府的约束越多,就越需要个体的自觉、默契和共识才能在经济社会中形成秩序。这种秩序代表的文明水平较高;维持该秩序的代价较小;它所创造的商业机会也较多。

对于中心化货币来说(无论是纸币还是金本位),约束发行人始终是最重要也最难实现的。这种约束需要持币人的个体勇敢和集体默契。

普通人怎么才能约束发行货币的政府呢?这群人一定要善于形成共识,并容易基于这个共识达成行动的默契。这种行动的默契不仅仅是货币史的基石,更是灵长类动物进化史的关键。从货币史来看,英国、法国和德国的金本位制度都经历了战火的考验,它们各自的结局只能说明金本位的重点不是囤积黄金储备的开采冶炼能力是否强大,而是形成社会共识的机制是否迅速有效。

我们先来看看英国的情况。最早对君主实施约束的是英国的大宪章运动。在经历了一场号称“光荣革命”的政治动荡之后,英国由此为进入金本位时代做好了政治制度上的准备。

1688 年以后发行的英国国债都是议会举债。和法国由国王举债相比，英国政府违约的可能性小得多。作为一个英国债券投资人，你可以通过影响你选区的议员去约束政府，去督促政府还债。但作为一个法国债券的投资人，你永远无法约束法国国王。他只听他自己的——尽管他名义上说是听上帝的——但这么宣传的目的是让反对派闭嘴。那些反对国王的人会被说成是不爱国的叛徒或者不信上帝的异教徒。国王和大臣们会鼓励“对叛徒和异教徒人人喊打”的社会舆论，他们将其称为“爱国”和“虔诚”。

尽管英国国债的收益率只及法国国债的 1/5 甚至更低，英国国债仍然供不应求。而事实上，法国国王发行的债券经常赖账。虽然法国国债的收益率高，但是人们却不愿意购买。体制差异导致两国国债收益率在市场上的表现不同。因此，英国在紧急情况下，总是能够迅速调动大量社会资源投入战争。从 1688 年到 1815 年，英法之间一共进行了 6 次战争，英国获胜 5 场。法国只在美国独立战争期间，间接获得了对英国的胜利。但正是这场胜利让法国财政破产并直接导致了法国大革命的爆发。

我们再来看看法国金本位的情况。我以前当老师教货币史的时候，遇到普法战争这一段内容时，我总是避重就轻跳过去。我事先想好了，如果有学生追问，我就暗示说，考试的重点是英国金本位这一段内容，从而引导学生不要关注法国的情况。其实，我自己是很害怕学生问我这个问题的，因为我无法自圆其说。直到我想通了比特币的共识机制之后，我才真正理解了为什么法国能够实行金本位制度（也正是这个原因促使我放弃了修订《货币起源》的念头，转而用积极正面的态度，专门写作一本关于比特币的书）。

普法战争爆发以前，普鲁士国内进行了立宪改革。普鲁士国王威廉一世（战后加冕为德意志帝国皇帝）本来不打算开战，但首相俾斯麦坚决主张对法开战。

> 俾斯麦不同于他前任的地方是他的地位而不是他的政策。他那几位前任的首相地位依靠国王，而现在由于普鲁士国内的立宪斗争，国王要依靠他。支持俾斯麦的外交政策就是国王为击败普鲁士议会所需要付出的代价。[①]

普法战争开始不久，法国皇帝拿破仑三世就在色当战役中被俘。普鲁士军队随后围困巴黎。决战失利后，法军投降。法国不仅割让了阿尔萨斯和洛林，还同意赔偿普鲁士 50 亿金法郎。这个数字是普鲁士首相俾斯麦的财政顾问提出来的。依据他的测算，法国财政需要省吃俭用 30 年才能凑齐这笔赔款。而依据为停战而达成的《法兰克福条约》，法国完成赔款义务之前，普鲁士有权在法国驻军。按照俾斯麦的计划，这样可以最大限度地削弱法国，并遏制它的再次崛起。

俾斯麦没想到的是，战败的法国反而容易形成有关国家治理模式改革的共识。在阿道夫·梯也尔领导下，法国改革了国内政治体制，废除了帝制，并对新修订的宪法进行了全民公决，成立了法兰西第三

① [英]A. J. P. 泰勒著：《争夺欧洲霸权的斗争（1848—1918 年）》，沈苏儒译，商务印书馆 1987 年版，第 159 页。

共和国。1871 年,法国第一次发行了 20 亿金法郎国债,利率设定为 5%。结果在资本市场的抢购下,公债发行任务提前完成。1872 年,第二次发行了 30 亿金法郎,利率依然是 5%,这次发行再次受到资本市场的追捧。于是,在两年不到的时间里,法国就筹集了 50 亿金法郎,完成了战败赔款义务。1873 年,普鲁士撤军。法国重新获得了独立,并同时宣布实行金本位。

这些就是我教货币史时最担心学生提的问题:

- 法国战败之后为什么反而能够以更低利率发债融资?
- 法国为什么在掏空国库黄金储备并背负巨额黄金债务之后,还能实施金本位?

法兰西第三共和国的案例生动地说明了金本位的核心不在黄金储备的多寡而在国家治理方式的进步。一个民选总统可能在个人魅力上远不如一个天选皇帝那么英武神勇且睿智明达,但他一定比后者更让市场放心,因为他的地位依赖于民众共识的支持,因而也受到他们共识的约束。法国虽然战败,失去了大量的黄金储备——而且市场都知道这一点。但是,它由此废除了落后的帝制,建立了全新的国家治理体系。对新宪法的全民公决就是凝聚共识的行动。

在第三共和新宪法的框架下,人民可以参与国家治理,成为国家的主人。人民可以选出议员来体现自己的意志,并约束政府的开支。于是,人们有理由对该国国债的本息兑付能力保持信心,对该国央行发行的纸币兑付黄金的承诺保持信心。因此,即便在一个较低的利率水平上,人们仍然愿意持有它的国债;即便在一个亏空的黄金储备水平上,人们仍然愿意持有它发行的纸币。在一个政府受市场约束的经济体,投资人容易相信未来会诞生更多的商业机会。因为,这里的市场更公平,这里的人民更自由,这里的社会更法治。于是,人们有动机持有它的货币。这张纸不仅能够兑付黄金(确保安全),还能用于创造和捕捉商业机会(谋求发展)。当人们相信历史的承诺和未来的机会都能兑现和实现时,货币发行人实际拥有的黄金储备量反而不那么重要了。这就是我在《估值原理》一书中提出的估值游戏论:一个经济体,它发起的集体游戏吸引了更多人参与,它用以维持游戏秩序而发行的代币筹码(货币)就吸引了更多人来兑换。有时候,外来的投资人甚至是拿着黄金来换纸币,因为拥有这里的纸币就拥有更多的机会。

于是,我想通了法国金本位的谜团:你的黄金储备只对那些想退出游戏的玩家有意义;对于想加入你发起的集体游戏的玩家来说,你的游戏规则的公平性、游戏秩序的合理性、游戏的刺激性和回报率更重要。关键是要让人相信你会维持一个公平公正的游戏秩序。怎么才能让人相信这一点呢?保持所有政策的透明公开,并允许别人监督。

比特币从来没有承诺过会向持币人兑付多少千瓦的电力或者多少比特的算力。结果呢?一批经济学家口诛笔伐说它是泡沫。法兰西第三共和国早已搬空了国库,还背负了巨债,结果呢?它发行的纸币仍然承诺可以向持币人兑换事先约定数量的实物黄金。居然没有经济学家质疑它的承诺是废纸或者泡沫。

重要的是共识,而不是黄金。这就是我解开法国金本位谜团的钥匙。

Mama Mia, la spicy meat ball la!(Jenny Yim 把这句话翻译成:

太好了,今天晚上吃辣肉丸子!)太好了！这真是灵光一闪的光辉论断,醍醐灌顶的光明智慧！感谢比特币,感谢俾斯麦,我终于明白了金本位。但是,一切都已经太晚了。我早就离开了学校,再也没有学生来问我问题了。我现在后悔自己当老师的时候不努力思考。我只能庆幸和感谢比特币带给我的启发。

我们再来看看德国的情况。德国实行金本位比法国早两年(1871年)。第一次世界大战期间,德国被迫放弃了金本位(比德国战败要早2年)。这场世界大战让法国和德国失去了40%的30岁以下男性人口。可惜的是,战争结束后,德国社会不仅未能清算把他们带入战争苦难的皇帝和军事领袖,反而将其视为无辜受难的英雄。由于德国人民未能对自身的错误进行深刻的反思,也未能改造国家治理体系。20年以后,他们把欧洲和世界拖入了另外一场更深重的危机。我摘录了部分反映第一次世界大战后德国社会主流民意的叙述。

汉斯·德尔布吕克不仅是德国第一位军事史学家,而且也是一位德意志和普鲁士爱国者,他对第一次世界大战后魏玛共和国国会成立的战争责任调查委员会大声高呼:“如果最高军事统帅在1917年7月以哗变罪把鲁登道夫将军送交军事法庭,我们早就得救了。”可惜的是,德国人民在第一次世界大战以后,不仅没有反思把他们拖入战争苦难的军国主义思潮,反而将其代表人物(兴登堡和鲁登道夫)视为英雄,对其欢呼,而不是约束和惩罚。于是,他们在通货膨胀的泥潭中挣扎许久。最后,他们把自己的国家、欧洲乃至世界带向了下一场更血腥的危机。

当委员会要求原德军总参谋长鲁登道夫就德国战败原因向国会作证时，他要求必须有兴登堡元帅在场。于是，委员会传唤了兴登堡……

委员会很快就有理由对此感到后悔。11月18日，当兴登堡进来时，委员会的成员们起立表示尊敬。兴登堡立即用语调和姿态表露了他对这个机构及其成员的鄙视。主席向兴登堡提出了委员会准备的第一个问题，但这位陆军元帅没有回答，而是宣读了一个事先准备好的声明。这个声明与听证的题目毫无关系。不知道是谁起草这个声明的；可以明确地说它不是兴登堡写的。声明显然不像是一个将军的手笔，而是一个善于舞文弄墨的政治家的手笔，人们猜想是黑尔费里希。兴登堡逐字逐句地宣读别人为他写的声明，主席的干扰或劝告也妨碍不了他。他根本不在乎自己作为证人是否超越界限。国内外报纸都有记者在场并且马上就会把他的讲话——更确切地说是他的辩护词——提供给读者。

这是一个说军队及其领导在任何时候和任何地方都尽了最大努力，而德国人民及其政党却背弃军队甚至从背后对它进行突然袭击的辩护词。不值得去详细探讨这种歪曲历史事实的说法。声明的要点是，兴登堡声称“一位英国将军曾说，德国军队被人从背后捅了一刀”。兴登堡没有说这位英国将军是谁，可惜委员会也没有去问他。然而，即使也许从来没有一位英国将军说过此话，如今千百万德国人却众口一词地喊叫：“我们的军队被人从背后捅了一刀。”就这样产生了“背后被捅一刀"神话。它是阿道夫·哈纳克曾刻画过的那种神话之一：

"历史谎言是这种神话最令人痛心的形式，因为它歪曲事实。如果我们在各种不同情绪的影响下轻率地判断事实，那我们就会使自己对这种神话负有责任。我们尤其是要防止有倾向性的神话……有偏见的神话证明我们向这一方向(由于一知半解)走得相当远，它利用历史为其服务并竭力删除一切不适合于其目的的东西。"

删除一切不适合于其目的的东西！背后被捅一刀神话的作者确实是精通此道的：将军们专横跋扈、一知半解地干预政治。军事上的失败，阻挠任何与敌人的及时和解，突然匆忙强迫放下武器——这一切均以威严的姿态避而不谈。虽然德国人民经历了这些事情，但此时千百万德国人喜欢忘记这些事情，正如巴黎人 1870 年 9 月 4 日在色当战役失败后推翻了作为战争罪魁祸首的拿破仑三世，他们喜欢忘记曾在 1870 年 7 月 15 日高喊"打到柏林去"的口号在巴黎街道上游行一样。这两种情况出于同样的心理原因：一切希望完全落空了。有多少德国人在 1918 年 11 月 9 日后摆脱旧偶像转而崇拜新偶像，因为他们把民主和共和视为通向尽可能宽大的和平的最好途径。这种希望没有实现——而对于心理效果来说根本不问人们是否受骗还是自欺欺人。人们当时越是抱有幻想，如今就越是愿意用德国军队从未被战胜的神话来安慰自己。[①]

横跨两次世界大战之间，德国之所以出现了魏玛共和国，只是因为德国人民以为一个民主共和体制的政府更容易和英、美、法三国谈判停战条款，并得到一个宽大的条约。人民并非真正想要组建一个真正意义上的共和国。因此，在魏玛共和国存续期内，德国始终没有摆脱军国主义思想的影响。那些发起这场战争的人不仅没有被清算，还被视为无辜的受害者。这就使得德国人民继续生活在他们的影响之下。他们也就没有形成新的有关国家治理方式改革的共识，也无心去约束一个民选的政府。魏玛共和国最终在滔天洪水般的纸币通胀中被法西斯主义煽动的民族仇恨所吞没。无辜的犹太人被当成了替罪羊，做了填空题，成为"背后捅刀子"的凶手。德国再次陷入了狂热的军国主义危机。

俾斯麦在他的回忆录《思考与回忆》中写道："一个国家在陷入危机之前，会突然出现一批狂热的爱国者，他们会消耗掉这个国家最后一点理智。"中国古代圣贤老子说"国家昏乱有忠臣"可能是同一个意思：看似极端爱国的忠臣良将往往把国家拖入危机四伏的境地。那些极端的法西斯分子刚刚登上历史舞台的时候，看上去都像是真正的爱国者，而且他们的纯洁与虔诚往往到了让普通人感到羞愧（并闭嘴）的地步。

---

① [瑞士]埃里希·艾克著：《魏玛共和国史》（上卷），商务印书馆 2021 年版，第 156－158 页。

现在应由威廉二世来表明他如何理解他的职位了。他经常大声宣称他深信他的职位是上帝亲自授予他的。“三十年战争”中的德皇统帅华伦斯坦是这样描写他在吕岑战场上阵亡的伟大对手的：

是什么使古斯达夫成为盖世无双？

那是因为他是他的“大军之王”，

但是，王是什么？

王是除他的同类而外不能被打败。

……

但威廉二世退缩了。在他统治期间，每当有人对他龇牙咧嘴时，他常常会这样。他接受了贝特曼立即向他提出的辞呈。这样，人们过去所熟悉的德意志皇权就寿终正寝了。因为其基本原则就是德意志帝国首相和普鲁士王国大臣取决于皇帝和国王的信任这一思想。只要他得到这种信任，即使通过议会的表决也不能被免职。这是德国和其他西欧国家的主要区别。①

一个国家如果依赖一个盖世无双的“大军之王”来制定、颁布、执行和维持秩序，这说明这里的人民没有联合起来约束政府的默契，缺乏捍卫个体自由的勇气，也没有创造商业机会的土壤。德国从普法战争时的胜利到第一次世界大战时的失败，体现出它的国家治理体系已经落后于同时代的竞争对手了。把国家命运寄托于盖世无双的大军

① [瑞士]埃里希·艾克著:《魏玛共和国史》(上卷)，商务印书馆 2021 年版，第 21 页。

之王，这个念头不仅错误而且危险。贯穿魏玛共和国时期的恶性通货膨胀进一步揭示了德国国家治理体系严重滞后于它所拥有的工业能力和科技水平。最后，纳粹法西斯煽动一群没有正确认识历史且情绪容易激动的普通人，他们又握有组织现代化生产要素的能力，他们达成的共识、形成的默契、建立的秩序必然是一场灾难。

金本位的重点不在黄金，而在本位；而本位的重点却在于共识。金本位既是开采冶炼贵金属的能力，又是有关国家治理方式的共识（其中最重要的是约束政府的集体默契）。这两者缺一不可，而后者对于形成现代国家来说，可能更重要。

金本位经历了两个阶段：金币本位与金兑本位。前者的原理与石币岛一脉相承，区别只在于生产技术。后者与现代纸币相通，区别只在于发行者是否承诺兑付实物黄金。金本位的这种变化体现了货币发行机制从"以掌握生产能力为主"到"以维持集体秩序为主"的转变。或者，用比特币的语言来说就是：货币发行机制从注重"工作量证明"转向"共识机制"。

金本位无关贵金属储备量，而仅与该国的政治制度有关。一个国家的政治制度是由该国人民的共识所决定的。如果他们能够勇敢面对暴君，默契地联合起来对抗压迫，顽强捍卫自己的生存和发展权利，那么，他们就能够通过市场机制来约束政府开支，这个国家就可以实行金本位了。

"金本位"这个词可直译为金币铸造标准。它最早在英国出现的时候，确实是一种铸币的物理标准，而不是一种货币发行制度。牛顿脑子里的金本位和后来西方经济学教科书里的金本位不是一回事儿。

但普遍民众都以为金本位是大科学家牛顿发明或者制定的一个精妙的制度,因而特别可靠。“金本位”由此获得了牛顿光环的加持。这个词从此造就了一种语言的迷雾——我也曾经是受害者,直到我理解了比特币的共识机制才恍然大悟。自己被西方经济学教科书忽悠了许多年。

牛顿在主持皇家铸币局时,力排众议确立了黄金在铸币中的唯一性地位。作为科学家,他明白如果做一件事情有两个标准的话,那就是自找麻烦。所以,他坚决反对金银复本位制度,排除了银币的法偿地位。这并非是因为牛顿极富金融学的远见,而是他当时根本就没有把金本位当成货币发行机制。在他的世界里,他只是让货币铸造有了一个统一的标准,至于英国市场上到底应该有多少金币流通,这完全是由市场或者上帝决定的事情。从某种程度上讲,牛顿规定英镑的含金量和1900年前秦始皇做的是同样一件事情。当时秦始皇刚刚统一全国,他规定每一个立方寸的黄铜重6两,然后按照这个标准铸造12枚铜钱,这就是著名的“秦半两”铜钱的由来。怎么没有人怀念秦始皇开创了铜本位制度呢?因为那根本不是一个制度,只是一个铸币标准。或者说,就是铸币的工作量证明。只不过,在货币发行体系中,不能只有工作量证明(体现当时当地人们掌握生产要素的能力),还要有集体行动的默契来完善国家治理(用基于共识的集体行动来维持集体游戏的秩序)。因此,英国的金本位和秦代的铜本位有着完全不同的含义:前者主要是对现代国家治理模式的共识;后者主要是开采冶炼铜矿的工作量证明。

金本位的核心是人民形成默契约束政府的国家治理模式。黄金只是这个模式中的审计师。

人民越是自由的地方，政府所受到的约束也就越大，从而使其不能轻易发行货币。其结果就是该国的货币币值稳定，社会价值观稳定，人们只能走技术进步的道路才能获得更多的财富，从而取得更高的社会地位。

金本位的核心不是黄金的稀缺，而是货币发行机制的纪律。只有当一个国家的人民强大到了足以约束政府的地步，才能使得政府既不能随心所欲地发行货币，也不能肆无忌惮地掠夺人民的财富，更不能轻而易举地增加税负。

在18—19世纪盛极一时的奥匈帝国在筹措资金建设帝国的铁路系统时，罗斯柴尔德家族曾经提出贷款附加条件：为确保资金的安全，奥匈帝国必须在借款合同上承诺，在铁路的建设期内，不能与普鲁士和法国开战。梅特涅首相拒绝了，“我不能让银行家来决定欧洲的战争与和平”。结果，奥匈帝国被迫承担更高的借款利率，而它几乎很快沦为欧洲的二流强国。

古代中国的皇帝根本不像近现代欧洲的国王那样，花钱需要和商人、议会或贵族商量。相比于需要还本付息的借款，中国封建统治者更倾向于直接征税。而且，他们征税的方法无所不用其极。其中，最简便的征税办法就是发行货币直接掠夺人民的财富。中国的皇帝不是不知道发行国债，而是他们根本不需要发行国债，这世界上根本就没有什么银行家可以约束他们，皇帝们自认是“真命天子”（就像普鲁士国王自称“大军之王”），他们能顺理成章地残酷掠夺人民。

有理由相信，一个国家的人民对其政府的约束越多，国家对其公民权利的保障越充分，他们政府的债券也就越可信，他们的货币也就越坚挺。反观一些经济落后的国家，他们的公私信用等级往往都不高，这些国家也往往处于战乱和集权统治之下，社会公众未能有效参与国家的治理，民众往往缺少人身自由，更不要谈什么公民权利和监督政府了。

孟德斯鸠在《论法的精神》中指出："一个国家的官员之所以腐败，不是因为那里的反腐败法律太松弛。一般来说，腐败国家的法律比清廉国家的法律更严苛；腐败也不是因为那里的官员太贪婪，事实上，许多腐败国家的官员是很勤勉的。归根结底，一个国家腐败的根本原因是那里的人民太懦弱。"

人民懦弱就会想方设法躲到强者身后去寻求保护，而不会挺身而出去捍卫自由。这样一来，他们就不可能基于对自由和发展的共识而形成默契一致的行动去参与国家治理。该经济体发行的货币和国债就往往不受约束，它的货币体系是不稳定的，购买力可能经常缩水，通货膨胀可能吞噬人们积累的财富，拉大贫富差距，直到人们忍无可忍了，才能形成行动共识，联合起来反抗。然后，这些经济体就会发生剧烈的社会动荡，直至形成新的社会秩序。这些国家会周而复始地陷入孟德斯鸠悖论："是独裁国家的人民自己选择了独裁者，并自愿成为他的臣民。"

独裁国家很难实行金本位。实行金本位国家的政府始终要提心吊胆、如履薄冰、精打细算地维系着整个国家的经济体系，政府要保持高效、廉洁、预算平衡和科技进步，要保障人民的自由、福利和财产安全。只要政府做到这些，人们就会安心持有政府发行的纸币，然后放心大胆地去创造新机会，实现新繁荣。一旦人们发现政府乱印钱，乱花钱，他们就会默契一致地要求兑换黄金。到那个时候，央行“三锅两盖”的纸币把戏就玩不下去了。

从表面上看，是这些金本位国家源源不断地吸收了世界各地的黄金，从而增加了自己的黄金储备。其实，真正起作用的不是贵重的黄金，而是先进的体制和完善的机制。其中包括：鼓励创造（改进技术获得贸易优势）、鼓励冒险（扩张领土掠夺海外殖民地）、保护私有财产（富人可以放心待在家里）、捍卫公平市场原则（允许对人的剥削）以及建立社会保障制度（保持社会稳定），而且整个体系是公开的、透明的、可验证的和可监督的，随时接受各方的监督和约束。如果一个实行金本位制度的国家做不到上述几点——很快就会像被丑闻击倒的银行一样，门口挤满了要求提现的客户，很少有银行扛得住地毯式的挤兑（cash run）——人们会纷纷要求该国的银行体系兑付黄金，来一次席卷全国的黄金挤兑。对于一个国家的经济来说，这就是致命的一击。

只要整个体系运转得顺利，就能够赢得并稳定地维持住人们对该国体制的信心。在这种情况下，央行地下储备库里面有多少黄金，甚至有没有黄金，都是无关紧要且无人问津的事情。一旦经济运行有了风吹草动，有人敏感地喊了一声“风紧，扯呼”或者“危机来啦”，就会有人抛出该国的资产，要求兑付黄金。这时候，这个金本位国家的体系才会真正经历一次考验，其相当于一次审计师的库存盘点。只有在这个时候，黄金才对该国有价值、有意义，就像在挤兑的时候，现金对于银行的意义一样。一旦兑现不了黄金，不仅整个国家的经济，甚至其整个价值体系都会受到巨大的冲击。到时候，人们必须用更大的代价去重建信任。从另外一方面来看,正因为有了金本位这种机制,才能约束这些国家的政府做得更好,就像用审计师约束上市公司的经营行为一样。

绝大多数金本位国家或多或少都存在下述情况:纸币发行量超过黄金储备(人人要求兑付黄金时,该国没有足够的黄金);或者该国用本币标价的资产总量超过货币发行量(人人要求抛售该国的房产和股票时,该国没有足够的货币)。只有用信心来维持正循环预期,让大家预期未来会更好,才能鼓励大家持有纸币。

中国的废两改元

中国在20世纪30年代初期,短暂地实行过银本位。

无论金本位还是银本位,都是国家治理体系。这套体系要能够体现普通人的共识,允许普通人参与国家治理并约束货币发行人(通常是政府)。普通人需要有个体的勇气和相互之间的默契去参与国家治理,而不是跪在地上等着天降的圣主明君来替自己主持正义或改善自己的生活。这是现代国家治理方式的根本,也是现代纸币发行机制的基石。

到19世纪末期,绝大多数西方发达国家都实行了金本位。这类似于比特币里面的"短链"问题。如果你不加入长链的话,你之前挖矿的一切投入都浪费了。所以,生产力水平差不多的欧洲列强被迫参与同一个市场的竞争;否则的话,你就和世界脱钩了。你发行的货币没有人愿意持有,你发行的债券没有人愿意购买,没有人敢来你的市场做生意,这就相当于你被取消了参加职业联赛资格。你只有参加金本位这场职业大联盟,才有市场机会;否则,商人不来你这里做生意。即便你商业环境很好,商人们从你这里赚了钱,他们拿一堆白银或者其他货币去其他国家也无法使用。这就相当于他们被迫加入了你这条"短链"。这在比特币挖矿活动中是很危险的情况。你看似挖到了一枚比特币(辛苦赚到了白银),但你是跟在一个短链后面挖的,一个小时以后,系统可能整体取消这条短链上的全部区块。你和那些因相信你而追随你的人就一无所有了。为了防止这种情况,各工业化国家被迫参加了金本位——加入"长链"。

英国历史上发行过1%利率的国债,而银本位国家发行的国债虽然利率可能达到10%以上,但投资人仍然忧心忡忡。为什么银本位国家的国债利率高?因为投资人认为这些国家国债违约的风险很高。可是他们发行的是以白银为法偿货币的国债啊!白银不是比黄金便宜吗?白银不是比黄金数量多吗?白银不是比黄金容易开采吗?银本位国家的国债不是应该更容易以实物兑付吗?这些说得都对,但这些都不是核心问题,核心问题不是黄金和白银,而是国家治理体系。

只有当一个国家建立了一套完整的制度来保护私人财产不能轻易被剥夺,捍卫人民的权利不被他人侵犯,鼓励技术进步和科学探索,民众能够通过议会约束政府的税收和开支,人民有协同的默契来制约甚至更换政府以防止它违反并破坏整个体系,所有这些才使得投资人放心地认为这个国家的国债风险是最低的。这个国家的人民捍卫了人类的美德，实现了人类的进步。这个国家的政府一定会遵守自己的还款义务（因为这个国家的人民在监督他们的政府，投资人可以放心了）。

一个国家之所以要实行银本位，并不是因为他们银多金少，而是为了“防止实施金本位”——尤其是防止实施金本位国家的国家治理方式。这些国家往往强调本国国情和特色，主动与其他金本位国家保持距离。因此，对于投资人来说，最大的风险不是金银汇兑比例恶化，而是银本位国家的国家治理方式落后，且拒绝进步。它们发行的国债对于投资人来说，风险太大，只能用更高的利率来吸引投资人。

为什么要实行银本位呢？关键是要使得自己国家尽可能少地受到那些发达的金本位国家的影响。这样一来，这个国家就不必参加金本位国家之间的竞争了。由于投资人和贸易商不能放心地参与银本位经济活动，银本位经济体的市场机会就变少了。但是，银本位国家的政府就可以受到更少的市场约束。这个经济体运行效率更低，因为人民无法像金本位国家的民众一样，积极而全面地参与国家治理。

中国清末曾出现过所谓的“同光中兴”，即同治末年和光绪初年，国家经济突然呈现出繁荣的景象。如果放到国际视野上看，当时正逢普法战争结束和德国统一，欧陆各国先后确立了金本位。由于德法先后放弃了金银复本位制度，结果欧洲出现了金贵银贱的情况。于是，白银大量流入中国，购买了中国的商品之后，再运回欧洲销售。贸易商用已经失去法偿地位的白银从中国购买商品，然后运回金本位国家销售，这样才能获得法偿货币。在这个背景下，当时的中国出口大量增加，白银大量流入。这就是被朝廷大书特书的“同光中兴”的国际环境。放在今天来看,任何一个经济体如果外资突然涌入,而且投放了大量基础货币,都会引发一轮经济繁荣。

我曾经在旧书摊淘得一本非常薄的小册子——1909年出版的《中国货币改革白皮书》。令我啼笑皆非的是,这本书居然是英文版的。这本盛宣怀编写的小册子只有薄薄的几十页纸。白皮书明确了中国要废除银两制,采用银元制,并规定了每枚银元的含银量。

由于辛亥革命爆发及其后来军阀割据的混乱局面,中国未能完成盛宣怀提出的银元制改革。直到1928年,马寅初向当时的国民政府财政部递交了《统一国币应先实行废两用元案》。同年,国民政府财政部在上海召开全国经济会议,把整理币制作为首选目标:"以我国枯竭纷乱之金融如何整理,各省参差之币制如何统一,滥币如何整理,以巩固金融之根本。"会议通过了《国币条例草案》和《废两用元案》,明确了中国币制改革的基本步骤:"第一步,废两用元,实行银本位;第二步,推行金融汇兑本位制度。"①

由于本土钱庄和外资银行的阻挠,直到1933年,国民政府财政部才颁布了《废两用元令》。这两方面的阻力是可想而知的,本土的钱庄以前垄断了银锭的铸造,并派生出高利贷业务;外资银行在上海长期发行银行券,在上海可以当货币流通。从某种程度上讲,这两者是中国币制混乱的受益者,尤其是外资银行,它们攫取了中国的货币主权,居然以一个商业银行的名义直接在一个主权国家发行钞票,且畅通无阻。钱庄理论上是不加杠杆的,有多少银锭才能发行多少银票(银票

① 摘自中国人民银行总行参事室编:《中华民国货币史资料》(第二辑),上海人民出版社1986年版,106—108页。

相当于银锭的 ETF 纸质凭证)。但是,根本就没有社会共识机制来监督审计钱庄发行银票的规模。风险管理松懈又贪图利润的钱庄往往大量发行银票并在市场波动中破产倒闭。

“废两用元”的币制改革于 1933 年完成,中国进入了真正的银本位时代。从此,中国的货币不仅仅是“工作量证明”了。货币不需要用具体的重量单位来衡量价值了。“元”或者“圆”对应着一定数量的白银,但不是一个具体的重量单位。这意味着,从此以后中国货币发行体系不仅需要诚实的工作量证明,还需要默契的共识机制来参与国家治理。

可惜的是,中国的银本位生不逢时。中国真正实行银本位时间非常短暂。1929 年,美国发生金融危机。1933 年,罗斯福宣誓就任总统以后,美国经济的情况不仅没有好转,反而进一步陷入了可怕的“大萧条”。在这样的背景下,美国就有充分的动机来使得美元贬值:一是为了促进出口,二是为了直接增加基础货币的供应量。为此,参议院批准了参议员埃尔默 · 托马斯提出的《1933 年农业救济法修正案》。该议案授权政府可以自由裁量地增加联邦储备票据、存款和纸币,授权规模达到了 30 亿美元。罗斯福在该法案授权下,顺势回应了美国几个产银州多年的呼吁,决定从即日起到 1937 年底,命令美国铸币厂以每盎司 0.646 4 美元的价格购买美国国内新增的白银,而当时白银的市场价格仅为每盎司 0.44 美元。1934 年,罗斯福又签署了《白银收购法案》,新法案试图使白银的市场价格达到每盎司 1.29 美元,其名义上是帮助农业州,而真实目的则是用印钞购买白银的方法来投放基础货币,企图扭转不断恶化的通货紧缩。

中国实行银本位不久就遇到了世界经济大萧条,尤其是美国的《白银法案》推出以后,美元对白银贬值。这就相当于美元对银本位国家的货币贬值。以中国当时的生产力和经济水平根本无法与美国的工业效率竞争,更何况美元还贬值了。于是,中国因执行银本位导致本币升值,就此陷入了通货紧缩的困境,而且白银还大量外流去兑换美元。1934 年,中国的出口额相比 1930 年下降了 58%。1934 年,美国财政部派遣耶鲁大学教授詹姆斯·罗杰斯前往中国评估白银价格上涨对中国的影响。罗杰斯在报告中指出:"我认为在赋予中国政府充分的机会,使其对即将产生的货币动荡做好准备之前,继续推动这项政策(美国印钞收购白银)是一种不负国际责任的做法。"总算有人说了一句大实话。

银本位的法币竞争不过美元的原因在于,投资人可以要求将法币兑付成白银,然后用白银兑换美元,持有美元所享受的市场机会要比持有民国政府的法币带来的机会更多。

1935 年,为了应对这种局面,当时的国民政府推出了《新货币法案》,决定实施法币改革,脱离银本位,建立一种不兑付任何实物的纸币制度。由此,中国实施了仅仅 2 年的银本位就被废弃了。但是,银元虽然退出了流通,却一直在民间承担着保值的功能。1935 年 11 月,国民政府颁布了《兑换法币办法》,规定商户、银行、公共团体和个人在 3 个月的期限内将银元、银锭和其他白银兑换成法币。后据国民政府交通运输部邮政储金汇业局统计,上海市场上流通的银元约 1 亿枚,只有 500 万枚兑换成了法币,仅占 5%。其余的银元退出流通后应该都进入了地窖和保险箱。这说明民众从一开始就不相信法币,也说明当时的中国政府并没有一个能够支撑纸币发行的国家治理机制，因为当时的人民无法参与国家治理，政府自己更难以约束自己。

共识的形成

1685 年，英王詹姆斯二世不顾国内外的普遍反对，违背以前政府制定的关于禁止天主教徒担任公职的“宣誓条例”，委派天主教徒到军队里任职，进而任命更多的天主教徒到政府部门、教会和大学去担任重要职务。

詹姆斯二世于 1687 年 4 月和 1688 年 4 月先后发布两个“宽容宣言”，给予包括天主教徒在内的所有非国教教徒以信教自由，并命令英国国教圣公会的主教在各主教区的教坛上宣读，这引起英国国教圣公会主教们的普遍反对。同时詹姆斯二世残酷迫害清教徒，还向英国工商业主要竞争者——法国靠拢，严重危害了资产阶级和新贵族的利益。

1688 年 6 月 20 日，詹姆斯得子，而信仰英国国教的女儿玛丽就此失去了继承王位的希望。为防止天主教徒承袭王位，英国的资产阶级和新贵族决定推翻詹姆斯二世的统治，由辉格党和托利党的 7 位名人出面邀请詹姆斯二世的女婿、荷兰执政奥兰治亲王威廉来英国，保护英国的宗教、自由和财产。信奉新教的威廉接受邀请，并于 9 月 30 日发布宣言，要求恢复他的妻子玛丽，即詹姆斯二世第一个妻子所生的长女的王位继承权。

1688 年 11 月 1 日，威廉率领 1.5 万人在托尔湾登陆。消息传到伦敦，詹姆斯二世出逃，途中被截获送回伦敦。后经威廉同意，詹姆斯二世流亡法国。1688 年 12 月威廉兵不血刃进入伦敦。1689 年 1 月在伦敦召开的议会全体会议上，宣布詹姆斯二世逊位，由威廉和玛丽共同统治英国，称威廉三世和玛丽二世。同时，议会向威廉提出一个《权利宣言》。该宣言谴责詹姆斯二世破坏法律的行为，指出以后国王未经议会同意不能停止任何法律效力，不经议会同意不能征收赋税，天主教徒不能担任国王，国王不能与天主教徒结婚等。威廉接受了宣言中提出的要求。宣言于当年 10 月经议会正式批准定为法律，即《权利法案》。英国的"光荣革命"把近 100 年来困扰英国的主权问题解决了：既然是议会创造了国王，那么，主权当然在议会。

1819 年英国议会颁布条例，要求英格兰银行发行的银行券从 1821 年开始能够兑换成金条，从 1823 年起能兑换成金币。该条例同时取消了对英国国内私人金币熔化及金条输出的限制。从此，英国实行了真正的金本位。

金本位就意味着允许别人监督我，反对我，做空我，允许别人自由兑换我的货币，允许别人自由支配他自己的资产，允许自由输出黄金，允许其运往其他金本位国家。该条例赋予持有英镑纸币的投资人更大的自由选择权。投资人反而更愿意持有英格兰银行发行的纸币，因为它不仅能够产生利息，还包含着更多的机会。

英国金本位自带的做空机制给了市场约束政府的权力。任何本位的关键不在储备，而在于共识。这种共识包括以下几个方面：

一是我相信央行会约束自己的发钞冲动，会时刻准备按照法定含量兑付实物黄金。如果它没能这样做的话，全体纸币持有人会基于自私的动机，默契一致地要求它兑付黄金，那样的话，央行的麻烦更大。

二是我相信政府会约束自己的花钱冲动，连本带息地兑付它发行的债券。如果它没能这样做的话，全体债券持有人会基于自私的动机，默契一致地投票更换地区议员，从而要求下届政府兑付本息，那样的话，本届政府的麻烦更大。

三是当前社会有现成可信、可用和可靠的机制来落实上述对央行和政府的约束。

四是其他人和我一样相信上述三条，并且我们之间已经相互知晓了，不仅我们彼此内心保有这种信念，我们还打算在必要时，同时采取行动捍卫这些信念。

我前面说了许多共识机制。共识涉及博弈论的内容。我在此尽量通俗易懂地解释一下：在人们行动之前，他们之间就已经天然存在着信任。我在决定行动之前，就已经知晓由于这种信任机制的存在，我的行动将触发其他人和我采取一致的行动。而且，我们的默契一致的行动将为我们赢得胜利，达到目标。信任形成默契行动，行动带来预期成果。预先知晓这一切将给每个人带来信心。所以，金本位国家的普通人都很自信，且有天然的默契去约束而不是讨好政府。

灵长类动物学家用黑猩猩做过一个“最后通牒”实验（这个实验也曾经被行为金融学家用来研究人类在资本市场上的决策）。结果，黑猩猩像镜子一样告诉了许多关于我们自己的本能。首先，饲养者让参加实验的黑猩猩理解了这样一条游戏规则：桌上有一小堆香蕉，由其中一只黑猩猩决定这堆香蕉在它和另外一只黑猩猩之间的分配比例。如果对方接受这个比例，那么，它们就按照这个比例分配香蕉。如果对方拒绝这个比例，那么，它们俩谁也得不到任何香蕉。实验结果表明，首领黑猩猩在面对处于群体内底层的年轻黑猩猩时，会毫不犹豫地拿走绝大部分香蕉，丝毫不担心对方行使否决权；首领黑猩猩面对处于群体内中间层成年黑猩猩时，会拿出接近一半的香蕉分给对方，尽管它看起来极不情愿。

在黑猩猩的社会里，首领并不能为所欲为。它要接受中间层黑猩猩的制约。如果首领在食物分配和交配顺序等问题上表现得不公平的话，中间层的黑猩猩会毫不犹豫地联合起来，竖起背毛、龇牙咧嘴、挥舞拳头并猛砸地面来表达不满并捍卫自己的利益。首领黑猩猩很清楚，如果单打独斗，它可以干掉对方中的任何一个，但对方偏偏不依不饶地联合起来，而且绝大多数是爱管闲事的雄性黑猩猩，这就使得首领黑猩猩被迫面对寡不敌众的被动局面。

与其坐等圣主明君的降临，不如想办法联合起来制约首领，使他变成一个好君王——这才是实现公平社会的关键共识。如果一个国家的人民很懦弱，那么，君王就很容易统治他们，还可以随心所欲地掠夺他们的财富。如果一个国家的民风彪悍、热爱自由，勇于并善于联合起来捍卫自己的权利，那么，君王就会被迫妥协，约束自己滥发货币的冲动。

如果人人都明哲保身的话，整个社会就不会有共识，也不能对国债和货币的发行人形成有效约束。从某种程度上讲，现代的民主国家实现了某种程度的公众参与的社会治理。这有利于形成一种氛围、环境和风俗习惯，使得“诚实守信”的美德得以在公众中普及，也最终捍卫了币值的稳定。币值稳定之后，稳定的预期就建立起来了，投资人就可以安心来这里创业，市场上的机会就多起来了，一个社会的价值观也就同时建立起来了。

在那些人民缺乏互信和共识的国家里，国债很可能违约，物价经常大幅度上涨，货币经常大幅贬值，社会价值观会崩塌，贫富差距容易扩大，普通民众经常处于一种惊恐的状态中。他们不知道自己辛苦积累的财富明天还能剩下多少购买力。

我在《市场本质》一书中指出，通货膨胀在发达国家体现为物价上涨和政府更迭，在发展中国家体现为民心向背和社会动荡。发达国家和发展中国家最大的区别不在于资源禀赋、科学技术和经济规模，而在于全社会达成共识的难易程度。发展中国家不容易形成共识，普通民众往往要等到“最后时刻”才能在悬崖边团结起来进行抗争。这些国家就容易发生剧烈动荡，反而不利于建立稳定的商业环境和长期投资预期。发达国家的人民容易达成共识。这不是因为他们“好日子过惯了”“浑身都是刺”或者“惹不起”，而是因为他们对身边的不良事物具有极低的容忍度，而且他们早已学会用共识捍卫权利。“学会”这个词揭示了发达国家人民的共识是通过教育和社会实践而获得的，而不是天然形成的。在获得共识方面，比特币的效率要高于任何发行纸币的国家。

西点军校有一条荣誉法则（honor code）规定：“军校士官生不说谎、不欺骗、不偷窃，也不容忍其他人这样做。”西点荣誉法则不仅严格禁止欺骗行为，而且严格禁止“独善其身”。该法则对包庇欺骗行为的人的处置比欺骗行为本身更为严厉。这样的共识机制如果能够实现，当然很好，全社会将高效诚信地运转。但是，这种共识机制对人的要求太高了。根据西点军校官方披露的信息，揭发他人不道德行为对西点学员是一大挑战，只有不到60%的学员敢于挺身而出，揭露任何形式的欺骗行为。可见，这种水平的共识在全社会范围内是实现不了的。但是，比特币恰恰能够做到这一点，即便不是针对我的欺诈行为，我也一样会阻止。

“看热闹”和“管闲事”之间有巨大的区别。前者是没有共识机制和行动默契的，而后者则是在维护秩序。如果是圣主明君管理天下的话，那么，你当然就选择“看热闹”。但你一定要清楚一点，你之所以遇到了圣主明君，完全是因为其他人爱管闲事。他们一致行动的默契可以把一个平庸的昏君约束(或激励)成为明君。

如果你喜欢“管闲事”，其他人也喜欢“管闲事”，而且你们尽管相互不认识，但是彼此相信对方会和自己共同进退，那么，你们就很容易形成共识机制，进而自发形成秩序。或者说，这个经济体形成共识的成本低而且效率高。当然，这一切都依赖于个体的高素质的公益心和公民意识。为了在陌生人之间临时发起一拍即合的默契，个人的选择取决于他对当时当地其他人选择的预期以及其他人对他率先行动的响应。维持秩序的自发行动需要大家一起卷起袖子，同时敞开胸膛。

相互熟悉、知根知底、密切交往、利益相关的个体之间容易达成交易。交易的达成意味着他们对当前的利益分配方式和未来潜在的风险和机会达成了共识。这种共识和他们之间的信任是高度相关的。

真正困难的是在相互不认识、彼此提防的人之间达成交易。越是相互不信任的个体，越难建立共识。人数越多，也越难达成共识。没有共识，人们就不能去约束货币发行者（往往就是执政者）——这种共识依赖于个体素质。

比特币的特征之一就是它天然自带共识机制，而且不依赖于个体素质的高低。持币人之间越是相互猜疑、成分复杂和自说自话的时候，比特币的共识机制反而更巩固了。如果持币人都团结在一个大统领周围，服从他的命令来修改区块头的记录，那样的话，比特币反而不安全了。

共识机制需要建立在各方独立思考、各自为政、每票必投的假设基础上。如果大多数投票者都是诚实的，投票结果必然能够体现系统的真实意图。如果每个投票者都只考虑自己的利益最大化，就不会投出可能“利他”“随意”和“被迫”的票。按照既定规则，反而不易出现意外结果。当然，如果某些投票人相互串通，一旦达到51％多数投票权，则可以形成“共谋攻击”（collusion attack），任意左右投票结果。不过，在足够大规模的系统中，例如结点遍布 Internet 全网，共谋的代价和难度会非常大，甚至仅有理论上的可行性。

从这个意义上讲，结点之间相互越不信任，共识机制越有效。

……

共识机制对于分布式、对等式的网络系统而言十分重要。不同于集中式管控的系统，命令和决策可以依赖管控中心发

> 布,其他结点只需要执行,对等式系统不存在或弱化了"权威结点",因此,需要各个结点(对等实体)间通过协商来做出判断和决定。例如,一笔交易是否合法,支付方的余额是否足够,一个节点提交的数据块是否可以被接受等。①

共识机制有几个方面的作用:

一是约束发行人。如果一个政府既受市场约束,又培养核心生产能力,那么,它发行的国债就容易获得信任,它发行的货币就会得到广泛使用。这种对政府的约束来自人民的共识。

我多次遇到有人问我"比特币会涨到多高"的问题,我对此问题没有答案。我倒是认为应该考虑另外一个问题:"比特币会涨多久?"我猜想比特币会一直涨到各国签署有约束力的二氧化碳排放条约为止。否则的话,他们发行的货币就会一直跑输比特币;他们发行的国债就会利率高企。由此,各国国内就容易出现内耗、摩擦和冲突。这使得各国维持原有的社会共识的成本急剧上升。最终,各国民众将被迫形成一个新的共识,来约束自己的消费行为,约束企业的能源消费方式,约束政府的福利政策。碳条约就是这种共识的体现方式之一。

二是激励做空者。如果允许政府发行新纸币,其实就是允许政府稀释当前货币的购买力,那么,该国也应该同时允许投资人做空该国货币和国债。那些货币不能自由兑换的地方,其实就是防止市场做空货币,那里一般也就缺乏约束政府的市场力量。

石币岛没有中央银行,当地货币是允许自由铸造的。因此,对土

---

① 摘自凌力编著:《解构区块链》,清华大学出版社2019年版,第15页。

著人来说，重要的不是“约束货币发行数量”，而是通过货币发行体系来给当地人提供“正面激励”：鼓励岛上的居民发展并提升与制造石币相通的技术以用于农业生产。但是，如果没有约束，那也就不会有激励，恰恰是约束机制带来了正面激励——而约束需要共识来维持。

三是创造新机会。要通过共识来创造机会只有两个方法——反正在我脑子里只有这两个方法，而在经济学家的嘴里则有很多方法——这是段子（意思是经济学家提出的方案总是和他们的唾液而不是汗水混在一起）。这两个方法分别是：

- 基于科技进步来提高生产力水平；
- 基于保护人的自由来扩大市场开放。

涉及货币发行和投资决策等市场经济活动的共识机制必须是用于创造新机会的，而不是用于遏制个体自由和发展机遇的。如果火星人来观察地球，他们可能发现那个正走在军国主义道路上的国家具有最普遍和最巩固的社会共识。这个国家的人看起来步调一致，整齐划一。人们很自然地服从穿制服的人发出的命令，而不是联合起来抗争。在这些国家里，只有服从强者的共识，而没有约束强者的共识。

如果一个社会的共识很强大，但不是用于保卫人的自由，而是遏制人的自由，那就是文明的倒退。1914 年以前的西方世界充满了这样偏激的共识。这种偏激的共识引发了两次世界大战，给世界各民族带来了深重灾难，中华民族和犹太民族都深受其害。为此，我有必要简述一下“服从命令”和“捍卫自由”的社会共识的区别。

在 20 世纪初期，欧洲各国或多或少都有前一种情况，只是程度不同而已。我摘录了当时发生在三个国家的小故事。从中可以看出，在普鲁士和沙皇俄国，民众形成了服从命令的共识，他们轻易让渡自己的权益，以为自我牺牲和效忠皇帝便是自觉的爱国行动。平民普遍以服从纪律为天职和己任，唯制服者马首是瞻。人们会轻易在全社会达成约束个体自由的共识，以为这样一来，自己和国家就都获得了安全。不幸的是，这些国家民众的善意最后只是成全了好战的国王。而在英国，人民的共识是约束政府和国王，不肯轻易让渡自己的权益和自由，民众拥有更高的素质，追求更高的自由。他们宁可在更复杂和更困难的条件下达成共识，也要想方设法地约束政府（有时甚至是“捉弄”）。

> 信奉强有力的军事价值观的传统继续影响整个德国社会。正如德皇在1891年所宣称的那样：“把整个帝国凝聚在一起的不是议会里的多数和决策，而是士兵和军队。我信任的是军队。”在20世纪初，很多德国人都持这个观点。
>
> 成为一名预备役军官是中产阶级成员地位显赫的标志。这也是一个犹太人或者社会主义者永远无法期望获得的资格。社会民主党人在议会里经常对军事预算投反对票，他们也许会批评军队的行为，但是他们对德国军队在国家生活中的巨大力量太清楚了，因而不敢直接挑战它。
>
> 1906年发生了一个著名事件，它闹剧似地显示出军方在德国社会中的地位。一个上了年纪且有犯罪前科的人身穿德军第一近卫步兵团上尉的军装，他声称“依据最高统帅的命令”直接把一些士兵从军队的室内游泳池里叫出来，命令他们

跟随他到柏林郊外的科佩尼克小镇[①]，逮捕了镇长和司库。捞了一小笔现金后，他逃离现场，让那些不知所措的士兵们占领着市政厅达几个小时，直到最高当局收到一份电报："市政厅被军方占领。我们急需知晓占领的原因，以便安抚情绪激动的市民。"

讽刺作家们也许会取笑这个事件，但这表明第一次世界大战前的德国人会不加怀疑地随时接受任何一个身着军装的人的命令。

1913 年发生的"萨维尔纳事件"是另外一个更加严重的例子，它显示了德国的军官队伍认为自己无可指责，并且把自己看成一个特权阶层到了何种程度。尽管此例也表明越来越多的人敢于随时表达这样的批评。驻扎在阿尔萨斯省萨维尔纳小镇的一位年轻德军军官侮辱当地的居民，并且怂恿其手下士兵殴打他们。当萨维尔纳的居民进行抗议并且反过来侮辱德军军官们的时候，德国驻军的团长拘捕了 27 人，并且将他们关进军营的地下室。帝国议会过问了这个事件，认定首相对事件处置不当，帝国议会以多数票通过了对他的谴责。但是，该动议没有产生多大效果。驻萨维尔纳德军的团长虽然遭到非法拘捕民众的指控，但是被军事法庭判处无罪释放。一些涉事军官只是被调到了其他地方。此时的德国比 20 年

① 1956 年联邦德国（西德）斯科默影片公司将其改编成喜剧电影《科佩尼克上尉》，由考特纳·赫尔穆特编导，马丁·赫尔德主演。上海电影译制厂 1984 年 9 月译制。片中有一句著名的台词："你们不让我在这片土地上谋生，却要我为这片土地而死。"

前有更多批评军队的声音，但这些声音不足以对军事程序产生任何影响，也不能控制军队的行为。陆军大臣、王储和军队的高级军官们表达了他们对国会和政客们的蔑视，并且明确表示，他们永远不会让军队听任这群人的摆布。

德国公众对军事价值观的普遍接受有助于形成战争的大气候。战争受到热情欢迎。德国军队在发起战争方面起到重要作用。这是一支不受文官政治控制的军队。

……

但是，俄国军官队伍中长期形成的根深蒂固的思维定式阻碍了这些改革的有效性。有个典型事例表明俄国陆军军官们的特权地位与上文列举的德国军官们的特权地位没有什么不同。

1910 年，喀山的一家报纸用粗体字刊登了一则告示，其大意是“公民 N”寻找一位能够保护他不受驻扎在西姆韦尔斯克第 163 团的军官伤害的人。该团的军官们把这则告示看成对他们的侮辱。然后，他们通过抓阄的方式选出两个军官对报社实施报复。这两个军官专程去了喀山，走进报社的编辑部，问谁是编辑，然后残忍地将其杀害。案发后，他们回到了部队向团长自首，并等候惩罚。

后来他们被沙皇宽恕。在许多回忆录和同时代的文学作品中，沙皇军队的军官队伍都被描绘成腐化堕落之徒，最为典型的表现是酗酒、懒惰和偷窃。没有几个军官特别把履行自己的军事职责当回事。

……

英国类似的闹剧则是1910年的“无畏舰恶作剧”。著名女作家弗吉尼亚·伍尔芙(Virginia Woolf)故意把自己的脸涂黑,戴上假胡子,与一帮年轻人一道骗取了英国皇家海军“无畏号”岸基执勤军官的信任,执勤军官把他们当成了来访的阿比西尼亚皇帝及其随从,并且得到了与皇帝身份相称的接待。“无畏号”是英国海军当时最先进的战舰,同时也是英国与德国进行海军军备竞赛的最新产物。这是一个精心炮制的恶作剧,弗吉尼亚·伍尔芙的传记作者写道:“她通过这次捉弄别人,对人的残忍和愚蠢有了新的体悟。”

如果说那个“科帕尼克的上尉”展示了德国人对普鲁士军队的敬畏,那么对“无畏号”军官们搞恶作剧的这群人则是故意拿英国海军开玩笑,而当时英国海军正是大英帝国的荣光的最著名象征。①

共识机制用来干什么比怎么形成共识更重要。除此之外,我们就得考虑维持共识机制的成本问题了。在这个方面,美国是一个糟糕的案例。

美国政府支出在第二次世界大战后长期平均占GDP的20%左右,但在最近20年则有不断扩大的趋势。在资本市场剧烈动荡的年份,为挽救陷入危机的经济(如2008年和2020年),政府的支出猛增,

---

① [英]詹姆斯·乔尔,戈登·马特尔著:《第一次世界大战的起源》(第三版),商务印书馆2022年版,第128—129页,第147—148页。

2020财年甚至达到GDP的47%的历史高点。在我写作本书时，美国政府的财政赤字已经达到了惊人的35万亿美元。我记得20世纪结束前，美国财政还略有盈余。开支无度和赤字失控显示了在美元这个经济体内，要维持共识机制的成本越来越高了。

一个经济体如果出现了效率下降，内耗增多，族群对立，政治极端化，赤字长期化乃至货币化，这就说明该经济体内的人们很难在原有的"生产能力"水平上，在现有"市场机会"预期中保持共识、默契和秩序。为了让社会继续运转下去，政府不得不向特定的"哭闹群体"大量派发慷慨的福利支票，结果就是得罪了一批埋头苦干的中产阶级和蓝领工人，并在更大范围内激发了更多恼怒和愤懑，然后就是新一轮的指责、谩骂、对立和拉票。为此，政府一定会向新的特定群体派发更多福利支票。如此恶性循环下去，赤字积累的过程就是共识瓦解的过程。

要重新凝聚共识，恢复顺畅的社会关系，只有三个办法：

一是放松监管，开放市场，让人们看到更多新机会。

二是鼓励企业大胆采纳新科技成果，提高生产效率。

三是社会福利改革，调整各阶层的关系，重建和谐顺畅的社会共识。

除此之外的其他方法就是给政府买到一些时间而已，并不能真正解决问题。

“在西西里，女人比猎枪危险”

电影《教父》里面有一句经典台词：“在西西里，女人比猎枪危险。”我把电影抽象一下：在西西里，那些风姿绰约的女人代表了与激素、冒险、自由和幸福有关的机会；猎枪则代表了你为实现上述机会而掌握的生产要素和能力。因此，这句经典台词的潜台词是“市场机会比技术手段重要”或者“是机会驱动人们去创造了生产力”。

当技术进步停滞，或者很难调整社会关系凝聚更高水平共识的时候，凯恩斯主义诞生了。它的意图在于通过“乱花钱的手”来制造一个目前看不清的未来，以便让有些人认为未来充满了机会，于是他们就会在当下做出投资的决定。制造“未来充满了机会的集体幻觉”是衡量凯恩斯政策是否成功的重要标准——即便不是唯一标准的话。

其实，相比凯恩斯，他的老领导——那个“臭名昭著”的张伯伦干得更漂亮。我有理由相信，放在和平时期，张伯伦会是一个能干的好首相，但在战争时期，他是一个糟糕的政客。得益于张伯伦的经济纾困政策，在 20 世纪 30 年代的世界经济大萧条期间，英国率先走出困境。张伯伦推出了一项新技术和新设备的置换政策。当时，英国的私人企业因对未来的悲观预期而不愿意投资购买新设备，结果导致经济陷入螺旋下降的漩涡。为此，张伯伦政府推出了一项政策：从航空制造业开始，由政府发债购买最新机器设备，然后允许私人企业按现有老旧机器设备的账面残值(账面价值须经当地税务机关审计),等值置换政府购买的新设备,差额部分以分期租赁的形式补齐。这样一来,在当时英国最领先的工业领域就掀起了一股设备更换的投资热潮,并逐步影响下游的相关产业链。张伯伦是英国历史上第一个(也可能是第二个)既非剑桥也非牛津毕业的平民首相。他苦心孤诣地将父亲留下的裁缝铺经营成庞大的纺织服装企业集团。对于做生意,他可能真的是一块好材料。他意识到,市场机会不能靠政府乱花钱来创造,而是要靠私营企业应用新技术投资来驱动。

如果技术进步停滞了,那么,要向经济体注入市场机会,给投资人注入乐观预期,就需要调整社会各阶层之间的关系以便重新凝聚社会共识。只有这样,社会运转起来的成本才更低,效率才更高,内耗才更小。在西方国家体制下,这种社会改革是很得罪人的。政客们担心自己的选票流失,一般不敢进行这些改革。20 世纪 80 年代,撒切尔夫人对英国进行了市场化改革。她取得成功的背景是,英国经济已经在停滞和通胀中挣扎多年了,被戏称为"欧洲的病人"。这才能够凝聚足够的社会共识来推进社会福利改革。

这些经济史的小故事启发我从市场机会、科技生产力和社会共识这三个维度去思考比特币和其他货币的价值。于是,我就像是带着三副放大镜的侦探再次来到了一场黄金大劫案的犯罪现场。这次,我发现了许多新线索。

在经济繁荣增长时期,金本位国家发行的货币数量远远超过其所拥有的黄金储备量。这是一个心照不宣的事实。1934 年,英国在大萧条的打击下,第二次放弃金本位的时候,美国还在苦苦支撑着金本位。

这时大量的黄金流入了美国。据一份报告给罗斯福总统的简报(该简报的目的是说服罗斯福放弃金本位)披露,美国的黄金储备超过了实际货币发行量约10亿美元。当时的美国已经陷入了通货紧缩的螺旋式下跌中,多余的货币根本发行不出去,各地纷纷出现了非货币的实物交易。并非美联储没有畅通的发行渠道把这些多余的货币发行出去,而是人们没有动机去持有货币——因为他们看不到未来,眼睛里没有希望,市场上没有机会,持有货币也就没有任何用处。

与之相对应的例子是,1992年邓小平同志的南方谈话则是凝聚了全国人民的普遍共识。一个经济体顺畅地形成了改革共识之后,投资人就会乐观预期市场潜在巨大的机会。幸运的是,我们不久以后就加入了世贸组织。从此以后,中国经济就拥有了更广阔的市场机遇。

美国大萧条的例子说明,货币发行不出去是因为大家都看不到机会了。人们一旦悲观失望,生产力也就相应过剩了。南方谈话的例子则说明,要想方设法让大家看到机会,启动"投资—生产—消费"的正循环,货币就发出去了。

怎么才能形成"创造机会"或"提升科技"的动力呢?过去,我有很多答案。学习过比特币以后,我只有一个答案,那就是全社会一定要有一个自发地去中心化的集体共识。

我们先来看一些反面的案例。

美国乔治城大学的Haroon Ullah教授研究发现,绝大多数被极端组织洗脑以后,参与恐怖主义行动的巴基斯坦年轻人来自当地的中产家庭。他们并无丧失生活来源和社会地位的风险。但这些年轻人固执地相信,自己的祖国所遭受的一切苦难都源自邪恶的外部势力。

他们以为自己是在为无辜的人民伸张正义。他们没有意识到，国家之所以陷入贫困，是因为这里的人民不能团结起来去反对专制集权势力。这里的人民宁可忍受各种痛苦，等待其他同情他们的外部势力来救济或者解放他们。结果呢，他们等来的是更加极端的专制势力。

一个金字塔形的社会往往有一个中心化的、服从命令的共识机制。第一次世界大战前的德国和沙皇俄国属于这种情况。于是，该社会的形态就反反复复在“金字塔”和“倒图钉”之间摇摆。当这个社会的管控比较温和的时候，市场机会就多了，人们可以通过自己努力提升社会地位，社会各阶层都挤满了人。于是，该社会形态就像一座“金字塔”。当这个社会严格管控，取消个体选择自由，所有人都默契一致地待在社会底层服从来自顶层命令时，这个社会就像一枚“倒图钉”。

这种共识机制在赋予少部分人巨大权力的同时让大多数人闭嘴。大多数人的意见没有体现在共识上。他们的声音被忽略了，他们的不满被掩盖了，他们的利益被剥夺了。这也难怪，因为一个集体的人数越多，就越难取得共识。只能让大多数人闭嘴，才能取得共识。

现代西方社会的共识往往高度依赖于公民自发地挺身而出的行为去捍卫秩序与规则。但问题又来了，具备这样崇高公民意识的人也往往固执己见，他们不会在“威廉二世”陛下的命令声中闭嘴而放弃自己的权益。一群英雄好汉很难达成一致意见，只能天天开会，吵吵闹闹，人多嘴杂。我回头看西方国家采纳的金本位、陪审团和代议制，恐怕背后都有相似的动机——尽快取得共识。

共识是需要捍卫的。它需要勇敢而陌生的个体之间形成默契。一个好的共识机制应该符合以下特征：

● 基于人的本来愿望,甚至是天然的、自私自利的动机。

● 个体之间毫不相干,没有共谋机制。一旦小部分人形成共谋,他们就会篡夺共识,发布命令,让集体规则更多地体现他们的意志。

● 以上两条以极低成本和极便利的方式得到普遍地落实。

在这个方面,比特币干得很出色。它最令我震惊的地方正是它的共识机制,降低了对人的素质的要求,保障了人的自私动机,同时又符合高效迅速的要求。

这种机制被设计得很巧妙,容错率很高。其结果就是:越是来源多元化的人,越是容易形成共识;越是自私自利的人,越是容易捍卫共识。看似一盘散沙的个体之间由天然的区块链机制联系起来,共同捍卫系统安全和个体自由。

比特币系统每隔约 10 分钟就会产生一个新区块。交易记录池(Record Pool)里面的记录就可以转移到新区块上。然后,记录池清空以后,玩家们又可以交易比特币了。您一定已经看出了问题:系统能够支持的交易量是有瓶颈的。但这也是比特币无可避免的“三元悖论”:系统的“安全性”“效率”和“分布性”不可能同时满足。比特币兼顾了分布性和安全性,但交易效率是它天然的短板。

比特币挖矿为什么把计算工作量定为 10 分钟左右?因为,如果定为 10 秒钟的话,计算工作量太低,导致会有许多“老破小”电脑加入挖矿大军,它们最终会拖垮系统的效率(个体数量太多,素质太差,不容易形成共识)。那为什么不定为 10 小时呢?那岂不是能够筛选出最强计算能力吗?那样的话,工作量证明的门槛太高,只有那个拥有最强大计算能力的人会源源不断挖到新区块。最后,新挖出来的比特币全都奖励给了他(一个"大军之王"那样的强权人物会用自己的命令取代大家的共识)。设想,如果长期都由同一个人挖到区块的话,比特币的整个系统就变成了中心化的"英格兰银行"——那个人可以自己发行比特币了。所以,把工作量证明的门槛定在10分钟左右,是为了让更多来源分散、背景复杂、互不相关但又有一定计算能力的人加入进来,形成基于广泛共识的分布式生态圈,而不是一个万能的强者说了算的中心化系统。

在这个问题上,是比特币教育了我——素不相识的人们能够达成广泛共识并默契一致地遵守规则是一个很重要的门槛,跨过这个门槛的国家才能放心发行和使用纸币。

孕育发展机会的生态

中国古代圣贤提倡“至能守其业者，闭门而为生之具以足”，主张“士庶之家能减一僮仆，即为苍生宽一衣食之途”。前者建立了看似独立自主，实则自我封闭的经济体；后者看似提倡崇高的躬耕自养，实则扼杀了为个体提供发展机会的市场机制。

日本并不是“失去了三十年”，而是失去了一代人。因为害怕披露企业坏账导致银行破产，因此，日本没有动手清理“僵尸”企业。市场挤满了低效企业并苦苦维持。于是，日本没有为下一代创造出足够多的发展空间和机会。

英国的土地制度和继承习俗为它诞生市场机制和工业革命做好了社会和法律方面的准备。14世纪英国人的挥霍奢靡和薄情寡义为社会上那些“能干的陌生人”创造了发展机会，由此诞生了工业革命。

人们总是先看到机会，再采取行动。因此，人们要调整社会风俗和生产关系来创造新的市场机会，这是培育科技进步的关键。

犹太人创造了市场机会并管理了交易风险，由此催生了欧洲工业化进程。

人们持有货币是为了持有希望，以便将来兑现机会。大多数比特币持有人不知其为何物，也不知能用它干什么。他们只是相信它能够带来更多前所未见的新机会，能够帮助自己把握未来更多的可能性。

我一直强调,货币是人民用出来的,不是央行印出来的。因此,研究的重点应该是人,而不是货币。如果没有人肯用你印的货币,那么,你印再多的钱,也没有用。

怎么样才能让人用你的货币呢?以下三点最具可能性:给人自由;让人看到希望;鼓励人追求更多的可能性。在一个人人追求自由的地方,我至少获得了安全。在一个人人寻求安全的地方,我肯定已经失去了自由。那样的话,货币对于我来说,已经没有意义了。

持有货币就是持有了可能性。我手里有钱,才能去做许多自己想做的事情。如果这片土地根本不给人自由,我也根本就不想持有货币。在一个人人寻求安全而不是自由的地方,多一种可能性就是多一重不确定性——我的风险反而大了。只有在追求自由的地方,可能性才有意义,货币才有用途。这就是为什么绝大多数发达国家的货币都很坚挺,它们也普遍提倡保护个体自由。

大多数经济发达的国家也同时是对外开放的国家。这些经济体普遍欢迎大家去投资——他们其实并不缺少资金——他们其实指望你带去的新投资会给当地社会创造更多的新机会。为了让投资人放心,他们还会允许本币自由兑换,甚至允许做空本国货币,由此来打消投资人心里“赚了钱拿不走”的顾虑。

所谓的比特币挖矿,不是去挖比特币,而是去“挖”一个新区块。这个新区块就像一页账册,可以把原来区块链交易记录池(record pool)中的记录登记到这页新账册上。这样一来,记录池就可以容纳新的记录,新的交易就可以继续进行下去。为了鼓励大家都去做对别人有利的事情(去当“挖”新区块的“矿工”),所有被系统接纳的新区块的矿工会得到一定数量的比特币作为奖励。

我据此判断,任何区块链公链(联盟链和私链除外)都必须有一个形成正循环的机制。没有正循环就没有比特币。所有不贬值的货币都是由一个形成正循环的经济体发行。那么,正循环的源头在哪里呢?在于让人们乐观地看待未来,让人们相信这里有自由,让人们相信这里是一片创造机会的土壤。于是,人们奔走相告,蜂拥而至。

我曾经在《估值原理》一书中写过一个非常简单的公式:

资产估值=社会地位-权力

大意是说,权力越是受约束的地方,资产的估值越高;人越是有机会提高自己社会地位的地方,资产估值也越高。我现在又要写一个无比简单的公式了。鉴于发展机会的极端重要性,我为货币发行者排出了这样一个等式:

机会=科技+共识

生产力水平越高，达成社会共识的成本越低，这个经济体创造的商业机会就越多，投资人也就更愿意持有它的货币。因为拥有它的货币，就拥有了更多分享经济繁荣的可能性。

总结出这个表达式以后，我对我的社会学老师王水雄教授说："如果我拿这么简单的公式去金融学系申请课题经费的话，肯定会被扔出来的。"王老师早就熟悉（也可能是厌烦）了我的自黑式幽默。于是，他从容地在我背后补了一刀："在社会学系也会被扔出去的。"我们俩几乎同时放声大笑。而且，我们刻意提高音量大笑，仿佛怕辜负了这份默契。

一个经济体首先要培养先进生产力，拥有先进生产要素的能力；其次，它一定要有低成本形成社会共识的能力。而且，这种共识不是用上级命令取代个体选择的，不能是压制个体自由的，而是保障自由并鼓励个体发展的共识。有了这两个方面的有利因素之后，这个经济体就会孕育无穷的机会，就会吸引大量的外来投资，它的货币就会受到追捧。

根据这个"第二走廊公式"（两个公式分别被金融学系和社会学系扔到走廊里），我发现我比以前更容易接受比特币的涨幅了。它针对美元为主的纸币大幅度升值的基础在于：

一是比特币与代表先进生产力的人工智能技术高度同源。它们都依赖 GPU 芯片和并行算法。

二是比特币最亮眼的部分就是它的共识机制。它不仅能够基于区块链技术保障财产安全，它还能发起投票，体现持有人的共同意志。

三是它所带来的商业机会体现在整个数字货币的币圈，而不是比特币本身。币圈是指以比特币为代表的数字货币交易体系。它包括比特币、以太坊等数字货币，也包括币安等交易平台，还包括 Uniswap 等智能合约工具。在我写作这本书的时候，这些智能合约已经成熟稳定到了足以让我鄙视传统股票经纪商的地步。总之，数字货币的生态圈越丰富，比特币所蕴含的机会越多，它也就越容易对美元升值。

美元要想和比特币竞争就必须做到以下几点：

一是发展人工智能为代表的生产力，大幅度提升劳动生产率。

二是调整社会关系，缓和族群和阶层之间的矛盾对立关系，缩减联邦政府开支，降低税负，以一个更低成本的共识来维持社会运转的秩序。

三是大规模缩减、取消或改革针对外来投资的审查、数字货币税收披露、行政审批和设限等制约市场的法规，让市场参与者有更多自由选择权。

当美国经济实现上述三项目标时，持有比特币并不比持有美元更有利，也不见得有更多机会，比特币的溢价自然会回落。如果美国经济做不到这些，那么，嘿嘿……那就得，呵呵……那就得什么？哈哈……那不就得了！

美国如此，其他国家又何尝不是呢？

我认为对于发行美元的美联储和挥霍无度的美国政府来说，比特币也许是正在敲门找嫌疑犯的警长。但是，对于美国普通民众和社会来说，比特币也许是上门打疫苗的家庭医生。

请您设想一下，当比特币大涨的时候，我们鼓励大家去挖矿，这同时也鼓励了 GPU 芯片的研发，最终实现了今天已经很炫目（将来更精彩)的人工智能技术突破。这些技术将带来劳动生产率的提高,改善普通人的生活质量,降低医疗和税务成本。而且,当越来越多的美国中产阶级将自己的一部分财富“迁徙”到以比特币为代表的数字货币上的时候,纳税人的“去美元化”将倒逼美国国会和政府采取改革措施,重新梳理主要社会矛盾,重建国家福利体系,捋顺各阶层的关系。

由《马斯特里赫特条约》派生出来的欧洲共同货币条约规定了欧元区各成员国必须把赤字率和贸易逆差分别控制在3%～5%的范围内。对赤字率和公共债务的规定其实是对成员国“形成共识的成本”的最高限制。欧元区的成员国不能用大量发债、提高福利的办法来赢得国民共识。对贸易逆差的规定则是对成员国“掌握生产要素的能力”的最低要求。如果一个经济体能够提升“掌握生产要素的能力”并同时降低“形成社会共识的成本”,那么,它就能够创造出巨大的商业机会。

比特币挖矿需要先进的生产力,区块链机制又赋予了比特币天然的、安全可靠的低成本共识机制,于是,比特币就孕育了巨大的机会。大家买比特币其实并不清楚地知道自己到底想要干什么,但他们相信持有比特币就是拥有了更多的可能性。

比特币上涨只会促进纸币国家的技术进步和社会变革。如果这些国家的既得利益集团已经控制了货币发行体系,那么,他们有理由对前景感到恐惧,并积极组织经济学家来恐吓普通民众,以期把他们留在“美元世界”里,并阻止他们移民到“比特币圈”。

英国的土地继承制度

更高水平的科技和更低成本的共识能够带来更多的商业机会。这个说法当然敞亮而动听,但这里面还有一个逻辑问题没有解决。最初启动这个“机会—科技—共识”正循环机制的那股力量是什么?是科技进步推动了机会?还是机会催生了科技进步?

如果读过我的《估值原理》的序言,您可能还记得我的一段坦白。当时我在中国人民大学苏州校区二楼职工食堂向社会学系的谢桂华老师请教有关资产价格涨跌和人的社会地位升降之间的互动关系。她告诉我:“你说的这些问题前人早就研究过了,你应该去看看卡尔·波兰尼的《大转型》。”我吃完午饭就赶紧回办公室上网查询,这才发现波兰尼是一个男的,而且早就去世了。但我还是认真读完了他的《大转型》(又译《巨变》)。我事先并不知道那其实是同一本著作,只是因翻译的原因而导致名称不同——我对社会学就这么外行,但我已经诚实地披露了这一点。

经历了这个小波折之后,我对波兰尼这个人心存芥蒂,对他的学说有些抵触,感觉他在前面阻挡了我的思想光芒。于是,我有选择性地读了一些反对他的著作。然后,我感觉收获巨大且大喜过望。

到底是工业革命重塑了英国社会各阶层的关系,还是英国本来就有一个与众不同的土壤孕育了工业革命?这个问题就是要进一步解释我的“第二走廊公式”中三要素的先后关系：到底是“生产力”变革引发了“共识机制”的变化，并最终在等式左侧创造了新机会？还是这片土地固有的风俗习惯让人看到了机会并允许人去追求发展和实现机会？我认为，人们先有了改变自身命运和现状的实践行动，然后才有了工业革命和社会关系的变化。

1865年英国出版的W.B.雷伊的作品《外国人看伊丽莎白和詹姆斯一世时代的英格兰》，里面记载了在16世纪造访英格兰的各种外国人士的观感。这些异乡客主要来自佛兰德斯和德意志。给他们留下深刻印象的是英格兰的财富和独立精神。1592年，符腾堡公爵弗里德里希记叙了他的英格兰之行。他注意到伦敦的巨大财富，谓之为“强大的商业城市”，并提到人们的衣着如何华丽：“他们着锦衣华服出门……阔绰如此，穿天鹅绒上街而不费踌躇者大有人在。”他观察到这个国家的富庶和丰饶的农产品。他描绘了一幅以日耳曼人的眼光看来十分离奇的农村画：“农民居小棚屋，大捆产品栈放于门外，高可没其屋。”他还强调了英格兰人的傲慢和桀骜不驯：“居民极尽骄矜之能事。他们不甚待见外国人，一味施以冷嘲热讽。”同在16世纪90年代，另有一个来自勃兰登堡的日耳曼法学家保罗·海因次纳造访了英格兰，然后出版了他的纪事。他对英格兰的财富感到震慑：“土壤富饶多产，牛羊遍布，只见无数羊群徜徉在小山上。‘金羊毛’一说名副其实，盖因居民财富多得于此。商贾则将累累金钱携入岛国。”他还注意到，“英格兰居民消费面包比法国人少，消费肉食却比法国人多。而且，饮料内添加许多食糖，其床榻覆以手织花毯，农夫床榻亦然。……房舍多为两层楼。……玻璃房屋（意谓装有玻璃窗的房屋）比比皆是”。伊曼纽尔·范梅特伦是一位安特卫普商人，在整个伊丽莎白时代寓居伦敦。他游遍英格兰和爱尔兰。他注意到英格兰在衣食两方面都体现了很高的生活水平：“英格兰人食不厌精，脍不厌细，食肉颇多……英格兰人之衣衫，优雅、轻巧且昂贵，然而变化多端，喜奇装异服，时尚一年一变，男女皆然。若骑马或旅行于户外，则着其最华贵服饰，此种行事恰与其他国民相反。”他还指出，“英格兰人不像其他国民那样辛勤工作，不及尼德兰人与法兰西人之克勤克俭……他们蓄养众多懒惰仆佣，更蓄养许多野生动物以自乐，却不肯耕作农田以自苦”。

这些商旅日记至少表明了英国在工业革命之前就已经拥有了领先欧洲大陆的消费能力和生活水平。这种经济繁荣先于技术革命而存在，一定有其独特的内在原因。

英格兰的家庭体系，经历了黑死病、宗教改革、内战、向工厂和向城市的迁徙而幸存下来，因此它必然是相当坚韧和灵活的。事实上，可以认为，正是由于它的极端个人主义——一种最简单的分子结构——它才得以幸存，并允许社会发生变革。进一步说，如果这种家庭体系先于工业化而出现，而非尾随着工业化，那么因果链大概就不得不颠倒过来：工业化是家庭之基本性质带来的结果，而非其原因。如果早在1250年英格兰即已有了资本主义，那么显然，不论是世界贸易的扩散和殖民化，还是新教，都不可能同它的起源有太大关系。

……

社会化和家庭格局——尤其是“家长”权力显著缺位和子

女在非常年幼时就被打发出家庭——无疑都是很重要的现象，但两者都属于一种至少在13世纪已经确立的英格兰模式。[1]

事后找原因总是很容易的。我可以找到很多看起来像原因的东西。但我认为，这片土地的风俗习惯孕育了后面的这一切变化。这是一片给人创造自由、允许个人发展和鼓励个体寻求自由的土地。然后，它才孕育了工业革命。投资人看到了回报的可能性，他才去承担风险；普通人看到了希望，他才去努力工作；企业家看到了商业机会，他才去研发科技。若我们认定英国的工业革命领先世界的话，那片土地上必然先于世界其他地方孕育了机会。

逐一检阅了其中的经济学解释之后，哈特韦尔总结道，这些理论"几乎没有增进我们对工业革命起因的认知"。他提出，正确的解释必然隐含在工业革命之前历时若干世纪的长期因素之中："总体而言，工业化是欧洲某一文明在其长期形成过程中的产物。"他进一步认为，答案可能隐含在我们"知之甚少"的社会文化环境中。他进一步提出，英格兰在18世纪工业革命以前便已具有某种特殊之处。

……

布洛赫相信，个人主义所有权的发展是英格兰特有的现

---

① [英]艾伦·麦克法兰著：《英国个人主义的起源》，商务印书馆2020年版，第314—315页。

> 象。它在某种意义上直接关系到英格兰经济史上最突出的两个事件——我指的是“殖民扩张和工业革命”，它给这两者铺平了道路。在布洛赫之后，哈罗德·珀金主张，英国工业革命的主要原因在于：“英格兰社会经过逐步演化，在18世纪以前已经具备了独一无二的性质与结构。”此种社会结构的中心表征是：“等级制的开放性，亦即在社会梯级上升降的自由性，尤为重要的是，土地贵族与其余人之间法律屏障和习惯屏障的缺位。”珀金认为，如同其他的一切，这也起因于所有权的个人主义模式。①

经济繁荣、工业革命和海外扩张这一切机会的来源是“所有权的个人主义模式”。请读者回忆一下我在之前章节埋下的伏笔：“个体持有资产的方式和他获得身份的方式，群体政治互动的方式和他们发行货币的方式都是一体的。”

托克维尔比较了英国和法国的情况。他认为求解英格兰独特性之谜的关键是他们的土地继承制度。爱尔兰人实行可分割遗产继承制，而英格兰人实行的却是长嗣继承制。托马斯·史密斯爵士在担任英国驻法大使期间，于1565年写出了《英格兰共和国》的初稿。他注意到，英格兰的重大区别之一，是人们很容易从社会的底层上升到顶层，而这种轻易的社会流动性与英国的土地制度和家庭结构高度相关。

---

① [英]艾伦·麦克法兰著：《英国个人主义的起源》，商务印书馆2020年版，第317—318页。

外国人觉得英格兰在这方面十分奇妙,他们评论说:“英格兰人对子女缺乏慈亲之情,是一目了然的。他们将子女留养家中至七岁,顶多九岁,遂遣送出门——男童女童皆然,送往别家艰辛服役。一般又羁留七至九年,名曰学徒。”作者不理睬当地人的解释,什么“旨在令子女学得更佳的教养”,而相信这是因为父母“喜欢独享全部逸乐;陌生人侍候,毕竟比亲生子女侍奉更为周全……倘将子女留养家中,饮食便不得自偏,须让子女分享”。作者觉得把孩子推出去的做法实在令人反感。如果子女学徒期满后父母再把他们接回来,或许尚情有可原。但是,他们竟一去不复还。子女不得不自谋出路,接受恩主之资助,而非父亲之援手,他们得以另立一户,并以此为本,勤奋创业。作者敏锐地指出,这样的英才教育制度,完全不同于那种由家庭构成经济单位的“家庭生产方式”,并导致不安全感和无止境地积累的欲望。他写道:“观其结果,子女因无望继承父业,只得贪婪攫取财富,恨不能假借上帝之爱为名,谋取蝇头小利,丝毫不觉羞愧。”同时他也承认,这种家庭体系容许了极大的社会流动。①

麦克法兰收集并整理了工业革命之前英国各地农村的遗嘱、判决、日记和契约。他为我梳理了一条重要的脉络。

一是土地所有权在其他地方是家庭共有的,在英国则是个人拥有

① [英]艾伦·麦克法兰著:《英国个人主义的起源》,商务印书馆 2020 年版,第 278—280 页。

的,而不是以家庭为单位的。个人产权是清晰的,其他家庭成员不得染指。仅在英国部分地区以婚姻为单位,夫妻俩共同拥有土地,但这种所有权绝不包括他们的子女。子女并不能凭借血缘关系而共同拥有土地。根据英国普通法,子女并不具有与生俱来的财产权,甚至长子的继承权也不是天然的,而是有条件的。如果他品行不端,遗嘱中可以排除他的继承权。

二是长子继承土地。麦克法兰研究了保留至今的17世纪英国农村的2 000多份遗嘱,他没有发现土地在成年子女中平分的嘱托。在一个名为科比朗斯的教区,他查到了当时的居民登记簿。他也没有发现子女在父母农场干活的线索。长子继承土地,其他成年子女一律自立门户,离开家乡外出打工,并通过积蓄而成立自己独立的家庭。成年子女之间特别独立,仅有罕见的往来和问候。

三是社会地位升降的通道畅通。由于家庭农场没有在子女之间分割产权,导致农业作业面积没有在代际间缩小,加上成年的弟妹离开家乡,因此,下一代农场主始终需要从市场上雇佣劳动力。他必须向雇工支付符合市场水平的报酬,而不能用血浓于水的深情厚谊来免费使用亲戚朋友的劳动力。这就创造了劳动力需求,而且越是熟练有技能的劳动力,他的市场价值就越高。

个人努力就能改善生活并提高社会地位,这种上升通道就是机会。从英国的情况来看,市场机会是通过调整社会关系创造出来的,而不是通过技术进步创造出来的。

谷地的一名农田雇工(他十之八九为小农业经营者之子,

或称"约曼之子")与他的南方兄弟绝非同类。他小小年纪便被送去上学,然而十四岁便脱离家庭,自谋生路。他多少受过学校的良好教育,一心盼望"效力"。一俟到达"法定年龄",他便在半年雇佣期的初始——圣灵降临周或圣马丁节——去往距离最近的乡镇,站在集市上。他身穿簇新的套装,打一条红绿相间的宽松领带。他在这没齿难忘的早晨穿上这套行头,皆因它是父母的礼物,用以正式宣告他的人生起点。小家伙嘴里衔着一根稻草,当作他求职愿望的显著外在标志,在那里等候发落。苦等了大半晌,眼看同伴及女佣大多有了东家,此时一个壮硕的约曼对他发话了,问他要不要一个"地儿",亦即一个职位、一份工作。小家伙答曰要,还说他肯干任何活计,又表示他希望这半年能挣得四镑工钱。

等他长到十六七岁,他已经身强力壮,能够像男子汉一样受雇了,故而他的工钱亦可翻倍。他开了价,一年十二镑。倘若立契从夏季开始干半年,甚至可得十四镑。谷地的农田雇工均膳宿免费。

……相较而言,女工手头更宽绰。因为她们的工钱比男人挣得多。姑娘间的竞争,恐也不及男人间来得激烈,因离乡去郡城打工对乡下姑娘极具诱惑。

……多数男子年届三十左右便能盘下自己的农场。自耕者之子几乎人皆如此。而且大约也并不依靠外援,盖因这些雇工自成一个阶级,他们不仅勤劳,而且节俭。我曾认识一个积攒了一百二十镑的人,他将这笔钱分开,存入三家银行。

……谷地的佣工早婚情况十分罕见。好男儿均企盼某一天可以拥有自己的农场；待到他们获得了一片自有地，他们再出去找老婆。

我们从中看到了所有英国农村的表征：儿子与父亲持有的土地毫不相干、人口的地理流动性、雇佣家庭外部的劳力、个体的积蓄与拼搏、年轻男性晚婚以及女孩们从本地外流等。这些特征与当时欧洲大陆典型的农民阶层比较起来，每一点都是“反其道而行之”。①

早在工业革命之前，英国社会就比欧洲大陆创造了更多的机会。清晰的产权、独立的人格、契约化雇佣关系，这一切都先于科技进步而存在了几个世纪。这一切都源于这片土地上人民的共识。免费使用家庭内的劳动力和高价雇佣社会劳动力，两者的区别是根本的。前者有模糊的产权和浓浓的亲情，但限制了农场规模的发展，也没有给新技术提供应用空间。后者看起来薄情寡义，其实为市场参与者提供了机会。那些能干的、努力的、节俭的和聪明的人迟早会脱颖而出。

多年前，我脑子里还塞满了经济学里的产业政策时，读到了西敏司的《甜与权力》。当时我就被英国的“产业政策”惊呆了。17 世纪，随着英国本土糖的消费逐步兴旺起来，越来越多英国人去海外殖民地种植甘蔗，然后制糖运回本土销售。从 18 世纪开始，普鲁士农民用甜菜制糖。他们以很低的价格将糖出口到英国。英国商人要求对普鲁士

① [英]艾伦·麦克法兰著：《英国个人主义的起源》，商务印书馆 2020 年版，第 124—125 页。

的糖征收关税，以保护本国商人在牙买加种植园的利益。英国下议院在激烈辩论之后，拒绝了该提议。其理由是，首先需要保护好消费者的权利，这才是创造新市场机会的根本。拥有了一个创造机会的市场之后，英镑就对人更有吸引力了。让更多人使用我发行的货币，依赖我的市场提供的机会。这比我自己构建一个完整而封闭的产业链更重要。

“我们单位的厕所不对外”

想通这一点以后，我感觉对市场机制恍然大悟。我在《市场本质》中把市场机制比喻为灵长类动物的全雄群机制。个体的猴子为了追求自由而脱离原生猴群，组成一个临时的群体去开辟新领地。

英国农村的土地继承制度让我现在明白了更多东西。把人推向市场，给他发展机会，所有人相互独立而不是抱团取暖或者亲密无间——这才是市场机制的人类版雏形。

就像 17 世纪英国农村被推出门去自谋生路的次子一样，美国的上市公司喜欢把子公司拆分(spin-off)。单独上市之后，母公司会把这个新上市子公司的控股权按照自身的股权比例分配给股东。老股东自行决定是否继续持有这个新公司的股票。这样一来，拆分上市之后的新公司就不再是以前老上市公司的子公司了。它和母公司之间没有股权隶属关系了。它将在市场上独立运转。我观察过好几起这样的拆分上市，股票拆分之后，两家公司彻底脱钩，只有买卖关系，即原来的关联交易变成了市场化交易。这样一来，原来的母公司可以不采购原来子公司的产品，除非它比市场上其他供应商的更物美价廉。子公司也可以去向原来母公司的竞争对手推销产品，因为它已经变成了一个独立公司了。于是，两家公司的自主选择权都更大更独立了，更灵活也更自由了。绝大多数情况下，我发现这两家公司的股价都上涨了，两者相加反而超越了原来公司的总市值。这就是说，拆分上市、独立运作和市场化经营能够为股东创造更大的价值。

我们上市公司的做法正好相反。我看到企业将子公司在科创板或创业板拆分上市之后，往往继续持有该公司的控股权。它们仍然是一个集团的。这样一来，股价就不容易上涨。市场相信这样的拆分是形式上的，并没有激发子公司的创业精神，并没有把子公司真正推向市场。那些和母公司竞争的企业并不敢把上下游订单交给这个表面上单独上市的子公司。只要它还和老单位藕断丝连，它就不能独立运转，市场就给它的估值打折扣。

除此之外，我还发现许多国企很喜欢把上下游产业链的所有环节都纳入集团内部，从而把自己的公司建成一个五脏俱全的集团。他们将其视为成绩，拥有完整的产业链，防止被外资或者民营企业“卡脖子”。整个产业链内部化以后，企业看起来是安全了。其实，从长远看，企业的效率降低了，人的责任心松懈了，反而不安全了。我发现几乎每家大国企内部都有财务公司，参股了地方金融机构，自己投资建立了机房，自己开发一套只适合本公司的管理软件，自己有车队、后勤和厨房。

这些庞大的机构运转起来不仅效率低下，而且有可能积累风险。假设石油集团自己搞了一个软件公司，它开发了一套运营管理软件，结果就是石油系统自己内部使用。该软件公司无法向石化集团、煤炭集团或天然气集团推销这套软件。因为这些大集团都有自己的软件公司要养活。最后呢，每个公司都只采购本集团内部的软件，这些软件公司反而丧失了提升和改进的动力。

一切内部化的机会，都是以降低风险为由，但扼杀了技术进步。其代价是扼杀市场机制和人的主观能动性，导致风险在体系内积累。我遇到最奇葩的自我封闭实例是，我在一个风景区附近看到一家大型国企的门口写着“本单位厕所不对外开放”。不仅仅是厕所，单位自己的停车场、食堂、招聘机会和采购招标也都是不对外开放的。这些做法都在使得资源内部化，消灭人的独立性，使得任何人脱离了集团就无法生存——甚至不能上厕所。

类似的情况我还听说过很多，其中影响最大的可能是美国名校的校友关怀计划。如果你是哈佛大学毕业的话，那么，你孩子被哈佛录取的可能性要比其他高中同学高很多。还有我国在 20 世纪 70 年代末期为解决知青回城后工作问题，推出了“顶替”政策。父母从原有的老国企提前退休，拿一个打折扣的退休金，但腾出了岗位给回城的子女顶替。我还听说，在中国有些烟草公司的职工群体中，许多都是烟草工业的子弟。全家几代人前仆后继地为祖国的烟草工业奋斗。

我从《估值原理》就开始强调，“全国一盘棋”是对的，这是大局意识。但是，“全国一本账”就不对了，这是摊派意识。如果在国企集团内部都实行“一本账”，个体经济单位就丧失了选择权和主动性，个体的员工就丧失了危机意识。这种看似安全稳固的内部化产业链最终消灭了市场上的机会，并滋生了落后低效的生产力。

我在《时间游戏》又指出，自由和安全不是法律条文规定的那些内容，应该在集体游戏中理解这两个概念。在创造机会的集体游戏中，个体的人容易享受到自由，但前提是这些相互独立的个体有共识去追求并捍卫自由。在集体游戏中所谓的自由，就是成为更好自己的内在冲动。只有当个体为“追求自由”而形成共识，他们构成的集体才能孕育市场机会，并催生科技进步。如果个体之间基于约束个体自由而达成“服从命令”的共识，那么，这种共识将无助于孕育市场机会。

在喜欢服从命令的集体看来，他们是在防范集体风险以实现共同安全。他们的所谓安全，其实就是让个体在集体游戏中做出自我牺牲的外部压力。一旦你为大家牺牲了自己的利益，你就因“免予处罚”而获得了一种安全感。这种集体非常团结互助，但很难推动科技进步。

西方经济学家经常吹嘘科技进步与个体自由之间相互促进的关系。这其实反映了他们极端的自大和对市场机制的深刻误解。从英国土地继承制度来看，个体必须独立去追求自由(成年次子离开原生家庭，且无继承权)，市场必须给个体发展机遇(从公开市场雇佣劳动力，而不是免费使用亲戚朋友)。同时做到这两条，个体通过自身努力来提升社会地位的通道就被打开了。那些能够发明创造、革新技术和努力工作的人就在一场名为“工业革命”的集体游戏中脱颖而出，从而获得更高的社会地位。

人越是消费，就越容易为全社会创造更多机会。社会机会越多，个体的选择权就越多，个体就越自由。个体越自由，他对未来就越乐观，越敢消费。个体越敢于消费，商户就越能卖出更多东西。他们有钱之后就又能继续消费。Bingo！这是一个能够自圆其说的本垒打。

相应地，人越是省吃俭用，别人的机会就越少。因此，个体要保持独立，追求自由和选择权；否则的话，依靠个体约束自由并放弃选择权而获得的集体共识不仅不会创造机会，反而会催生一只看似庞大却只能倒着走的怪物。

犹太人的金融化与欧洲的工业化

2019年，巴黎圣母院维修工程突然不慎着火。这不仅在法国制造了一场灾难，还在中文自媒体网络上引发了一场哀叹。那天，我倒是出奇的平静，对其他人的哀叹感到不解。我并没有事不关己的冷漠，也没有落井下石的狭隘心态。在我的印象中，人类文明史几乎是一部废墟史。我们总是在进步的同时，留下一片废墟。对此，我们应该习以为常了。

有时候，这种废墟是无形的。新文明不仅拆毁了旧世界的大厦，还撕裂了原有社会结构，使得每个人在进入新世界时，都必须重新获得一个新角色，适应新的社会游戏。

当前，那么多投资人向着以比特币为代表的数字货币的币圈迁徙资产。他们的迁徙让我想起了多年来史学家们的思考和争议：地理大发现为什么和犹太人的全球迁徙几乎同步发生了？为什么欧洲的工业化和犹太人的金融化几乎同时发生了?

在17世纪和18世纪的欧洲,市议会的议员们都在散发法令,禁止人们与犹太人做生意。犹太人不仅被拒之于手工业者行会门外,也不准进入商人行会。这一事实众所周知,无需我进一步强调了。犹太商人当时的境遇也许不能直接类比今天比特币受到各国央行“围剿”的情景,但却在我内心激发了相似的同情心。

事后在两个事物之间建立因果关系是很容易的,因为你几乎可以随意选取任何资料来证明你的观点。就像尤金·法玛说:“如果资本市场的交易数据不支持你的估值模型,你就换一批数据,你总能找到合适的时间段,它提供的数据正好能够证明你的模型。”有了他这番话的提醒之后,我对任何结论都变得小心翼翼了。

我无法完整地重述200年前犹太人在欧洲的遭遇,我只能用蒙太奇的手法,幻灯片式地呈现部分史实。请读者自行在各个片段之间进行思想跳跃。我希望这样一来,有关比特币的最后一层迷雾就能够水落石出了。

无论是欧洲的工业化还是犹太人的金融化,在这段历史时期,欧洲原有的社会价值观被打破和重塑了。旧世界在欧洲人心里留下的不仅是废墟,还有伤疤、愤懑和宿怨。

根据19世纪末期出版的《德国股份制公司目录手册》,占德国总人口不到1%的犹太人,为德国的电力、机械、建材和化工等前十大工业提供了24%的资本金。犹太人占据了1/7的常务董事席位和1/4的董事席位。毫不夸张地说,犹太人和他们的钱推动了德国的工业化。

但犹太人的贡献不仅仅在于资本金，他们推动了市场机制的形成。这个过程对原有德国社会的冲击极为巨大——而我们现在知道了，它造成的反弹也是巨大的。

犹太人因其在欧洲各国极低的公民地位，导致他们的商业活动只关注盈利，而无视其他一切原有社会结构中的利害关系。从某种程度上讲，犹太人在欧洲推进了原有社会价值体系的瓦解，推动了市场经济的形成，并催化了工业革命的到来。

> 我们必须注意到，作为商业竞争对手的犹太人无论出现在什么地方，都能听到承受这一后果的基督徒商人的抱怨：他们的生活濒临危机；犹太人剥夺了他们的利润；由于他们的客户都转到了犹太人那里，所以他们生存的概率降低了；等等诸如此类。
>
> 我们从17世纪和18世纪（这是我们考察最多的一个时期）的文献中摘录一些文字，勾勒出我们在前面提到的内容。让我们先转向德国。1672年，勃兰登堡侯国（die Mark Brandenburg）抱怨犹太人“从其他居民嘴里夺走了面包”。我们也可以在1717年3月19日但泽（Danzig）商人的上诉状中看到几乎同样的说法。1712年到1717年，马格德堡（Magdeburg）老城的善良市民们反对允许犹太人成为他们之中的一员，因为城市的福祉和商人们的成功，都取决于“不允许犹太人在这里经商这一事实”。1740年，埃滕海姆小城给他们的主教呈上了一封信，信中说：“如大家所知的那样，犹太人的低

劣做法只能导致损失和毁灭。”一则俗语也表达了同样的看法，“犹太人多如干草，一切都会毁掉”。1750年，普鲁士敕令的引言就提到，我们镇上的大商人抱怨说……那些与他们出售相同商品的犹太人，让他们的生意锐减。德国南部的情况也是这样。比如说在纽伦堡，基督徒商人就只能干坐一旁，眼睁睁看着自己的顾客去购买犹太人的货物。

……

在当时欧洲人的眼中，压价销售行为很糟糕。1745年，《英商全书》(*Complete English Tradesman*)的编者笛福说：“压价出售的做法发展到如此令人羞愧的地步，以致某些人公开宣传，他们要廉价销售其余货品。”读者可能会问，编者为什么如此关心这个问题？其中原因在下面的段落里已经做了说明，“我们有一些杂货商在广告中以一个公平交易者无法承受的价格竞相压价销售”。固定收益、固定生计、固定生产和固定价格，这是一个行业的古老吁求。

……

商人从来不能去觊觎邻居的客户，这也是一种商务礼仪。“你总不能追着客户跑吧，你只能等着客户过来。然后，凭上帝的祝福和自己的用心，你就能从交易中获得属于自己的一份利。”因此，将你邻居的客户引走是一件可耻的、有违基督教教义且不道德的事。美因茨当地有一条商业规则：“从事商品贸易的商人不能以口头语言或者文字方式，抢走他人的客户，你不对别人这样做，别人也不会对你这样做。”然而，这条规则现在不仅仅是规则，而且成了法令，并且一而再再而三地出现。在美因茨，这条规则是这么说的："没有人可以阻止其他人的购买行为，或者说，没有人可以用提高商品价格的办法使商品更贵，从而让人受买不起商品之苦。没有人可以干涉他人的生意，或者说，没有人可以大规模扩大自己的生意，以致毁了其他商人的生意。"在萨克森，情况也大致相同。"没有哪位店主可以把其他商店的客户叫走，也没有哪位店主可以用手势或者动作示意别人的客户不要购买商品。"

但是，当时人们甚至认为，在不干扰邻居生意的情况下，吸引邻居客户的行为，也是不足取的。在伦敦，迟至18世纪初，人们还认为，一位店主为了吸引买家而精致地装饰自己的商店橱窗，是不太合适的。丹尼尔·笛福与其著作后来的编者一样，直言不讳地对这一行为表示了轻蔑。

……

英国的情况有区别吗？当然没有。乔赛亚·柴尔德(Josiah Child)就说过："犹太人非常狡诈……剥夺了本该由英国商人获取的利润，他们做的生意有损于英国商人。"1753年，犹太人归化入籍议案(Jew's Naturalization Bill)成了法律，然而，民众对这个讨厌的民族之敌意如此之大，以至于这一法律第二年就被废除了。民众的恐惧是，"如果犹太人成了英国公民，他们就会把当地人从就业队伍中驱逐出去"。

从马赛到南特，整个法国都能听到相同的声音。1752年，南特的商人用下面这种说法悲叹自己的命运："这些陌生

> 人从事的违禁贸易……使本城的商人们损失巨大,他们就会陷入困境,既不能赡养自己的家人,也无法缴纳税赋。”1745年,图卢兹的基督徒商人遗憾地宣布:“所有人都去找犹太商人买东西了。”蒙彼利埃的商会要求:“我们请求你们拦阻这个民族的进逼吧,否则肯定会毁掉朗格多克的全部贸易。”他们的巴黎同行将犹太人比作杀死蜜蜂而闯进蜂箱的黄蜂那样,扒开蜂箱,吸走箱内的蜂蜜。①

事实上,作为一个被“孤立的群体”,那个年代的犹太人从来不做实业,他们一直是世界上最有影响的“贸易公司”。用18世纪下半叶巴黎商人请愿书中的一句话来说:“犹太人是四处流动扩散的货币熔流,但他们最终会汇流成一条货币的大河。”

犹太商人的低价竞争策略有一个意想不到的结局,它在很多年以后才在另外一个市场得到了回响。从今天的华尔街看来,那种薄利多销缩小报价差额(spread)的策略,是促成交易的有效手段,而且连续竞价交易的效率比做市商报价并撮合成交的效率要高很多。又过了若干年以后,金融学家才发现:离散型和连续型价格波动有着巨大的差异。但在18—19世纪,人们还没有意识到这一切,他们只注意到了犹太商人的勤俭节约和薄利多销,而没有注意到,他们“从邻居抢客户,追着客户成交”的积极生意手段,促使了交易价格从离散型向连续型的转变。这不仅是整个现代金融体系的基石,也是市场经济形成的

---

① [德]维尔纳·桑巴特著:《犹太人与现代资本主义》,商务印书馆2022年版,第102—105页。

前提。

犹太人的竞争对手也承认这一事实。我们在这里再次引用马格德堡的官方报告。犹太人的便宜销售,“一定让商人们蒙受了损失。因为他们想赚得比犹太人多,因此必须按照自己的要求做生意”。另一份文件也说:“一笔小小的利润就能让犹太人满足,但未必能让基督徒满意。”波兰犹太人向波兰基督徒说,如果他们(波兰基督徒)的生活不这么奢侈的话,他们的商品也可以像犹太人那样廉价销售。18 世纪末一位在德国旅行的敏锐的观察者也得出同样的结论。“抱怨(犹太人廉价销售)的理由显而易见,这是由于目中无人的店主过于傲慢,在交易中只是为了显摆就标高价,根本没有可能降低价格。因此,犹太人理应得到公众对他们的感激,因为犹太人通过自己的节俭习惯给公众带来了好处,并迫使大手大脚的店主们要么更节俭,要么破产倒闭。”维也纳皇室内务署的报告(1762 年 5 月 12 日)也持同样的看法:犹太人能用比基督徒商人更低的费用递送货物。

在这一点上,柴尔德爵士同样直言不讳,他说的是他那个年代的英格兰的事情。他说:“他们是一帮贫穷的人,生活穷困潦倒,所以做生意时愿意比英国人少赚一点。”

到 18 世纪中叶,这种看法仍然流行,对犹太人的牢骚还在持续并增多,说正是因为犹太人过分节俭,所以他们的售价才能比本地人低。在法国,相同的观点也较为流行。

但这还不是问题的全部。还有人声称(他们一定天生就没有一点洞察力),犹太人已经找到了另一种手法,所以,尽管他们的商品价格相对较低,他们还是利用这种手法成功获取了比他们的基督徒邻居多,甚至多得多的利润——他们靠的是增加营业额。迟至19世纪初期,这种方式还被认为是特有的"犹太人的做法",也就是"薄利多销要优于厚利少销"原则。这并不是孤立的看法,这种看法频繁出现。

薄利加上快速周转——这种做法明显脱离了社会经济组织的固有观念,即生产只能是一种生计之道的基本学说。因此,犹太人创立了一种全新的商业准则。以前,欧洲商业利润是按传统习惯确定的,今后则要由每个个体商人自己决定。这个新奇的提法也出自犹太人。正是犹太人的做法解决了每位商人都认为合适的利润率问题,正是犹太人的做法确定了是否完全按照利润进行销售的问题,或者说,为了今后赚取更多的利润,可以暂时做些亏本买卖。[1]

犹太人的某些通行商业原则的特征可以归结为:如果生意中的手段是正当的,那么,生意的结果就正当。一方面,他们不太顾及其他商人的想法,不太尊重传统道德默契和现有行业格局等因素;另一方面,他们只看重与商品有关的交换价值以及所有商务活动都只涉及获取利润的想法。

---

① [德]维尔纳·桑巴特著:《犹太人与现代资本主义》,商务印书馆2022年版,第132—134页。

犹太人之所以能低价销售，是因为他们乐意比基督徒商人赚得少。公正的观察者在很多场合都谈到了这一现象。犹太人的出售价格甚至低于出厂价。巴黎的铜器商人报告说："在菲尔特经营的一位叫亚伯拉罕·欧曼(Abraham Oulman)的犹太人，出售的铜器的价格，低于本国同样铜器的价格。"在里昂，丝绸行业的掌控人(1760 年 10 月 22 日)通过了一项决议，在决议中他们将停工归于犹太人的影响，因为犹太人压低了价格，犹太人已经成了各省丝绸行业的掌控者。

1815 年，瑞典议会争论的问题是，是否应该允许犹太人自由地从事贸易，反对这项提议的一个主要理由就是犹太人压低了商品价格。

我们在波兰也发现了同样的倾向。犹太人告诉基督徒商人说，如果他们(基督徒商人)销售商品跟犹太人一样便宜，他们也能吸引顾客。

德国的情况也是这样。在勃兰登堡(1672 年)、法兰克福(17 世纪初)和马格德堡(1710 年)，同样的事情不断出现。大约在同一时期，一位在德国旅行的瓦拉几亚人也报告说这种指控各地都有。1750 年的普鲁士敕令(the General Prussian Edict)也注意到了这一点："我们城镇的商人……抱怨说……跟他们销售同类商品的犹太商人对他们伤害极大，因为他们的销售价格非常低。"

一直到 19 世纪，这种情况仍然时时可见。奥格斯堡批发

> 商人的请愿书(1803 年)就反对认可犹太人。请愿书说:“犹太人知道如何从普遍萧条的贸易中得到好处。他们用可耻的价格从那些急于用钱的人那里拿到商品,然后廉价销售这些商品,从而扰乱了市场。”①

我们不能只看到薄利多销是犹太商人的主要生存手段,他们还愿意每笔交易少赚一些以便促成一笔交易。这是推动市场形成连续交易的重要力量。除此之外,犹太商人率先采用了其他促销手段来促成交易。这些手段在当时的欧洲商人看来,不仅是闻所未闻的,而且是挑战当时道德底线的。

犹太人被认为在做生意时只遵从自己的商业利益。他们既不注重行业之间的界线,也不看重国家之间的疆域。同时,他们也不关注各行各业当时普遍遵循的成规。在资本主义早期阶段,人们相当重视如何招徕顾客这件事情。在这个问题上,犹太人是一个另类。他们满世界寻找卖家或者买家,而不是像商业惯例规定的那样等待顾客上门。关于这一点,桑巴特罗列了大量证据。

> 犹太旧钟表商居住的街道,同样也是类似生意的活动场所,活动的目的也总是相同。事实上有些时候,商人们还会抓着过路人的胳膊,竭力让他们买点东西。在现代城市中,这种开展业务的方式人们并不陌生。在 18 世纪的巴黎,这种经营

① [德]维尔纳·桑巴特著:《犹太人与现代资本主义》,商务印书馆 2022 年版,第 126—127 页。

方式与旧货商人(fripiers)、旧钟表商有关。据我们所知,这些人绝大部分是犹太人。对这样的场景有一个非常精彩的描述,引述如下:“这种乱纷纷地招人进店的兜售方式非常没礼貌,在他们其中一人邀你进店看看时,其他店主都拦在你面前,反复嚷嚷着请你过去看看。店主的老婆、女儿以及伙计甚至看门狗都在嚷嚷,震耳欲聋……有时候,这些人还会抓着老实人的胳膊或者肩膀,强迫他进入商店。他们总是把这种不体面的游戏当作消遣。”

我们也从一位大约在这个时期在德国西部旅行的旅行者那里,听到了同样的故事:“行走在这些地方的街道上,很多犹太人让人非常讨厌。每一分钟在每个转弯的地方你都被他们纠缠不休。他们不停地问你:想买什么东西?买不买这个?买不买那个?”

为了争取客户,他们还变身为行脚商人。把门廊里的座椅换成柜台,在犹太人看来很平常,他们还常常搭块木板扩展这个柜台。他可以在任何可能的地方放个台子,或者靠墙放张桌子,甚至直接把前门通道改成店铺,又或者,租一辆马车当成自己的移动商铺。他们还常常态度恶劣地指责那些跟他销售同样物品的商家。

犹太人被指控用多种“间谍”手段,从基督教徒的鼻子底下弄走了生意。城里所有的生意人都在抗议犹太人“窃取了基督徒商人的生意”。在此之前的1647年,法兰克福的裁缝也在请愿书中说,应该禁止犹太人从事全新成衣的销售生意。

“犹太人就像骆驼和驴那样，背负着物品和服装，在街道上随意游荡，迎接每一个进入法兰克福的新成员，也不管他的地位是高是低，就向他们兜售他想出售的东西。所以犹太人夺走了我们的面包，这真是一件让人悲伤的事情。”比这更早的1635年，也有丝绸商人的请愿活动，他们抱怨说：“犹太人守在犹太街区之外的城区、旅店以及一切有兜售机会的地方。只要军队进了城，他们就会公开或者秘密地穿过街道，去满足士兵和长官的需要。他们还安排了一些裁缝师傅，在军队列队前进的时候，在自己的商店里展示他们的成衣。”

1672年，勃兰登堡的一份投诉书这样说：“犹太小贩穿城走乡到处向人推销他们的商品。”奥得河畔法兰克福的情况基本相同，细节也更为丰富。犹太人到处追逐消费者。他们追旅游者追到旅店，追贵族人士追到城堡，追学生追到宿舍。据说，在奥地利的尼科尔斯堡(Nikolsburg)，“犹太人把所有的生意、所有的金钱、所有的商品，都抓到了自己手里。他们等在城外，试图半路拦住旅行者并跟他们结识。他们还把基督徒公民的老顾客都吸引到了自己那里”。①

“抓住顾客”——这是犹太商人们的目标。为此，他们几乎是不择手段的。这对于我们今天的人们来说，似乎是普遍接受且完全认可的商业手段。许多优秀的大企业恰恰是秉承这个原则才成为我们时代

① [德]维尔纳·桑巴特著：《犹太人与现代资本主义》，商务印书馆2022年版，第123—124页。

的传奇。但在18—19世纪的欧洲，这种商业氛围还没有形成。

犹太商人不仅对客户采用“生拉硬拽”的方法，他们还在当时人们的生活中采用“广告轰炸”的手法。在当时当地的人们眼里，这些行为是“卑鄙而可憎的”。它拆毁了原来社会的大厦。

> 我所知道的最早的广告见于1711年5月28日第63期《福斯报》(Vossische Zeitung)，广告的大意是：“敬请各位注意，荷兰商人(犹太人)已经抵达犹太街区博尔岑先生(Mr. Boltzen)的店铺，随身携带价廉物美的上好茶叶。欲购者请早，该商人只在本地停留8天。”尽管这件事情看起来很奇怪，但一直到18世纪下半叶，报纸仍然很少广告。1751年单页广告《小海报》(Les Petites Affichea)发布了真正的商业广告。换句话说，“我在某地方出售某某物品”这种简单通告，在当时是稀有的事情。赞扬自己的货物或者指出自己的生意强于其他人，在当时被认为是恶劣的行为。
>
> ……
>
> 为自己的生意做广告和赞美自己的货品，也是不被允许的事情。大约在17世纪中叶的某个时间，荷兰出现了平和的广告艺术。广告出现在英国是17世纪末期的事情，在法国就更晚了。1667年10月3日，《根特邮报》有了第一个商业广告。在当时，伦敦的小报没有一家刊登广告，即使在伦敦大火之后，也没有一家企业认为可以用广告广而告之自己的新

地址。[①]

桑巴特进一步指出，这样做的结果是，到了19世纪初期，德国市场上充斥着来自英国的廉价商品。这些商品大部分通过拍卖出售。犹太人是这种进口贸易的中坚，而且，犹太人几乎垄断了这些拍卖。由于制成品交易很大程度上掌握在犹太人手中，所以，英国商人主要与他们做生意。犹太人的店铺里全是外国商品，如帽子、鞋、长筒袜、皮手套、铅制品、铜制品、漆器、厨房用具和各种成衣。

1703年，哥尼斯堡（Konigsberg）的皮货商人针对犹太人提出控诉："犹太人赫希和摩西及其代理人总是第一个来购买原材料，出售毛皮成衣，这种做法使得他们（投诉者）蒙受了很大损失。"1761年，法国颁布法令：如果你为自己销售的商品做宣传，你的商品价格低于通常的商品价格，必然会被社会公众误以为你是一位陷入困境的商人，为摆脱困境而采取了上述手段。因此，对这种误导并利用公众同情心的经商行为应予以严厉谴责。该法令还禁止巴黎以及巴黎郊区的商人"竞相拉客以及所有散发传单招徕顾客关注自己商品的行为"。

读了这些史料之后，我部分理解了犹太人在欧洲社会遭遇误解乃至鄙视和抵制的根源。犹太人拆毁了原来的社会价值体系，实现了交易的便利。这种交易的便利，成就了商品市场和资本市场的双重流动性。它不仅解决了人在不同地域之间的流动性，还解决了商品和货币的流动性。犹太商人带来的流动性，塑造了18—19世纪的资本主义观念。他们使得交易出现了"去人格化""连续化"以及"稳定化"的特

① ［德］维尔纳·桑巴特著：《犹太人与现代资本主义》，商务印书馆2022年版，第125页。

征。其中,连续化指的是报价的连续性,稳定化指的是买卖双方预期的稳定性。

市场越大,交易越频繁,买卖双方越独立,市场的流动性就越好,由做市商报出的买卖价差也就越小。假设一个做市商同时给苹果和土豆报价。为了确保交易的进行,他事先储备了等值的 5 吨苹果和 50 吨土豆。当他遇到一个果农,寻求向他抛售 3 吨苹果时,他一定会给出一个低价,使得他做市的苹果具有巨大的买卖价差。他会把苹果的收购价格压得很低,把土豆的收购价格抬得很高,以便自己保有基本的土豆流动性,并防止苹果的流动性泛滥而冲垮自己的库存。这样一来,他做市的商品就只有零星的成交了。他的报价体系就是"离散型"的。犹太人到来之前的欧洲商业就是这样的体系。前后、上下和左右都是相互熟悉的基督教友或亲戚朋友。他们过着"坐等生意自己上门"的慢节奏生活,相互之间不抢客户,维持了彼此的体面和利益。

现在,请你假想一下在另外一个地方有这样一个做市商:如果他的储备是 500 吨苹果和 5 000 吨土豆,那么,当他遇到抛售 3 吨苹果的果农时,他给出的报价就会友好很多。他的做市商体系内的苹果和土豆价差不会扩得很大。他的收购价高,所以,果农愿意把苹果卖给他;他的出售价低,所以,消费者愿意去他那里买苹果。他的生意越来越好,价差越来越小,交易越来越频繁。他的报价体系就是连续型的。

于是,我更好地理解了为什么金融学要针对离散型和连续型两种交易报价建立不同的流动性分析框架。为什么报价的连续化能够带来预期的稳定化?因为只有一个连续函数才符合"可微、可导、可对冲”的要求。[①] 一旦某个商品或者某项资产可以被对冲了，可以由投行针对该对冲工具报出价格了，它的风险就可以被管理起来了。或者说，为了防范它的价格波动风险，人们可以事先买入对冲工具，而且该对冲工具的价格是事先确定的。也就是说，从此以后，未来的风险可以在事先就被成本化了。

当年费雪·布莱克推导期权定价法时曾经放弃了一条简易通道（因其不够严谨）。但这个视角，恰恰帮助了我去理解“回报的机会化”和“风险的成本化”之间的区别。这就是他当年用柔性曲面二叉树（离散型）推导国债期权报价体系的思路。把这个问题在这里说清楚再合适不过了。它同时解释了什么是企业家和银行家之间的区别，以及为什么他们会同时诞生且相辅相成。

设想一下，你打算投资一只股票，它的价格每时每刻都在随机波动。你现在有两个选择：

选择一 你随行就市地在 T 时刻去买一只股票。T+1 时刻，它的价格变动了。你必须选择“抛出还是等待”。如果你选择抛出了，你就必须在 T+2 时刻重复上述操作。对你来说，交易越是频繁，你赚钱的机会就越大，你也越安全。为此，你更愿意接受价格波动小但交易频繁的市场环境。价差巨大但交易清淡的市场环境对你极为不利。通过积小胜为大胜，你赚钱概率反而大了。如果交易很清淡，价格波动剧烈，你亏钱的概率就大了，你很可能在很长一段时间里一直处于亏损观望的状态。

---

① 我们可以对一个连续函数求微分，接着就可以对它求导数，然后，我们就顺理成章地可以得出它的对冲工具的价格。

选择二 你耐心等待一个事先固定的价格去买/卖这只股票。当股票价格随机波动到这个目标价格时,你就出手买便宜货或者高价抛出。这样的机会虽然稀少,但你大概率每次能够赚钱。如果市场价格波动始终不到这个价位,那你就没有机会赚钱,因为你根本没有机会出手参与市场交易。这样的话,你没有赚钱,但也没有亏钱,你可以继续等下去。

如果该股票的交易静如止水,价格一潭死水,你就会发现,选择一和选择二的结果是很接近的。在交易清淡的市场里和保持稳定的社会里,风险和成本的区别是很模糊的。在交易频繁的市场里,选择一和选择二有巨大的差异,前者提供了控制风险的奖励,后者提供了抓住机会的奖励。这两个选择最终会在社会上演化出银行家和企业家这两个角色。

银行家要促成交易,让市场充满流动性。市场流动性越好,标的物越是连续报价,频繁交易,做市商就越容易控制风险。因为这个时候,标的物资产的价格是连续的,符合"可微、可导、可对冲"的要求。这种做市商就会演化成银行家。他可以给企业家提供一个激励机制:如果你足够聪明勤奋并精巧组织资源,你能够把标的物资产的价格降低到我们事先约定的目标价格,我就可以控制风险,你就可以抓住机会,我们俩都可以赚更多的钱。拥有选择权的企业家就相当于拥有了一个看跌期权,可以按照约定价格抛售标的物资产。他手里的看跌期权不是凭空出现的,而是银行家给他的。银行家在卖出一个看跌期权的同时,一定要对冲掉这个头寸给自己带来的风险。而只有连续型市场才能写出一个对冲合约的价格。这样一来,我们就理解了那些走街串巷兜售商品、生拉硬拽客户推销货物,广告推销自己商品的犹太人了。他们推动欧洲形成了现代化的市场经济。连续报价的市场形成以后,才有工业革命。银行家承担风险,企业家降低成本。这两者是一体两面的。

所谓的市场,是这样一种机制:交易的风险可以被技术进步带来的成本降低所克服。怎么才能使得降低成本的科研投入变得无风险或者低风险呢?这就需要银行家事先写出一个合约给企业家,当他改进技术使得生产成本达到新的低成本目标时,他肯定可以卖出商品。那怎么才能让银行家写这个合约呢?他需要能够在公开市场上对冲他的风险。怎么对冲呢?交易价格必须连续而不能离散。

银行家为企业家提供资金有一个前提条件:他写出这张支票的同时可以对冲风险。为此,必须把[0,1]分布的离散性风险变成(1～99)分布的连续性风险。于是,1～99之间的任何改进都可以事先被定价和被激励(相当于事先就写成一个对冲合约)。

从此以后,能干的企业家才能大显身手,因为金融活动使得技术进步变成无风险且有利可图的事业了。

相反,中世纪欧洲商人那种体面的“坐等客户”的“坐市商”只会让市场零星产生交易。商品的流动性越差,它的买卖报价价差就越大,交易也越清淡,做市商就越难控制风险。他不会进化成银行家,这个社会也无法培养企业家。一切都在体面、尊严和传统的掩盖下,风险和成本融为一体,无法分别演化。

犹太商人把离散型的交易变成了连续型的交易,同时也摧毁了欧洲原有的商业体系和习惯。因此,他们才会容易遭人误解和憎恨。

在一个正循环的经济体，一个繁荣的生态系统乃至一个健康的社会都同时需要两类人：一类人去承担风险，另外一类人去降低成本。因此，欧洲的工业化和欧洲犹太人的金融化是同时进行的。犹太人作为一个群体成就了欧洲工业化，而欧洲工业化的成功又反过来成就了一小部分犹太人——他们是经历风险筛选的幸运儿，不是不劳而获的奸商。

我们东方人有时对“风险”和“成本”不做区分，将两者混为一谈，从而形成了很深的误解。我经常听到周围的投资人在下决心押注某个头寸的时候，会同时放出豪言壮语：“不惜一切代价……也要如何如何。”其实，这个投资人犯了一个错误，他把未来不可预知的风险当成了眼前可见的成本。他以为风险和代价是一体的，都取决于自己对这件事的信心强度、决心力度或者领导对这件事的重视程度。他会误以为自己付出代价之后，就迟早会有好的回报。他不能理解的是，在市场经济的条件下，代价（或“成本”）和回报之间没有因果关系。

风险和回报始终是一体两面的。欧洲工业化和犹太人金融化分别代表了“风险的成本化”和“回报的机会化”。如果你是一个企业家，就应该挥汗如雨，想方设法解决技术问题，扩大生产规模，那么，降低了成本之后，风险就低了，就自然而然有了回报。如果你是一个银行家，就应该凭本事玩“三锅两盖”的技巧，流动性越好，那么，你的时间越多，弥补自己错误的机会就越多。你的回报完全取决于下一时刻的价格会不会把你手里的流动性消耗完。如果你手里的盖子用完了，而你的锅还是借来的——那你就完了。我们今天看到的显赫的犹太金融巨头很可能符合“幸存者偏差”——那些在风险管理过程中遭遇不幸的犹太人都已经湮灭在历史长河中了，我们甚至都没有看到他们的泪水，更无人记录下他们的名字。

毛主席教导我们："排除万难，去争取胜利。"毛主席并没有说，不惜一切代价，去争取胜利。这两句话里面有微妙且重要的区别——克服风险和支付成本的区别。毛主席教导我们，要想方设法去克服各种风险，然后才能赢得胜利。克服风险的过程也是提高自身素质、能力、本领、见识、团队精神和战斗意志的过程——当然也就是自己变得强大并奔向胜利的过程。

任何投资人或者电视里的新闻人物都不应该轻易表达"不惜一切代价"去做×××事情的决心。我们不应该误解（更不能违背）毛主席在《实践论》中提出的光辉论断。我们普通人不可能有毛主席那样指挥千军万马的雄才大略和把握战场机遇的敏锐洞察。我们平时在做投资决策的时候，怎么区分风险与成本呢？我一直强调一个简单的方法：你看看周围的人，是重情义的人还是重信用的人？如果他们都是重情义的人，你很有可能生活在一个非市场经济环境中。这里的人们普遍认为应该用亲情与友情，团结一心，一起承担风险。如果这里的人都重信用，你很可能生活在一个市场经济环境中。当你的供应商说话算数的时候，无论他要价多高，这个价格都是成本；当你的供应商说话不算数的时候，无论他报价多么低，这个价格就是风险。人们愿意为避免风险而支付一个更高价格。这说明这里的人们已经进化到了市场经济阶段了。

我在《时间游戏》一书里就强调"集体游戏"理论。假设你是一个足球教练员，你在赛后看回放的录像时，可以总结经验教训，你可以判断出哪些是正确或错误的战术打法，你可以确定哪些是可以节约的成本，哪些是自己走错了的弯路。企业家也许能够这样做，因为他第二天卖的是同样的产品，面对相同的客户，只要自己练好内功，利润就自然来了。而你在参加下一场比赛的时候，你面对的不是同一个对手。你在参加明天交易的时候，你面对的是不同的市场。企业家可以回头看，他们关心对和错是有道理的；而银行家则只能向前看，他们面对的只有输和赢。

后来的人们读历史时，眼看着罗斯柴尔德和西门子几乎同时崛起，同时登上欧洲历史舞台的中心。也许，我应该意识到，“回报的机会化”和“风险的成本化”也一定是同时发生的——前者饱含着银行家的泪水，后者浸透了企业家的汗水。这里讲的“机会化”，指的是回报具有不确定性，银行家只能祈祷和等待“输和赢”的结果；这里讲的“成本化”，指的是风险具有可控制性，努力工作或发明创造就可以用支付一定成本的方式来降低乃至消除风险。

金融活动当然（也完全应该）服务于实体经济。但这种服务的根本方法并不是去给实体经济提供便利的融资，而是提供一个机制，让在实体经济中的企业家通过科技进步就可以把不可预测的风险变成可以控制的成本。这种激励和保障机制是金融活动对实体经济最根本的支持和最关切的服务。

金融和实业代表了控制风险和控制成本的联合机制，它们是同一枚硬币的两面。你可以把金融活动视作硬币的反面，但它不是实业的对立面，更不应该成为社会批判的反面教材。反正，我从来没有听说过同一枚硬币的反面不仅要反哺正面，让利于正面，还要被批判、约束和消灭的。

货币是“球”还是“锚”

在比特币出现之前，港币经常启发我思考货币发行机制。人们愿意持有某一种货币的动机是因为它能够带来更多的机会，或者能够用它去对冲/规避/消除更多的风险。

港币实施的联系汇率制度，使之与美元挂钩。怎么才能鼓励大家（主要是海外投资人）愿意持有港币而不是美元呢？香港要么能够创造更多机会，要么就能够避免更多风险；否则的话，凡是港币标价的资产都要打折。投资人始终需要购买一个认沽期权来对冲手里的这个风险：万一港币和美元脱钩的话，我可以用它来保护我在香港的投资。怎么打消投资人的这个顾虑呢？那就要创造出比美国市场更多的机会！香港市场要比美国市场更自由、更便利，且有更低的税收和更少的监管。这样一来，投资人就会放心持有港币标价的资产。

一旦投资人感觉不自由了，被监管多了，市场的机会少了，他们就会谨慎持有港币资产，对冲港币联系汇率制风险的对冲工具价格就会畸形升高，从而导致所有港币标价的资产都必须接受折扣，而且这个折扣会压制资产未来的升值预期。这样一来，投资人就不愿意持有港币，港币就不容易发行出去了。货币发行者之间的竞争，归根结底还是看谁能够创造机会。这无非就是：

● 在给定的科技水平上，想方设法解决各阶层之间的矛盾，从而实现低成本的社会共识；

● 在维持现有的社会共识基础上，想方设法鼓励企业家、工程师和科学家取得生产力的新突破；

● 在既定的科技水平和共识成本上，简化行政监管，松绑法律限制，降低税收，减少财政赤字，开放市场，从而实现更多的机会。

想通上述问题之后，我就发现理解比特币更容易了。比特币并不孤独，被人们称为“比特币”的东西，其实是一个生态系统。

你当然可以说，比特币本身的用处并不大，它创造的机会并不多。你还可以说，比特币大涨很大程度上是因为美元这个生态体系创造的机会在减少，或者为创造新机会付出的共识成本在增加。

以太坊和智能合约给比特币的持有人带来了巨大的机会。以太坊在稳定币和智能合约的联合加持下，开创了更简便、更快捷且更安全的交易方式，丰富了数字货币的生态圈，从而给投资人带来更多的机会，使得投资人放心持有比特币了。比特币的“上涨”与数字货币生态圈中交易品种的“丰富”是同步的。而且，它做交易的时候，身份和资产是统一整体。你可以持有多个比特币的地址，参与多种数字货币的交易。只有你的钱包 App 知道你才是这些地址背后的人，监管方和税务局并不知道你干了些什么。你去华尔街开户炒股的话，赚了钱是要交税的。而你在 Web3 交易时，则不存在这个问题。从这个意义上讲，比特币就像是美元的“紧箍咒”。难怪美联储要“围剿”它。

一个经济体——无论它用什么作为货币——只有创造出更多的商业机会，才能吸引足够多的人来持有并使用它发行的货币。它要创造足够多的机会，就首先要克服掉经济体内的风险。而克服风险要有以下三个方面的内容：

一是风险的标的物化。把风险凝聚在某一个可供交易的标的物上，通过市场化交易，让一部分人以“替人消灾”的方法赚钱，让绝大多数人可以“花钱消灾”的方式管理自己的风险。

二是风险的成本化。个体努力改进自己的工作就能够降低风险。对个体而言，原本不可控的风险变成了可以控制的成本。这就打开了个体努力的向上通道。

三是允许持币人出于自保、自利甚至自私的动机去防范、对冲和克服风险，而不是由货币发行人发布命令，要求全体持币人一起“共担风险”并“共赴灾难”。如果货币发行当局根本不征求意见，就擅自“以人民的名义”印钞票来挽救陷入困境的金融机构，那么，它就在事实上裹挟了全体持币人，共同为经营不善的银行家买单。如果货币发行当局不断地越俎代庖去救银行家的话，他们很快就会发现，该经济体的共识机制瓦解了，人与人之间的信任机制崩溃了，个体的“预期—努力—回报”的正面机制垮塌了，个体不再相信努力就有回报了。他们的货币体系会无可逆转地被他们自己摧毁。他们发行的货币再也没有人用了。所以，货币发行当局一定要提供做空该货币的途径。这就给了普通人一个逃命的机会，允许他们自费买一张“诺亚方舟”的船票。

这三个方面的内容里，其中最根本的还是要把风险“物化”，然后，才能对其“量化”（确定其价格）和“消化”（破财消灾），把风险变成一种可供交易的标的物。这个标的物就像一个集体游戏用的球。大家在用这个球玩集体游戏的时候，全社会提高了效率，克服了风险。

20 世纪 70 年代以后，美国经济运行已经脱离了重工业时代了，它需要摆脱对传统产业的依赖。在应对集体风险这个视角下，美元与黄金的脱钩其实是必然的。因为，它要开始新游戏了。新游戏需要找到一个新的标的物来体现新的共同风险。然后才能凝聚社会共识去解决问题、克服困难和化解风险，就像无论是篮球、排球还是足球比赛，人们总需要用一个球。这个球就是货币。所以，我一直讲，“货币不是锚，而是比赛用球”。事实上，并不是货币被锚定在什么物体或者文件上了，而是人类用集体游戏来应对共同风险，而集体游戏就像体育比赛一样，需要用一个球。人们的注意力凝聚到这个球上去了，然后，为了赢得这场比赛，大家都想方设法去锻炼肌肉，去提高自身的素质和能力。而在这个过程中，人们的身体素质好了，免疫系统强了，团队精神有了，最终有利于克服共同风险。所以，我认为 20 世纪 70 年代以后，美国经济这个集体游戏切换了比赛用球，他们抛弃了黄金，转而用股票作为新的“比赛用球”来凝聚共识、提升效率、维持秩序并克服风险。

如今，美国贸易赤字挥之不去，联邦政府债台高筑，通货膨胀黏性十足。尽管美国股票已经涨了一轮又一轮，指数频繁创新高，但仍然不能解决问题。我有理由猜测，整个发达国家经济体在寻找新的标的物来作为新的“比赛用球”，启动一轮新的技术革命。在这个背景下，比特币就成了这场“探索之旅”最先得到实验的标的物。

我一直强调，货币无锚。之所以大家都认为货币有一个锚，其实是他们错误地使用了语言，或者锚这个词给大家产生了“语言的迷雾”(维特根斯坦)。其实，比锚更准确的一个词应该就是共识。当大家把黄金作为克服风险的标的物时，说明社会共识已经凝聚在黄金上了。这种凝聚就被文学化的语言称为“锚”。其实，更准确的说法，货币是一个球。

1974 年，尼克松总统因“水门事件”辞职的时候，曾经抱怨过美国的舆论环境和政治生态恶化了。他说自己直到罗斯福总统去世才知道他是一个需要轮椅的残疾人，因为 20 世纪 40 年代的新闻媒体耻于报道政治家的私生活和丑闻。而到了 20 世纪 70 年代，新闻媒体则热衷于此。于是，尼克松抱怨自己成了新闻界道德沦丧的牺牲品。

我把尼克松放弃美元黄金挂钩视为货币史的标志性事件。之前美国用黄金，之后美国用股票作为集体游戏的比赛用球。与之相对应的是美国政治生态的变化。尼克松之前还是金本位时代的道德标准，他之后则是纸币时代的政治生态了。看起来好像有这样一个转变：当一个国家开始放弃黄金使用纸币以后，它的新闻媒体就开始热衷于挖掘政治人物的丑闻了。但是，我细想起来，恐怕这也是对政府的监督。毕竟，持有纸币和持有报纸的可能是同一个人，发行纸币和运作政府的也可能是同一个人。如果不对政府进行监督（有时候是满足低级趣味的挖掘丑闻），就有可能出现滥发纸币的情况。毕竟，纸币时代的政府如果想要乱来的话，会比金本位时代容易得多。

一个国家用什么货币，产生什么新闻，推崇什么道德，产生什么总统，绝对是统一整体。

雷曼兄弟公司倒闭以后（2008 年），尤其是比特币出现以后（2009 年），美国政治生态进一步发生了变化。在此之前，理论上美国总统候选人名单上可以有 3 亿人。实际上，只有 152 个人，其中包括：争取连任的总统 1 人,上届副总统 1 人,各州州长 50 人,参议员 100 人。无论候选人是哪个党的,他一般都来自上述 152 人的小名单。

比特币出现以后,美国政治出现了与之相似的“去中心化”“去精英化”“去专家化”和“去权威化”趋势。选民们不再默认那份 152 人的小名单了,以前闻所未闻的名字开始出现在候选人名单上了。这说明,美国人民正在形成新的共识,这种共识并不依赖于“高大上”的传统政客。

与此同时,最近几年突飞猛进的 Web3.0 交易让许多人看到了自己根本不需要华尔街那些光鲜亮丽的投资银行就可以完成交易。这种交易不仅不会被投行代扣资本利得税,而且实现了“交易即清算”,再也不会有人当“冤大头”被坑了。这些智能合约经过反复测试(乃至攻击),其安全性、私密性和可靠性是得到验证的。普通人完全不必根据投行的名气来决定去哪里做交易了,商业信誉已经没有那么重要了。这使得金融体系的生态圈发生了变化。以前,我看到美联储带头围剿比特币的新闻比较多。现在,我看到华尔街投行带头投身 Web3.0 的新闻比较多。世界真的变了。我过去熟悉的金融学其实是过去 50 年纸币时代的产物,以后,年轻人会发展出新的金融学。

比特币是一群陌生人自觉而高效且低成本形成的共识。它让人看到新机会。只有在不断创造机会的地方,才能让人们放心去推动科技进步和谋求企业效率改善。机会让人看到希望,让人相信彼此,让人奔向未来。

比特币诞生后的世界

美联储和美国财政部在经济萧条时帮助大银行家，在经济繁荣时帮助穷人，导致努力工作并纳税的中产阶级被忽略。比特币的出现制约了美联储的货币政策并削弱了美元的地位。

比特币是一场使危机“局部化”的金融实验。它意在用“交易即清算”的方式隔离金融危机。人们可以在不依赖投行和交易所等中介机构的情况下达成“点对点”的交易。因经营不善而倒闭的金融机构不会引发大规模金融危机。

对分叉链的处理是比特币独有的高效机制。效率较低并且得不到后续支持的短链将被全部抹掉。比特币矿工基于自私的本能动机会自动选择在效率更高的长链上挖矿。要以开放心态参与效率更高的市场，加入更高效率的产业链，而不要加入看似独立自主其实封闭低效的“短链”经济体。构建一个“闭环”反而不安全，迟早会被效率更高的长链整体淘汰掉。

比特币源起2009年美国年轻人的“占领华尔街”运动。它的出现和当前世界正在经历的“去中心化”“去中介化”“去权威化”“去利益集团化”“去建制派化”和“去共谋化”是同步展开的社会变革。比特币的上涨过程就是人们寻求新共识和构建新秩序的过程。

世界秩序开始去中心化。超级大国不再免费向全世界提供“安全”和“机会”这两项公共商品了。世界各国需要调整关系以达成新共识，从而取代由超级大国主导的旧的国际秩序。

我一度非常崇拜一个犹太裔美国年轻人，他就是加密货币交易所FTX的创始人山姆·班克曼—弗里德（Sam Bankman-Fried）。我为了理解比特币的原理，专门收集整理了他的许多言论和访谈。每次读完，我都感觉获益匪浅，仿佛又悟到了许多比特币的精髓和真谛。几经咀嚼回味之后，我仍感觉里面有深刻的哲理我还没有完全"悟"（get）到。

直到2022年，FTX爆出惊天丑闻。这个平台上所谓的交易都是捏造的，这个年轻人几乎徒手制造了一个庞氏骗局。真实的交易从未如他披露的那样发生过。后来，这个家伙被引渡回美国并被判处25年监禁。在量刑的时候，他的律师请求法官轻判5～6年。其理由是：该公司尽管从事了虚假陈述和欺诈交易，但是，他们持有的比特币和其他数字货币或者人工智能公司的股权已经大幅升值，足以全额兑付投资人的损失（320亿美元），甚至还略有富余。

我后来非常恨他。他是一条"短链"，浪费了我的大量时间，使我对比特币的理解在错误的道路上狂奔。我以前收集的那些资料，一夜之间变成了笑料——而我却笑不出来。另外一件奇怪的事情是,我后来再去读这些资料,发现其中漏洞百出,根本没有什么研究价值。我的这种思想转变再次证明了一个颠扑不破的人性:我们总是先由本能得出结论,然后再用理智去搜集证据,以便说明自己是正确的。

在人类金融史上,一般每隔几十年就会出现一次重大的庞氏骗局(因为新一代成长起来了,他们不太相信上一代的伤疤和教训,容易侥幸地相信自己面对的情况“这次有所不同”)。

我今年 53 岁了。我叫得出名字的庞氏骗局就有:安然公司(Enron)、世通公司(WorldComm)和麦道夫投资人俱乐部(Bernard L. Madoff)等。但是,“这次情况真的有所不同”——FTX 居然没有给投资人造成损失。这当然不能证明他没有欺骗投资人;这只说明比特币没有辜负任何人;这更说明比特币值得我认真学习、理解和思考。

2008 年危机暴露的问题

2008 年 11 月,美国次贷问题引发了全球金融危机,之后的几个月,世界仍然在经历危机的余波。2009 年 1 月 3 日 18 点 15 分零 5 秒,比特币创世区块诞生。在这个区块上,中本聪摘录了当天《泰晤士报》头版的文章标题“Chancellor on brink of second bailout for banks”(财政大臣正处于实施第二轮银行紧急援助的边缘)。我喜欢把这句话引申译成“我们在下一场金融危机的前夜”。

没有证据表明,比特币的诞生是这场危机应对小组发布的系统补丁,或者下一场危机防范小组构建的实验装置。但是,我克制不住内心的一个念头:比特币的诞生是普通人对这场危机,尤其是央行主导的危机应对方式的回应。我讲的普通人是我们社会的中坚力量,他们不靠吃社会福利过日子,他们也没有高高在上的权力,他们是省吃俭用、勤奋工作和奉行传统道德观念的普通人。比特币是他们捍卫自身权益的反击,是他们为此凝聚的共识,是他们自发形成的“抵抗组织”。

我在《货币起源》一书的结尾处写了这样一段话:

> 一部货币史,是人的进步和觉悟史,是人和专制暴政的斗争史,是人和随机性事件的抗争史,是人对自然环境的适应史,是人和人之间的争夺、妥协、联盟、嫉妒、报恩、压迫和解放的关系史。货币与“资产的价值”无关,货币从来就只有一个使命,那就是“确立并捍卫人的价值”。人的进步是一切专制暴政都不能阻挡的。

无论是金融机构还是中央银行,都不能取代普通人的意志,去决定普通人的命运。

我先来回忆一下那场金融危机。

这场危机和历史上所有金融危机一样由三个要素组成:隐患、贪婪和恐慌。隐患是早就存在,早就知晓,早就习以为常的“灰犀牛”事件。贪婪,自不必说,那是银行家基因的重要组成部分。恐慌,不是某一个事件成为压垮金融机构的最后一根稻草,而是普通人侥幸心理崩溃之后,情绪宣泄的最后一道闸门被打开了。每个人都知道自己已经深陷其中,但没有人知道自己将被裹挟冲向何方,甚至不肯定自己能够再次安全上岸。

我们之前已经分析过,在一个金融体系内寻找隐患的最简便方法就是看它交易的标的物是否“可微、可导、可对冲”。如果答案是否定的,那就要看这个标的物在交易过程中是否积淀了后置的风险——风险被金融机构有意隐瞒了。

2008 年金融危机是次贷违约引发的,次级按揭贷款作为一个可供交易的标的物,它的价格走势呈典型的[0,1]离散型分布。你要么违约,要么不违约,这中间没有过渡地带。任何一个普通美国购房人都不会有 49.95%的履约状态。如果他欠债不还,等待他的只有 100%的封条和法院拍卖。

次贷作为一个标的物在美国金融体系内大行其道。金融机构在贪婪动机推动下,加杠杆(雷曼兄弟公司倒闭之前的杠杆曾接近 30 倍)购买次贷打包产品。这些标的物看起来流动性很好,仅仅是因为大家蜂拥而入,而不是因为它的风险可以被对冲。于是,越来越多的金融机构买入了次贷按揭贷款产品,其规模之大,已经使得金融机构自身的资本金无法承受该产品的价格波动。

糟糕的是,该产品因其[0,1]离散型特征而不能对冲风险,而且,它出问题的时候,只会突然从风和日丽到暴风骤雨。

读者可以回顾一下,2008 年金融危机时,石油价格从之前的 147 美元一桶跌到 30 美元左右一桶(跌幅 70%左右),但没有石油公司倒闭,也没有为石油公司提供清算服务的金融机构倒闭,更没有引发金融危机。同一时期,美国的房价平均下跌幅度不过30%左右,金融机构的“地雷”就接连爆裂了。根本原因不是杠杆太高,而是标的物资产不能对冲风险。我以前教书的时候,学生会问我,那些华尔街的银行家不知道这个隐患吗?“可微、可导、可对冲”难道不是他们提出来的吗?我只能说,贪婪能让人选择性地忽略隐患。

于是,贝尔斯登、雷曼兄弟、华盛顿互助银行等金融机构先后倒下。加里·戈顿总结的“大肠杆菌效应”开始发挥作用了。这位经济学家早就发现,只要有几家汉堡店被曝光大肠杆菌超标,消费者会普遍回避几乎所有的肉类采购。最后,轮到美国国际集团(AIG)这家保险业的百年老店倒霉了。

……随着雷曼兄弟的业务出现不可逆转的持续萎缩,向已经出现严重挤兑的雷曼兄弟放贷,只会让它的一部分剩余债权人和交易对手有机会以纳税人买单为代价全身而退。如果不能平息恐慌,这种无处可用的过桥贷款就会给政府带来巨大损失。

……最后贷款人(美联储)可以帮助有生存能力的公司降低因为暂时流动性问题而倒闭的风险,但是不能让根本没有生存能力的公司存活下去。如果市场认为一家公司已处于无可挽救的资不抵债的状态,那么即使是有担保的贷款,也无法阻止挤兑,同时无法挽回流失的客户和交易对手。

2008年9月15日星期一凌晨1点45分,雷曼兄弟申请破产,这是美国历史上企业规模最大的破产申请。美联储通过如同在飞机跑道上喷洒消防泡沫的方式来阻止雷曼兄弟的破产，它愿意接受几乎任何形式的抵押品以向银行和投资银行放贷。但无论如何，这次破产是具有毁灭性的。

由于市场对投资银行的业务模式失去了信心，摩根士丹利和高盛的证券保险成本在星期一翻了一番。这种趋势还蔓延到了商业银行领域，花旗的信用违约互换飙升。这反映出市场越来越担心的情况，即使是“大到不能倒”的银行也可能倒闭，受到惊吓的储户从华盛顿互助银行取出的资金是印地麦克银行受挤兑后取出资金的两倍。就连工业巨头通用电气也难以将其商业票据展期，这是个非常令人不安的迹象。

金融病毒已经传染到了更为广阔的经济领域。世界各地的银行、企业和家庭都退回到了防御性的外壳之中，养老基金和退休基金大幅贬值，止赎权与企业裁员都进入恶性循环，金融恐慌进一步加剧。从美国货币市场基金借款的外国银行和美国本土银行都失去了获得美元的渠道，新兴市场也被剥夺了金融供应。

美联储大幅扩大了货币互换的额度以向外国央行提供美元，并在史无前例的流动性紧缩期间，为美国及海外市场提供了前所未有的流动性，但美联储的短期贷款本身还无法解决全球信心危机问题。①

……

① 摘自[美]本·伯南克、蒂莫西·盖特纳和亨利·保尔森著:《灭火——美国金融危机及其教训》,冯毅译,中信出版集团股份有限公司 2019 年版,第 76—77 页。

> 美国国际集团为 7 600 万客户的生命、健康、财产、车辆和退休账户提供了保险，其中 18 万企业客户雇用了美国 2/3 以上的劳动力。多亏其不负责任的金融产品部，该部门就像一个嫁接到传统保险公司上的对冲基金，美国国际集团才拥有了价值 2.7 万亿美元的衍生品合约，其中大部分是为陷入困境的金融工具提供信用违约互换保险。如果它崩溃了，其他系统性银行和非银行机构将会在最需要灾难保险的时候失去它。似乎每个人都有美国国际集团的风险敞口，却没有人知道其他人的风险敞口有多大，因此，美国国际集团违约可能会引发几乎其他所有金融公司的挤兑。①

总之，这场危机让我自己损失惨重并痛心疾首，不忍回顾。我的一个朋友，他当时正好是雷曼兄弟公司的高管。他以前每次来上海，都会约我在市中心的高级酒店碰头。他会洋洋洒洒谈一大堆华尔街最近的交易策略和奇闻轶事。结果，那年冬天，我们俩是在上海市郊接合部的一家每晚仅需 168 元的连锁酒店碰头的。他握着我的手，哽咽得说不出话，好久才颤抖着憋出一句："洛华，好在我们都还活着。"几年以后，我陪老婆在电影院看一部讲述这场危机的电影《金钱永不眠》，我还是情绪波动，看不下去，中途就拖着她早早回家了。

这场危机中的救助行动大致包括了两个方面：一是美联储向金融机构提供流动性（印钞票的代名词，懂的都懂，不解释了）；二是美国财

① 摘自[美]本·伯南克、蒂莫西·盖特纳和亨利·保尔森著：《灭火——美国金融危机及其教训》，冯毅译，中信出版集团股份有限公司 2019 年版，第 79 页。

政部向陷入困境的金融机构注资。美国国会为此批准了约7 400亿美元的额度。2010年,美国国会审计署对财政部使用救助资金的情况做了一番审计。由于危机过后,金融机构的股价重回升势,相较美国财政部注资时的股价大幅升值。所以,扣除损失和计提之后,财政部动用的资金不仅没有损失,还实现了200亿美元左右的利润——这多少有些让人意外。

这场危机说明了原有的金融市场格局有些不合理的地方。

首先,正常的市场依赖于人们对金融机构的信任来完成交易。信任机制在这里起到了很关键的作用。交易双方都凭借对某经纪商、做市商或者投资银行的信任来展开交易的,他们的资金和资产的安全性有赖于金融机构的稳定性。这种信任也是在[有,无]之间离散型分布的。因此,它会突然消失。这时候,市场就会陷入集体恐慌。那些没有问题的金融机构也会被恐慌拖下水。

雷曼兄弟公司是在2008年9月15日上午10点宣布破产的。就在当天10点10分的时候,德国国家发展银行按照双方之前的外汇掉期交易协定,准时把3亿美元款项转到了雷曼兄弟公司账上。而按照破产保护规定,任何在破产时期的收入款,都会被冻结起来,用于偿还债务。德国国家发展银行当然很冤枉,它付了钱却得不到原来协议规定的权益。这样的信号很快在市场参与者心中种下恐慌,大家都对交易对手的稳健性充满了怀疑。于是,投资人退缩了,交易停止了,市场冻结了,流动性消失了。

这也从侧面解释了为什么美国财政部救助资金最终还能盈利:当时,许多金融机构的资产负债表其实并没有大问题,但恐慌把他们拖入了恶性循环，以至于它们的股价开始了自由落体式下跌——财政部用纳税人的钱抄了市场的底。

其次，危机发生时，美联储依赖于印钞来遏制恐慌，它没有其他办法。统计学家比尔·詹姆斯在写给当时美联储主席伯南克的电子邮件中说："必须让市场相信，那个说'情况不会更糟了'的人是正确的。而且，只能是这样。"这封旨在"封杀其他可能性"的邮件后来引发了那个著名的"火箭筒"比喻。伯南克和当时的美国财政部部长保尔森①在召开各主要金融机构负责人紧急会议前就已经下了决心："如果我别着一把手枪去和他们吵架，我可能最终被迫掏出来使用它；而如果我抱着一个火箭筒去会议室，我一开始就能赢得他们的支持，不会再有反对的声音，那我就根本用不着使用它。"这也就是无限制印钞救市理论的由来。这一点又被伯南克本人称为"直升机撒钱救市"——总之要把自己当上帝，要让陷入绝望的人们相信上帝坐着直升机来救市了，还要让所有对此表示怀疑的人闭嘴。

对于持牌金融机构来说，我的规模"大而不能倒"，不仅仅是我的资产负债表规模大，更是我闯的祸"大到你必须救"。而且，你们所有人都必须救我。不仅如此，救我的时候"紧急到了你们都必须闭嘴，来不及商量、争论、妥协和投票"，救我的账单"大到必须由你们所有人一口吞下去，消化好几年"。

好吧，来吧！如果由我来导演《金钱永不眠》的续集《正义永不来》的话，剧中美国散户诉苦戏的台词应该是这样的：

---

① 他的弟弟时任雷曼兄弟公司的副总裁。

> 你把自己整得“大而不能倒”，以我的名义，掏我（穷人）的钱去救你（富人）的命，还说这是为了共同利益、市场规律和国家命运。那我也有对策，我用比特币给我的两招：“链而更可靠”和“散而不需要”来对付你的“大而不能倒”。

于是，比特币在那场金融危机的废墟中应运而生。投资人之所以可以信任比特币，完全是因为千千万万的持币人各自为政，且足够自私自利。在比特币特有的共识机制下，你可以在没有第三方中介的情况下和交易对手完成点对点的直接交易，无需通过交易所或做市商。你们交易的安全性不依赖于任何持牌金融机构的资金实力和商业信誉——即便是雷曼那样的百年老店出了事，你也不会变成那个“倒霉”的德国国家发展银行。“交易即清算。”点对点交易的安全性不需要值得信任的中介机构。而且，恰恰是交易对手之间相互不信任使得比特币更安全了。持牌中介之所以在传统金融体系中有一席之地，完全是因为百年老店的名声，庞大资产的光环和合法牌照的加持带来了散户投资人的信任（而且，散户在信任它的时候，最好闭上眼睛，不要去看它的资产负债表）。大家是基于对雷曼兄弟公司的信任才和它（或者通过它）做交易的。为了维持这种信任，华尔街需要维持稳健可靠、传统保守、光鲜亮丽和西装笔挺的高大上形象。

比特币“点对点”的第一层意思是去中介化；否则，中介贪婪自私的本性会把自己的资产负债表做得很大，杠杆极高，导致通过该中介交易的双方都承担了额外的交易风险（“倒霉”的德国国家发展银行）。比特币“点对点”的第二层意思其实是“点链点”的共识机制。它的目的是防止出现一个“中心化”的央行。这个央行在没有大家授权的情况下就以上帝的姿态来印钞票，投放货币，拯救中介机构——还说是为了大家好。

传统金融系统在平时是基于对金融机构的信任来完成交易的，这是该系统需要修复的第一个漏洞。但我此刻还不能肯定比特币就是这个补丁的最佳选择，因为它的交易效率是很低的。比特币系统每秒钟只能支持 6～7 笔交易，且一笔交易从发起到确认需要 10 分钟。而且，你还需要付 GAS 费，才能让自己的这笔交易尽快被区块录入。这种交易效率使得它不足以取代传统的中介化交易所和做市商。

“去中介化”这方面的工作主要是由币圈的智能合约来完成的。其中许多都已经经过了海量的测试和攻击，能够覆盖交易的大多数品种并保障交易安全。交易的全过程不需要“贪婪”的雷曼兄弟公司来组织，因此，也不会出现“倒霉”的德国国家发展银行。

传统金融系统在危机时是基于对美联储的依赖来完成救助的。这是该系统需要修复的第二个漏洞。2008 年危机最大的后遗症就是：这次救援开创的先例将为美联储今后其他操作提供借口，由此导致公众对纸币发行体系的质疑。美国社会公众无奈地发现，对美联储的约束主要依靠美联储官员的良心。

纸币发行体系和传统金融市场是不可分割的统一整体。买卖双方是基于对金融机构的信任而完成交易的。市场需要这个中介来促成交易。于是，金融机构——而不是交易双方——成为市场的主体。它们有天然的动机拿民众的钱去冒险，赚钱了是它们的利润；如果它们输了钱，央行会拿民众的钱去救金融机构（印钞票就是稀释民众手中纸币的购买力)。救不活就继续印钞票,救活了就齐声赞美上帝。两者都不需要普通民众的同意——但都以他们的名义进行操作。

那场金融危机为全球货币政策制定者制造了这样一个先例:只要我下决心印钞票,总能把金融危机救回来。没有人能够阻止央行这么做,他们有充足的理由和成功的先例。除非,民众带着钱移民去了其他部落。

在2008年危机之后,最令我啼笑皆非的是,比特币竟然继承了纸币央行的衣钵。央行救助危机的方式是用"纸币大放水"来扭转恐慌预期的。这种救助方法成功地遏制了短期恐慌情绪,同时也埋下了长期焦虑、担心和质疑的心态。美联储需要大家把它当上帝,然后呢?"信我者得救"这个念头就埋入了市场参与者的心中。"当你们都相信我的时候,你们就一起脱离恐慌,一起得救。"这个信条现在被比特币继承了。

比特币源起于这样一场深重的金融危机及其粗暴的救助方式所造成的社会分裂。一部分年轻人不再接受这个央行和经纪人主导的中心化资本市场体系。他们不信任雷曼兄弟这样的"中介",也不相信美联储这个"上帝"。他们决心出发去创造一个新世界。那里没有雷曼兄弟这个"主教",只有点对点的陌生"信徒";那里没有美联储这个"上帝",只有一群具有相同共识的"信众"。

回顾了那场金融危机之后,我感觉比特币乃至整个数字货币生态是一次普通人的自我救赎。否则的话,他们日常的交易永远依赖于持牌金融机构。即便持牌金融机构早就明白"可微、可导、可对冲"原理,它们仍然会在贪婪驱动下制造下一场危机。当下一场危机来临时,普通人的命运又依赖于美联储用稀释他们财富的方法(印钞票)去救助闯祸的金融机构。

而在中心化的纸币金融体系中,普通人就像是被贪婪银行家们绑架的人质。他们和普通绑架案中的人质有重大区别:他们在绑匪的地牢里也得辛苦干活。他们赚了一点经济繁荣期的辛苦钱之后,又要在危机中眼看这些积蓄像火炉里的冰激凌一样融化。高楼大厦里持牌金融机构那种"你们没我不行"的傲慢,直升机上美联储那种"我是你们的上帝"的蛮横,这些因素都促使了一场人质们的自我解救行动。

当然,上述猜测的基础是我的愤慨。为写作本书,我的访谈调研绝大多数是在国内完成的,我并不确切知道外国投资人持有比特币的目的与动机。不过,在和国内币圈的年轻人熟悉了以后,我愈发觉得需要修正我多年之前对待比特币的态度(但不必同时收敛我对美联储的批评)。这些年轻人之间有一种亲切感。即便他们相互之间不熟悉,也不打听对方的操作角色,但只要一听说对方也在币圈,一种天然的好感就在他们之间降临了。他们加入币圈也许不同于苏丹达尔富尔地区农耕向游牧部落的移民行动,更像是刚到美洲的清教徒们的互助行动,也像是清末民初的士大夫阶层一次集体"剪辫子"行动。作为数字时代成长起来的新一代年轻人,他们相信前面有一个充满机会并自己主宰命运的新世界。他们决定采取集体行动。

信任与同情的边界

有人曾经问城堡基金的创始人肯·格里芬(Ken Griffin):什么才是好的风险管理方法?

他不假思索地回答:“风险管理其实是一种认知状态。当你管理的基金已经连续多年战胜指数,跑赢同行以后,你仍然坚持认为:自己对于风险管理一无所知,并公开承认自己对于风险管理完全是一个白痴,一个门外汉。自己之所以取得如此骄人的战绩,完全是因为其他同行过早地遭遇了风险,而自己十分幸运,至今还没有遇到真正的风险。这种认知状态就是风险管理。”

管理好自己的自信心,不要以为自己能够战胜市场。一旦你感觉你能够比市场更随机,有能力去捕捉市场机会,将其中的随机波动转化为交易利润,你就离爆仓不远了。一旦你把自信心施加于市场,你就会被随机性淘汰。

不仅如此,你还要管理好自己的同情心。十多年前,我被派往基层发改委挂职锻炼的时候,参与过一个城中村的动迁小组的工作。这段经历时间虽然短暂,却是我最宝贵的田野调查经历之一(另外两段则是我当房产中介的3年时间和渔村田野调查的14个月)。这次田野调查让我对人性有了直观而深刻的理解。打那以后,我很少在公开演讲中使用“我们有最好的人民”这种表述了。我倒是经常在私下场合，甚至只有我一个人的时候，默默地提醒自己："群众的眼睛不仅是雪亮的，而且是全天睁着的。"

在动迁小组，如果你被其中任何一个动迁户"讲"[①]的故事触动并激发出自己的同情心，你都会破坏整个群体的稳定。如果一旦他们认为你对他们中的某些人具有同情心，那么，整个动迁工作所依赖的那种群众对"公平"的信任就被你自己打破了。你对其中任何一个家庭过去遭遇和现在境遇的同情都会潜移默化地在最后的方案中制造群众眼里的"不公平"。他们不会把这种"不公平"归因于你的同情心，而是会将其归咎于你的偏袒、裙带、疏忽、懈怠乃至腐败。一旦出现这种情况的时候，你就已经陷入了马丁·路德提醒过的困境："不要在人间制造天堂和地狱，天堂和地狱是主的事情。"你的同情心过界了——哪怕你没有，但如果他们认为你过界了并对此达成了共识，那么，别人对你的信任感就消失了。

那段时间，我一直提醒自己，不要想方设法使自己成为一个受人欢迎的人性化的领导，不要指望得到一群人的赞誉。我应该扫清各种障碍，包括自己的同情心所形成的惯性，使得一个公开透明的条例得到机械化地自动执行——动迁小组应该成为一个部署在 Web3.0 的牢不可破的智能合约。是的！管理好自己的同情心，这才是我对动迁工作最大的贡献，也是对全体动迁户们的最好保护。

---

① 这个"讲"字我用得匆忙而模糊。实际情况可能是威胁、呐喊、怒吼、哭诉、报怨、幽叹和祈求。几乎每个故事都曲折动人，催人泪下，以至于我几次冲动想着要自己掏钱去帮助他们。我后来在电影协会听到姚忠礼导演的发言时，突然明白了，催泪和感人是两回事。委屈的人物命运会激发观众的同情心，但同情未必会促成正义，更未必能带来公平。

我作为动迁领导小组成员只能有一种工作方法：机械地执行条例。而且对这些原则和条例的解释要在事先就告知每一个人，确保他们听到的是同一种声音、同一个版本的解释，而且最好是一起听到的。我就像是比特币挖矿节点上的广播一样。此后，我就要尽量少说话。说得越多，他们的疑虑也就越多，就越会想方设法去猜测我的言外之意（其实我没有），就越是担心他们的邻居得到了更多的照顾，越是担心他们的利益被损害、出卖和背叛了（其实没有）。当这个动迁地块的居民都相信你没有放纵自己的同情心去做上述事情的时候，动迁工作简直就是丝滑的机械化操作。他们已经达成了共识：你是一台机器。你将面无表情且铁面无私地执行白皮书的规定。后面的事情自然就好办了。

铺垫到现在，我终于能腾出食指来指向美联储了：在2008年金融危机的应对中，美联储的表现就是典型的同情心膨胀，把自己当上帝了。它给一部分人制造了天堂，给另外一部分人制造了地狱。比特币应该被视作“被代表的”、沉默的大多数普通人的觉醒和反抗。

比特币就像是我参加过的动迁工作小组。需要每个人都自私自利地挺身而出捍卫自己的利益，并目光炯炯地监督其他人，防止出现一个中心化的小组，他们要么被过度授权、要么被同情心驾驭、要么被利益绑架，从而在系统中制造天堂和地狱——使得某一特定部分的人损失利益。

比特币的价值就源自这样一种基于自利而相互提防和监督的状态：每个人都只对自己负责，且每个人都足够自私自利，他们的眼睛足够雪亮，系统足够透明可供监督，执行交易指令足够机械化、自动化和个体化，不依赖任何人。

没有人能够用一个动人的故事来让你对他负责。对某个人的同情很快会演变成对集体的不公正。那样一来，需要同情的人就多了。不要学习美联储，而要像智能合约那样，容得下各种攻击，最后还能自动执行预先设定的满足条件的交易合约。于是，同情和公平的边界就重合了。

> 区块链的分布式账本技术使一个社区可以共同记录并分享信息……这些信息可以代表交易、合同、资产、身份或者任何可以用数字化形式表达的东西。所有录入的信息都是永久、透明，并且可以被搜索的，使社区成员能够看到整个交易历史的全部记录……这就创造了一个可信的、透明的、不可更改的真相档案库，并且使其能够抵抗来自停机、操控以及审查的影响。[①]

我多次拿老电影《红旗谱》举例说明区块链的故事。该片的时代背景是清末民初的冀中平原滹沱河畔的锁井镇。大地主冯兰池要砸掉村里防汛堤上48亩地的凭证——古铜钟。于是，在千里堤上，在柳树林中，见义勇为的朱老巩挥着明晃晃的铡刀，赤膊上阵保护古钟，严老祥也挥斧助战。冯兰池砸钟难以得逞。朱老巩带领锁井镇村的村民与冯兰池斗争，拼命保护这口大铜钟，因为铜钟上记载了这48亩官

---

① Deloitte, Blockchain and the Democratization of Trust, 2016年8月31日出版的《华尔街日报》。

地归大家所有。其实,这48亩地的地契不是那口钟,而是全体村民的共同记忆、基于记忆的共识和捍卫自身利益的行动默契。

一个好的货币体系要防止出现"人造上帝",要让货币发行当局收敛自己的同情心。拿我自己来说,我之所以对某些人会有同情心,完全是因为以下原因:

- 这些人善于渲染乃至夸大自己的遭遇,使之成为一场催泪的表演。
- 我并没有掌握全部的事实,但是,我仍然认为自己掌握了某些重要的事实。这些事实给我留下了深刻印象,使得我主观上忽略其他事实并松弛原则。
- 没有人能够取代我来管理我的同情心。
- 我没有意识到那种被我视为美德的同情心其实是我的主观偏见。

为什么我们会选择性地对某些人更好一些呢?你要真是上帝的话,你应该一视同仁地提升全人类的福祉。1976年,美国几所大学的社会学家们在纽约地铁站进行了一场实验,目的是测试"人类同情心的边界在哪里",这个实验很好地说明了美联储和财政部之间的关系。

研究人员假扮一对夫妻,在地铁站入口处发生争吵。两人动手互殴,眼看"丈夫"占了上风,"妻子"招架不住。"妻子"喊道:"蠢货,我后悔嫁给了你。"统计显示,路过的陌生人中有22%会打电话报警或出手阻止。同样的戏份放在另外一个地铁口,被打的女生高喊另外一句台词:"蠢货,我根本不认识你。"结果,路过的陌生人中有76%会打电话报警或出手阻止。

同情心的边界也许是模糊的,没有数量化的工具来刻画,它就像维特根斯坦说的“月光下的小路”一样,好像有什么东西在引导着路人,但它的边界又是模糊的。我只能大致得出一个结论:人们对夫妻之间的打斗是没有同情心的,人们对陌生人之间的冲突倒是有同情心的。同情心的边界取决于观察者与当事人之间的关系。

这个结论对我启发极大。假设你是美国的中产阶级,请您思考以下三个问题:

一是平时你对无家可归的穷人应该有多大的同情心呢?你在多大程度上愿意忍受高税收以及官僚低效的财政部拿着你的钱去帮助穷人呢?

二是危机中你对准备跳楼的富人应该有多大的同情心呢?你在多大程度上愿意忍受官僚低效的美联储印钞票稀释你的购买力去帮助富人呢?

三是如果财政部和美联储都让你失望透顶的话,你会选择财富移民加入比特币的圈子吗?

比特币诞生于危机之后并非巧合,而是迎合了中产阶级的财富迁徙趋势。那些大而不能倒的银行和你有关吗?当然有,但这主要是因为,证明“它和我没有一丁点儿关系”要比证明“它和我有点儿关系”困难得多。既然和你有关系,那么,美联储理所当然地批准用你的钱去救大银行的命。这是一个既符合“你的利益”又符合“你的同情心”的决定吗?央行雇用的经济学家们(他们和那些需要救助的银行倒是有着千丝万缕的关系)会用你看得懂的图表和你看不懂的模型说服你:这样做是对的,最终是为了你好。其实,经济学家们使用你看得懂的图表是为了让你以为他们站在你这边。他们同时还会使用你看不懂的模型和听不懂的术语，那是为了让你闭嘴，放弃抗争和反对。他们娴熟地使用这些复杂术语构成的工具组合（将其称为“货币工具包”）向你游说，救助这些陷入困境的银行符合你的利益。他们无法说服你，这样做也符合你的意愿，因为你的同情心有边界，而美联储无权代表你去管理你的同情心。

货币发行当局一定要管好它的救助行动，不要想当然地代表持币人去向特定对象表达同情心。货币当局应该按照事先公布的原则来投放货币。那些原则越模糊，货币当局可作为的空间就越大，他们自行其是的可能性也越大，他们为一部分人制造的天堂并为另外一部分人制造的地狱之间的反差也越大。

辜负美国中产阶级的还不止美联储。我是不太喜欢批评外国政府的，但是，我感觉最近十多年来，美国出现了一些糟糕的现象。援助穷人的遥控器交给了财政部；援助富人的遥控器交给了美联储。这样一来，财政部声称自己有责任代表中产阶级表达同情心，声称自己像上帝一样万能，而且它帮助穷人的方式是写支票（当然也就是发国债）。它让一部分穷人生活在对同情心的期待之中。财政部的社会福利政策造就了一个特殊的穷人阶层。请注意，这个穷人阶层并不是富人的累赘，也不是富人的敌人。这个穷人构成的阶层不是由富人交税养活的，而是靠那些辛辛苦苦、没日没夜、朝九晚五、省吃俭用、任劳任怨和默默无闻工作的美国中产阶级纳税来维持生计的。

纸币时代的货币当局一直在印钞票（无论它叫联邦储备银行还是皇家储备局）。中心化的央行不断印钞票来帮助金融机构。它其实是在剥削中产阶级。因为穷人由财政部兜底,所以,美联储印的钞票使得金融机构的风险降低了(相当于人为提高了富人的回报)。于是,“富人变得更富,穷人仍然很穷,劳动者则一辈子辛劳”。我一直怀疑(只是怀疑,没有田野调查证据,但这种怀疑滋长了我的愤怒并打消了我的困惑),美国中产阶级受够了财政部帮助穷人而美联储帮助富人的格局,他们被迫加入比特币圈。他们摆脱了代理人(这个代理人就像是动迁小组、财政部和美联储)的控制,自己重新掌握自己的命运,自己决定同情心的边界。

我一直质疑芝加哥学派的经济学家们提倡的“温和通胀有利于经济发展”的论调。什么是温和通胀?凭什么说年化 3%的 CPI 指标是最优的?温和的通货膨胀意味着中产阶级可以勉强接受和忍耐物价上涨。它是让人停不下脚步的鞭子。

中产阶级好不容易积攒了一些积蓄,他们渴望货币稳定,然后每年吃利息就可以安度晚年,但是,事与愿违。而当危机来临时,央行为“救助”金融机构而印了更多钞票;平时,财政部为“帮助”穷人而发了更多国债。

于是,通货膨胀发生了。中产阶级储蓄的购买力在缩水。他们既不能像穷人一样躺平靠社会福利过日子,又不能像富人那样坐享资产的大幅度升值。他们只能继续埋头苦干。

所谓的“通货膨胀对经济有利”,无非就是一套美丽但残忍的说辞,它试图掩盖的核心思想就是:“让美国的中产阶级玩命工作一辈子对经济有利。”这些中产阶级勤劳、能干、沉默寡言又任劳任怨。他们才是驱动社会进步的主要力量。

我没有接触到过任何一个大佬公开声称自己拥有比特币——纸币造就的大佬们往往都拥有大量实物资产或者股票。我也没有访谈过任何一个比特币的大佬——他们似乎从不露面,我甚至怀疑在比特币圈里是否真的有控盘的深水大佬。我为撰写本书而接触到的比特币持有人都是中产阶级——几乎无一例外。他们买股票套牢,买理财爆雷。于是,他们有点积蓄就买比特币(绝大多数买的不到1枚)。在平时的生活和工作中,他们是一群社会的中坚力量,他们认准了比特币里面有对他们有利的、不受操纵的公平和正义。有鉴于此,我把比特币看作中产阶级手里一张财富移民的船票。

我想起了老电影《欲望号街车》中的经典台词。片中的正面人物(某种程度上充满争议的)女英雄 Blanche Dubois 这样回顾自己充满剧变的人生经历:“I have always depended on the kindness of strangers.”(过去,我总是活在陌生人的同情之中。)这句话其实暗示她以前是“风尘女子”。我们每个人都要管理好自己对别人的同情心,同时,我们也要有一种默契,防止别人生活在对我们抱有同情心的期待中——那样就让我们承担负罪感。我们都不期待和依赖别人的同情,我们自己就能解决问题,承担责任并克服困难。这是一批被筛选出来的强大的人,他们加入了币圈。这是人的进步。

“橡皮图章”本位

美联储盛产“段子手”。

我之前在《估值原理》和《时间游戏》两本书里，分别向读者介绍了伯南克和格林斯潘这两位“德艺双馨”的“老演员”临场发挥的段子。现在，我再次怀着“崇敬”的心情向大家介绍他们的继任者美联储主席鲍威尔这位“语言表演艺术家”的新作品。在2024年末的一场新闻发布会上，他和年轻记者演绎了一番精彩的对话。

记者：既然美联储如此依赖经济数据来制定货币政策，今后你是否考虑用人工智能来取代你们做出的利率决议？

鲍：我们暂时还没有这个打算。但我们确实在使用人工智能。

（言者不知是计，一口咬钩……）

记者：请问你们用人工智能干什么？

鲍：每次新闻发布会之前，我都会问ChatGPT，记者这次可能问我哪些问题。它会抓取最近的新闻，并模仿你们每个人的风格向我提问，以便我早做准备。

（现场记者已经明白这是“开始挖坑”了，但年轻记者不知是计，在好奇心牵引下继续往坑里跳……）

记者：它提问的水平和我们真人比起来怎么样？

鲍：你们比它友善且温和得多。你们在提问的时候都比较礼貌和克制。我们仔细分析过其中的原因。这可能是因为你们意识到要和美联储维护良好的相互尊重的关系，这样有利于你们获取更多有价值的信息。而人工智能 ChatGPT 没有这种顾虑，所以，它提的问题更犀利、更尖锐也更刻薄。你看！只要人类还在维持互动关系并管理自己的预期，美联储的工作就不会被人工智能取代。至少在新闻记者的岗位被人工智能取代之前，我们还不会失业。

漂亮的本垒打！我建议美国女子垒球队完全可以考虑聘请鲍威尔来当发言人。

其实，鲍威尔还有一段话更精彩。2024 年 11 月，美国总统大选结束以后，比特币价格首次突破了 10 万美元一枚。他在回答记者提问时说道："比特币并不是针对美元的竞争者，而是针对黄金的。"这就像丘吉尔在敦刻尔克大撤退之后说，"溃败和撤退是有根本区别的，而且我们根本不是在撤退，而是在向另外一个方向进攻"。

鲍威尔为美元辩护并不令人感到意外，而且我部分赞成鲍威尔的判断：比特币确实是和黄金存在某种竞争。但是，与此同时，我也意识到，这不是一场孤立的战斗。

还有币圈的人士向我指出，稳定币在和美元竞争，以太坊在和美债竞争，智能合约在和华尔街竞争。这是数字货币和纸币体系的全面竞争。对此，我感觉还需要观察。如果这个判断成立的话，那也是因为比特币凝聚了足够多的共识。这些共识是数字货币乃至智能合约同传统金融行业竞争的基础。

2008年金融危机以后，美联储为救金融机构投放了大量美元。美元指数一度跌得稀里哗啦。人们对美元失望以后，本来还有一丝侥幸心理，以为欧央行会靠谱一些。结果呢？投资人等来了2010—2011年的欧债危机爆发。于是，欧央行也启动了印钞机。

归根结底，还是欧洲各国的橡皮图章部门财政纪律松弛，没有人认真约束政府开支，没有人认真执行规则。共识的基础也就丧失了。如果一个政府说的话根本没人信，那么，该国的货币也根本没人用。这就是纸币时代共识机制的瓦解。

在纸币时代，共识机制的最根本的核心是一个由若干个拥有“橡皮图章”的中心化权威机构组成的。这些机构要足够透明、足够高效、足够廉洁、足够公平、足够严格地按照事先公布的规定办事，它们才能让普通人放心，让大家在“信任中心化权威机构”的基础上建立一个社会共识。然后，它们才能发行纸币。

如果纸币持有人对那些握有“橡皮图章”的中心化权威部门丧失信任的话，他们同时也会对纸币丧失信心。欧债危机时，希腊爆出了财政造假丑闻。它在高盛公司的策划帮助下，包装[①]了本国财政状况，从而在表面上符合了加入欧元区的各种技术指标门槛。当被戏称为“欧洲五猪”的希腊和葡萄牙等国陷入财政危机时，整个欧元区只有荷

① 请读者原谅我的愤世嫉俗：从来没有人承认过自己对希腊的经济数据进行了“包装”或者“抛光”，他们只是“对欧元区共同条约做了创造性的理解”——人们制定规则就是为了让有些人去打破它。

兰、丹麦和德国这 3 个国家的财政赤字和贸易赤字占 GDP 的比例符合欧元区共同条约的要求(这个条约就是共识的文字版表述)。当时,就连法国和比利时这样传统的欧洲发达经济体都不能达标。这说明,当时大多数欧元区国家中那些握有“橡皮图章”的政府部门开销太大,导致本国在货币发行方面不能达到欧元区的标准。这就意味着他们无法在目前的开支水平上维持社会共识。如果一个经济体需要巨大的开支来维持共识,说明它很可能陷入了通货膨胀的泥潭,从而扼杀科技进步带来的商业机会。所以,印纸币的“橡皮图章”部门需要降低开支。

纸币的发行机制是一个复杂的平衡游戏。20 世纪 70 年代初期,尼克松总统做出了美元和黄金脱钩的决策。美国更新了货币发行机制,这需要全社会同步切换到新的共识上去。“水门事件”提供了最好的契机,它看起来像是“去中心化”的一个步骤,让大家相信总统(中心化权威的代表)的权力也是受约束的。因此,全体“橡皮图章”(中心化的权威部门)也当然是受约束、受控制、受监督且照章办事的。因此,这个集体游戏仍然是公平的,大家可以放心地继续持有美元。

放弃黄金之后,美国用股票来玩一个新集体游戏。该游戏需要大家相信“未来会更高效”“科技会更进步”以及“机会会越来越多”。一旦大家产生了这样的集体共识,美元这张纸币就被广泛地使用了。

在共识水平低的地方,那里的人民往往相互攀比、相互嫉妒、相互监督和相互揭发。他们一定要等到大家都陷入水深火热的境地了,才能建立互信机制,然后才能团结起来去推动“握有‘橡皮图章’的部门”去实现变革。

在那些共识水平高的地方,人民不会等到国家变成一片废墟了才觉醒过来。那里的人民会很早就采取行动,限制"橡皮图章"的权力和开支,国家发行的纸币就不容易贬值。他们组成的集体游戏就容易吸引更多的人参与。

比特币的共识机制排除了对个体素质的要求。哪怕是一群相互提防且素昧平生的"妓女"和"混蛋",他们既不需要相互勾引,也不需要互相勾结,仍然能够使用比特币。他们使用比特币的方法和另外一群具有崇高品格的"绅士"和"淑女"使用比特币的方法是一样的。比特币不会因为它的使用者的道德水平低而贬值。比特币的稳定及其估值不依赖于其使用者们的个体素养和共识水平。这是比特币最让我着迷和佩服的地方。

此时此刻,我并不预测美国将抛弃"橡皮图章"本位,转而实行比特本位。这并不说明我看淡比特币的前景,而是说明我对美元纸币制度的前景有不同的看法。

美国放弃金本位之后的数十年里,成功地实现了"'橡皮图章'本位"①。我一度以为,美国的货币发行机制在华尔街,不在美联储。美股一路上涨,长期走牛,而且十几年来,根本没有明显的大幅度回调。

但是,这不说明股票是美元的"锚"。我建议读者一定要克服"给货币找一个锚"的思想,转而观察人们在玩什么集体游戏。发行纸币就像玩一个双手抛接三个彩色球的游戏。纸币就像是那些彩色球,关键是熟练而灵巧的抛接平衡技术。

---

① 在我查过的文献中,应该是泰德·肯尼迪参议员最先发明并使用了这个词组。详见威廉·曼彻斯特著:《光荣与梦想》。

整个货币游戏并不需要一个锚。各“橡皮图章”部门能够协调起来玩游戏了，这个国家就能顺利发行纸币了；否则，他们一定会陷入通货膨胀的内乱局面。在美国放弃金本位的这50年时间里，美国的通货膨胀总体温和，科技股上涨明显。其间，曾因越战开支过大，美元经历过一个糟糕的通货膨胀时期。

“橡皮图章”部门一个重要的任务就是让持币人集体对未来充满信心，而且让他们可以相互彼此感知其他人也对未来充满信心。由此，人们就容易凝聚对未来的乐观共识，从而汇成前进的时代洪流。

用降低福利并提高效率来压缩政府开支，这样就可以低成本地维持共识。用开放市场和放松监管来鼓励科技进步，这样就可以创造更多市场机会。这两条做到了以后，人们就愿意持有你发行的纸币了。这就相当于他们愿意购买门票进入你开的游乐场来玩游戏了。

用科技进步来提升效率是维持纸币游戏的核心之一。我在写《估值原理》的时候就发现，股票价格涨跌其实是表面现象（镜子里的影像），核心是一部分人的社会地位的升降。科技进步带来的效率提升会让所有人的生活质量比以前要好，但不会提升所有人的社会地位。它只能让那些带头实现科技进步的一小部分人的社会地位提升。其他大多数人还在原地踏步，终其一生保住中产阶级的地位就相当不错了。但是，这个游戏又因其公平而获得人们的信任。大家相信只要自己努力发明创造推动科技进步，就能在集体游戏中脱颖而出过上“人上人”的好日子。如果不能的话，只要自己肯吃“苦中苦”，一辈子省吃俭用，坚持跟随被动投资指数 ETF，也能在社会中间层保住自己的位置。由于指数 ETF 的成分股定期调整，把最近的强势股吸纳进来，所以,你用每个月的工资定投指数 ETF 相当于一直待在时代的大船上,不会因新的效率改善而被淘汰。

有了这个背景介绍之后,我们就容易理解放弃金本位以后的 50 年,美国股市的总市值反而像挣脱了缰绳的野马,主要指数上涨了数十倍。其增幅远超同期 GDP 的增长。在这种情况下,人们很容易问一系列“错误问题”①:

“股市总市值从 1 万亿美元增长到 10 万亿美元,这些钱是哪里来的?是美联储印出来的吗?美联储印了那么多钞票,为什么只是股票乱涨而物价却基本稳定?”

“股市上有人赚钱就一定有人赔钱,那么,谁赔钱了呢?美国人赚的是全世界其他国家的钱吗?”

这类问题都误解了纸币发行机制。我在《时间游戏》一书中指出,人们可以用股票(或房产)玩一个集体游戏。这个集体游戏中的股票一直在上涨,就能够吸引更多的人参与游戏,防止人们离开,并给所有人制造幸福感。各个“橡皮图章”部门要让大家都感觉自己现在很幸福,未来更值得期待;尤其要让大家以为科技进步才刚刚开始,我们正在风口上,后面还有大行情,未来将会有更高的效率和更先进的科技来保障大家的幸福生活。这样一来,人们就不会抛售股票去持有现金。一旦大家都开始抛售股票了,要么是通货膨胀,要么是股票暴跌,游戏结束。

科技股为什么值那么多钱?因为大家都相信科技进步能够解决自己眼前的问题,能够改善未来的生活。一旦大家都这么想了,他们

---

① 维特根斯坦会将其称为“非法问题”,意即这些问题根本就不该产生。

就达成共识了。

共识就像一种公共商品，它一旦被创造出来，就具有巨大的价值，且对所有人有利。你可以叫它“科技本位”“预期本位”或者“幸福感本位”——当然也可以叫它“‘橡皮图章’本位”。它就是一种基于共识的价值创造。

如果你不相信未来会更好的话，那么，可以抛出股票兑现离场。“抛售股票”“脱离游戏”和“背弃共识”这三者是一回事。但是，如果其他人仍然在玩游戏的话，那么，你很快就会发现你的社会地位因持有现金（不是股票或房产）而下降了。于是，你身边这样的案例多了以后，你的思想就动摇了，心里痒痒着想要回来继续玩游戏。

价值投资的意思并不是要你长期持有股票，而是要你长期相信社会共识并长期参与集体游戏——全社会需要你长时间努力工作。如果大家动不动就抛出股票（退出集体游戏），那么，社会共识很快就会瓦解，纸币就会泛滥成灾，社会秩序就会崩溃。为了维持这个集体游戏，需要一揽子“有关部门”的集体默契和相互协作。

美国税法规定，你股票抛出以后，就得交资本利得税。你的股票亏损以后，可以抵扣你的个人年度所得税。你的公司在被换股吸收合并时，你可以被豁免所得税。这些理念鼓励长期投资，也就鼓励你长期参与集体游戏，长期努力工作，长期纳税。

每次经济停滞时期，国会议员们又开始废除各种行业监管法律。目的就是让人看到行业新机会，给创新行动松绑。全社会都在鼓励创新，鼓励提高劳动生产率。全社会都提倡长期持股（长期维持共识并参与集体游戏），这些潜移默化的影响就形成了一种独特的文化和纸

币发行体系。这种体系的核心仍然是共识机制,它需要大家相信:

● 发行纸币的机构是可信任的,它们不会乱来。

● 政府各部门会约束开支,国会议员们会制约他们。

● 纸币发行当局(各“橡皮图章”部门)会兼顾就业率、通胀率和经济增长率(社会集体游戏会同时保持公平并提供机会)。

● 我的未来会越来越好,人会越来越自由和幸福。

● 科技会越来越进步,生产效率会越来越高,人会有越来越多的空闲时间。

● 公司效率提升以后,股票会越涨越高,持有股票的人的社会地位会水涨船高。

● 其他人也持有上述这些信念。如果我不信的话,对我反而不利。

一旦美国民众形成了这些共识以后,“握有‘橡皮图章’的权威部门”就可以发行纸币了。各中心化的官僚部门把持了美元这个集体游戏,让参与者人人努力工作并期待幸福生活,然后用大家辛勤劳动的成果(之一部分)养活这些部门。

许多经济学家们在这个问题上犯了因果倒置的错误。他们试图在两个结果之间建立因果关系。他们认为,是美国的《401K 法案》促使中产阶级将大量储蓄投入了股市,并由此形成了美股的长期牛市。还有经济学家进一步指出,美股的长期牛市反哺了美国“婴儿潮”一代中产阶级的消费和养老。

真相其实简单得多。纸币时代比金本位时代更难维持共识。为了发行货币,必须建立并维持一个行政官僚体系。这个体系首先要凝聚大多数人的共识，让大家相信这是一个公平的游戏（不信请看：就连尼克松总统的某些过失都不能免于惩罚）。其次，这个本位要让大家看到机会。这就需要建立预期，让大家相信未来会变得更美好，相信效率提升会带来生活改善。于是，大家就开始玩命工作，积极投身于效率提升的游戏。与此同时，大家还省吃俭用，把积蓄投入股市。上市公司的估值水平随着劳动生产率的提升而水涨船高。整个集体游戏需要股市市值扩大来维持下去。那些效率提升得很快的公司往往是科技股特征明显的公司。它们的市值增长得也快，它们的股东和员工的社会地位提升得也快。只有这样才能吸引大家参与其中，通过效率改善来维持物质生产和社会运转。

法兰西第三共和国在倒欠一大堆黄金外债的情况下，仍然能够凭借全民公决所得到的共识来实行金本位并发行纸币。同理，美国在放弃金本位之后，逐步形成了新的共识机制。这就是以效率改善为基础，以股票为载体，吸引大多数人参与其中的美元纸币发行体系的基础。

请想象一下杂技演员踩在高跷上抛接彩色塑料小球的情形。他需要不断抛接更多的小球才能吸引观众，让大家感到刺激，让大家相信他有水平玩这个把戏。

同理，金本位时代的英格兰银行需要你相信它的地下金库里面有很多黄金。但英国从不开放地下金库供人们参观并现场审计，它倒是经常炫耀坚船利炮。其目的恐怕在于，让人相信它能玩复杂的把戏，能够从世界各地搞到更多的黄金。美元进入纸币时代以后，辉煌上涨的科技股，波澜壮阔的大牛市，无不是让人们放心持有美元并参与它的集体游戏的“营销手段”。

维系任何共识都是困难的。纸币的共识不像比特币那样是天然的、内在的和固有的。纸币的共识需要被不断验证，它需要广大中产阶级积极参与并信任这种机制。我猜想，全球化可能也是维系美元这种纸币“‘橡皮图章’本位”的“把戏”之一。推动全球化就能扩大市场规模，在更大范围内高效地组织生产、配置资源、鼓励竞争和创造机会。在全球化过程中，美国的中小企业不断遇到新兴市场的竞争，它们被迫采纳新技术来提升劳动生产率，或者干脆外包一部分生产任务，集中精力来研发新产品。这种分工看起来很像是国际贸易推动的，其实是被动提升效率的行为——而提升效率是发行美元的关键所在。

各个有权力(“橡皮图章”)的政府部门和各种政治势力协调起来维持一个货币发行体系。整个体系凝聚并维系了人们的共识：未来会因为效率提升而越来越好。为此，当下要勤奋工作并省吃俭用而且长期投资指数 ETF。

全球化遇到挫折之时恰恰也是美国国内政治分歧和对立严重之际，这再次说明纸币维持共识的难度很大。我感觉，当前世界主要经济体遇到的许多社会问题其实是因为“橡皮图章”本位维持不下去了。尤其在欧美等发达国家，维持社会共识机制的成本太高了。欧洲的福利水平和美国的官僚系统都靠高成本运行，从而吞噬了私营部门效率改善带来的财富，动摇了纸币发行所依赖的共识基础。

于是，在这个背景下，比特币诞生了。它凝聚了新的共识，展开了新的游戏。我很肯定的是，如果欧美发达经济体的“‘橡皮图章’本位”

还能高效率地运行下去,比特币本来是不会诞生的。

我们今天看到的国际金融体系其实是一个以美元为纽带的生态圈。比特币也有一个类似的生态空间。大家可以把纸币和比特币想象成两个互动的生态圈。从纸币到比特币的路径就这么直白:美元、稳定币和比特币。这里指的稳定币可以是 USDT,也可以是 USDC(我对这两者不做具体的商业解释,防止读者以为我有倾向性意见)。我在这里唯一的倾向性就是指出美元的竞争对手其实是稳定币,而不是比特币。以太坊其实不像是数字货币,而更像是比特币生态系统里面的应用了。

除了稳定币以外,现在市场上还有其他"××币"(比如波场币和狗币),它们在各平台上充当了支付工具。但是,投资人在买卖数字货币或者资产的时候,普遍倾向于使用稳定币为支付手段。稳定币是由一个中心化机构发行的,你也可以说它是反比特币的。它原则上是和美元一一对应的,你用美元兑换稳定币之后,就可以用稳定币去交易比特币或者其他数字资产。它像是你在比特币生态圈里面的支付手段。

以太坊丰富了一个更加开放和自由的数字世界,它的作用是建立一个不需要"橡皮图章"的生态系统。它和纽交所在竞争,而智能合约则和华尔街的投资银行在竞争。以太坊生态概念最早是由一位年轻的程序员 Vitalik Buterin 在 2013 年提出的。在 2016 年的比特币硬分叉事件后一路成为除 BTC 之外最有价值的加密货币。与比特币不同的是,以太坊并不只是一种数字货币,除了以太币(ETH)外,它还是一个智能合约平台,在这上面人们可以构建各种各样的去中心化应用程序(DApps)。在以太坊上,人们可以在"去中心化金融"(DeFi)领域,通过智能合约进行各种针对传统标的物的交易,并提供投融资服务,人们在"非同质化代币"(NFT)市场上交易各种虚拟资产。

在这上面,通过智能合约和去中心化身份验证系统,人们可以创建和管理,并且安全地验证和授权自己的数字身份。在这上面的每个项目的决策和管理,人们都能通过去中心化自治组织(DAO)来参与投票和治理,因此,人们可以得到更加民主和透明的社区。

DAO 是一种基于区块链技术的组织形式。它通过智能合约来管理组织的规则、操作和决策过程,实现了一个没有中央管理层的自治体系。DAO 的核心特点包括去中心化和自治。去中心化意味着 DAO 不存在一个中心权威或管理层,决策权在成员之间分散;自治则是指 DAO 能够自行执行和维护其规则和协议,不需外部干预。[①]

当然,以太坊生态系统还支持各种基于区块链的游戏和虚拟世界。通过智能合约和数字资产,游戏开发者可以在上面创建虚拟物品、游戏资产和虚拟世界,与玩家进行交易和互动。以太坊作为一个开放的智能合约平台,为数字世界的各个领域带来了无限可能。并非虚拟世界吸引了越来越多的人参与其中,而是纸币体系让持有人"伤透了心",人们被迫寻找基于更广泛、更公平且更高效的新共识。

电影《烈火雄心》中的男主角身负重伤被救下之后,说了这样一句台词:"Mr. President, you failed this country."(总统先生,你辜负了这个国家。)

---

① 我在智能合约和 Web3.0 方面的知识得益于王真哲先生和胡琴女士,在此一并致谢。

围猎中产阶级的“阳谋”

任何一个成功的纸币发行体系都要维持一个让广大中产阶级省吃俭用并奋斗终身的机制。为此，货币发行当局就需要让大多数人“感到公平”且“看到希望”。

美联储不能指望富豪们，他们躺在资产堆砌的金山上，不用担心通货膨胀。通货膨胀也许对富人们更有利。美联储也不能指望穷人，那些靠吃社会福利过活的赤贫阶层躺在地铁站台上根本不想工作。穷人靠政府补贴的食品券。因此，他们也不在乎通货膨胀。

大富豪们实际控制或影响了发行美元这场集体游戏。他们是游戏真正的组织者和受益人。我相信他们就是当代斯瓦特河谷的巴克图人。他们要把游戏玩转，就要让穷人闭嘴，安于贫困，不要滋事生乱。为此，他们要给穷人最低生活保障。他们还要让中产阶级闭嘴，在提心吊胆和相互攀比中玩命工作。为此，他们不仅要让中产阶级相信未来有机会，还要让他们相信社会很公平。毕竟，是中产阶级创造了社会财富，他们交所得税养活联邦政府，他们交房产税养活州政府。当然，让他们交税的借口是“帮助穷人”。

美国的中产阶级“被代表”“被操纵”和“被利用”了。他们变成了沉默的大多数。什么是中产阶级？就是那些最广大的、能干活又肯干活的普通人。我将他们统一视为中产阶级。

货币发行当局要维系一个共识，以团结、凝聚乃至拉拢中产阶级，鼓励他们终生奋斗，从而维系社会秩序并维持经济运转。要让广大普通人产生共识：这个时代，这个社会，值得我们奋斗。这就是推动社会进步的根本力量，也就是纸币时代的各种金融学理论的基础——尽管经济学家们对此避而不谈。

从这个动机出发，我就很容易理解现代金融学体系中有关货币发行的理论了。以美联储为代表的纸币央行以物价和就业（有些国家的央行统计口径是失业率和经济增长率）作为制定货币政策时的重要参考依据。我并不把物价和就业看成两个经济指标，而是将其视作维系中产阶级继续努力奋斗的两个刺激手段或者约束条件（回想一下齐桓公把贵族当成调节社会关系的货币工具）。央行货币政策发生作用的机制就是调整各阶层之间的关系，以便让中产阶级玩命干活。

美国的中产阶级并不是一个具体的团体或阶层，并没有清晰的边界和明确的标准。我提醒自己，把美国中产阶级作为研究对象时，不能像希特勒对待犹太人那样，给每个人贴上黄色标签。而是应该接受维特根斯坦说的“月光小道”概念，中产阶级的具体边界之所以是模糊的，是因为它的构成是时时刻刻在变化的，进进出出的人很多。

西方金融学有关纸币发行机制的理论在我看来是针对中产阶级的“阳谋”。这些理论有以下几个天然的目的：

第一，不要阻止极小一部分中产阶级变身成大富豪。然后，大肆宣传他们的成功，让其他中产阶级都保有梦想，以为只要自己努力就有机会成功。于是，中产阶级玩命干活，混得不好就责备自己不够玩命。

第二，不要阻止极小一部分中产阶级沦落成穷光蛋。马路上落魄的流浪汉和醉鬼对开车路过的上班族来说，是最好的提醒：忍住老板的责骂和客户的刁难，千万要保住这份工作。毕竟，全家的医疗保险还要靠它来维系。

第三，推崇中产阶级的文化价值观念。这样能够让中产阶级感到自豪，感觉自己地位高，对自己的现状感到满意。这样还能让中产阶级变成值得羡慕并值得为之奋斗的阶层。

社会要维持乃至扩大中产阶级队伍，因为这是一个真正干活并创造价值的社会阶层。为此，央行的货币政策必须包括激励和约束两个方面的内容。就业情况很差的时候，往往就是中产阶级们没有机会通过努力来提升自己社会地位的时期。央行就会降低利率并投放流动性来鼓励市场，以便创造就业机会——让中产阶级去努力工作。而物价水平很高的时候，往往就是中产阶级们无论怎么努力也没有机会进一步提升自己社会地位的时期。央行就会提高利率并限制流动性来防止贫富差距扩大，以便防止中产阶级努力也没有用，让他们感觉自己的工资还能追上物价涨幅，这样就能够维持社会公平。

为了实现上述两个目标，光靠美联储一个“橡皮图章”是不够的。比如，为了实现促进就业的目标，需要好几个部门协调一致来开放市场，减少监管，促进就业，而不仅仅是美联储放水降息。为实现控制通货膨胀的目标，需要另外的好几个部门协调一致来压缩开支，降低流通税收，征收资本暴利税，而不仅仅是美联储紧缩升息。

货币发行机制就是维持社会共识机制。金本位就是有关黄金的共识。金本位的共识包括而不限于以下几个方面：

- 具有采掘冶炼和制造能力的人获得更高的社会地位;
- 议会对政府开支进行约束;
- 市场对货币发行规模进行约束;
- 提倡生活节俭和勤奋。

这些共识共同构成了工业化时代的社会价值观。

美联储之所以独立于美国政府和国会,无非是要防范这样一种极端的可能性:赌场的大庄家和发牌人是同一个人。那样的话,货币发行当局就会沦为富豪权贵阶层的牵线木偶。一旦发生那样的情况,美元就会像许多南美乃至非洲的发展中国家的货币那样失控。为此,一定要让广大中产阶级相信,社会不仅充满机会而且机会是公平的。美联储的独立性能够在最大程度上维系中产阶级的这个共识。于是,他们就继续努力工作。

如果只是一小部分权贵富豪阶层达成了共识,他们印刷的纸币就是他们剥削劳动者们的"鞭子"。这个国家的政治就会动荡,经济就会衰落,它的纸币发行体系最终会瓦解。

如果最广泛的劳动者们都相信这是一个充满机会的公平社会,就会对使用这个国家的货币形成共识,那么,这个货币就是大家手里的"金子"(哪怕它只是一张纸片)。这个经济体就繁荣,政治就稳定,货币就坚挺,外国人就对这个国家趋之若鹜。

我离开美国 25 年了,其间再也没有回去过。我不知道美国发生了什么。从新闻里看到美国两党的对立如此严重,这在 25 年前是不可想象的。这些年来,美国贫富差距迅速扩大,国内政治的对立也就可以理解了。

根据一组数据显示：2024 年，美国去欧洲度假的家庭数量达到了历史新高；与此同时，美国去“food bank”领取救济食品的家庭也达到了历史新高。这说明穷人和富人的数量都增加了，但这也意味着原来的社会结构开始瓦解了。

中产阶级备受煎熬的时代，他们肯定会像苏丹达尔富尔人那样选择财富移民。我无法证明这两者之间存在因果关系。但是，美国中产阶级的落寞和比特币的崛起在时间上是同步的。

斯瓦特巴坦人提示我：一个人在部落里获得身份的方式和他获得财产的方式是一体两面的。

纸币时代的美国中产阶级提示我：一个经济体的货币发行机制和这个社会形成共识的机制也是一体两面的。

美国堆砌了那么高的财政赤字和债务规模，这说明要维持它原有的社会共识需要支付巨大的代价。有些人质疑比特币，说它什么用也没有，是一个迟早要破灭的泡沫。我早就解释了，美元纸币的共识在瓦解，相比而言，比特币毕竟凝聚了千千万万普通人的共识。到底谁是泡沫还很难说。美国中产阶级很有可能就把比特币当成了财富避难的“诺亚方舟”。

并不是因为“诺亚方舟”上能干什么，而是因为其他地方已经一片汪洋，什么也干不了了。比特币凝聚的共识恰恰映射出美元的共识在瓦解。

澄清关于“储备货币”的误解

“上帝也许并不存在，但如果相信它存在，并由此形成一群具有相同信仰的人，那么，对于这群人来说，生活变得更值得期待了。”哲学家萨特早就看透这些宗教问题了。

科学家们在这条化学分析的道路上走得更远。2024 年 12 月，《自然》期刊发表了一篇题为“*Why probability probably doesn't exist* (*but it is useful to act like it does*)”的论文。该文作者大卫·斯皮格哈特(David Spiegelhalter)认为，在我们的日常世界中，概率可能并不真正存在，但假装概率存在，并据此信念生活，通常对我们是有益的。

哈哈哈，好吧！我笑纳了。因为，人到中年以后，遇到引人入胜和拍案叫绝的事情会越来越少，恍然大悟和悔不当初的事情会越来越多——而且这不是概率，几乎是必然规律。

朱枫老师是上海电影制片厂的导演，他曾经介绍我加入他领导的上海电影学会。这次，在征求他本人同意以后，我根据剧情需要，将他作为比特币对立面的“反面人物”写入本书。

朱老师酷爱集邮，他有一大堆集邮册。为此，他还专门挑出其中有关电影主题的纪念邮票在上海电影学会的驻地搞了一场展览。毫无疑问，观众不仅人数寥寥，而且都已白发苍苍。我碍于面子，去观摩了一场。出于礼貌，我在现场频频点头，并若有所思地仔细听了他的介绍。我感觉,真正有意思的事情是,为什么当年那么火爆的邮票市场行情现在一路惨淡?为什么集邮的人没有了?为什么以前那么值钱的邮票现在根本变现不了?

比邮票更困扰我的一个问题来自最近的一则新闻。2024 年 12 月,电竞游戏《军团要塞 2》的某玩家和该游戏的运营商 Vytal 公司达成了一笔交易,打破了该游戏上线 14 年历史上最大交易金额的纪录。这次交易的标的物是一件超稀有的道具,一顶名为"Crone's Dome"的帽子。据透露,玩家用 24 000 把"补给箱钥匙"获得了这顶帽子和一些其他物品。目前,"补给箱钥匙"在相关交易平台上的售价约为每把 1.78 美元。因此,这顶游戏中帽子的交易价格约为 42 000 美元。

这笔交易表明这款射击游戏的市场正在蓬勃发展,其玩家群体似乎比以往任何时候都更加热衷于此。自从《军团要塞 2》游戏从 2010 年在网络平台上实施道具交易以来,这款游戏吸引了游戏从业人员的注意,常年有数百万美元在其相关的网络社区中流动。值得注意的是,在该游戏推出近 20 年以后,玩家人数仍在持续增长,在流量高峰期,有超过 15 万名玩家同时登录了这款游戏。相应地,游戏中道具交易的价值也在不断提高。

20 年前,朱老师要是抛出他手里的集邮册,买入射击游戏玩家喜欢的道具,他今天可能就发大财了。这两个故事提醒了我,资产价格的走势并不符合随机漫步过程,而是取决于集体游戏。邮票不值钱了,是因为人们通过邮局相互寄信的集体游戏瓦解了。

你参与的集体游戏如果涌入更多的年轻人,那么,你收集的与该游戏有关的物件(棒球卡、篮球明星签名球衣等)就会升值;反之就贬值。

你怎么才能确定自己待在一个正确的、繁荣的、吸引新玩家的集体游戏里面呢？你一定要认识到整个集体游戏需要解决的主要矛盾，需要化解的主要风险。因为，人类不会平白无故地自发组织起来形成集体游戏。

无论是黄金，还是美钞纸币，要成为储备货币的首要因素是今后的年轻人继续相信你奉行的价值观，接受你这一代人的共识，下一代年轻人还会走同样的道路，玩同样的集体游戏，而且他们人数更多，玩得更好，走得更远。这样一来，你的社会地位就随着持有的资产一起水涨船高了，你的退休生活就得到了保障，你发行的货币就是储备货币。

我在《时间游戏》中指出，人们在玩集体游戏以便应对共同风险。你发行的货币成为集体游戏里面的道具，人们就会追捧你的货币。如果他们开始玩另外一个新游戏了，那么，你发行的货币就有可能沦为朱老师的集邮册。

既然是在玩游戏，就涉及游戏中玩家的身份问题了。这个问题恰恰是凌力老师提醒我的。他说："相比银行卡，比特币更像身份证。"于是，迷雾突然散去，我大梦方醒。

在传统的集体游戏中要认证身份是很困难的事情。有时候，甚至需要好几个权威部门出来敲好几个图章，才能认定这个人的身份，同时确定他在集体游戏中的角色（相应的社会地位）。

传统的集体游戏离不开中心化的认证机构，这个认证机构既组织了集体游戏，又承担了玩家身份确认的工作，还发行了游戏使用的代币。它在发行代币的过程中,其实收了“铸币税”,作为它组织集体游戏并认证身份的酬劳。你的身份确定了以后,你和你的钱的一举一动都在各权威部门的监管之下,这就使得你无法逃税。

比特币改变了这个局面。比特币玩家的身份不需要中心化机构来认证了。只要你手里有密钥,你就有资产。你就有了相应的身份标识,你就可以有处置权。

现在明白了吗?为什么各国央行都在“围剿”比特币?你现在知道什么是铸币税了吧?你不需要那个认证中心就能够参加集体游戏了。集体游戏还没有瓦解,但那个认证中心发行的钞票变成了朱老师手里的邮票。

让我们回到中世纪的阿富汗进一步阐述身份认证的问题。当然,除了阿富汗以外的其他游牧部落也有类似的情况。

> 好客也很容易成了两派之间平等与结盟的习惯做法;另一方面,一贯的单边主客关系会导致客人的依赖和在政治上的服从。
>
> 根据当地环境,在巴坦人中款待客人的合适场所随着具体情况和规模的变化而变化,而且还涉及为达到殷勤好客的目的而公开获取的空间的分配:一栋专门准备的男人的房子,一间独立的客房或仅仅是一个坐的地方。空间和场合作为场所可以被一起描述,因为他们提供了行为表现的机会,而这些行为可能会根据规模与质量而被大众评价。
>
> 特别是,为待客而准备的场地会给主人提供机会来展示

在管理方面的竞争力、他的盈余以及人们对他的信任。更重要的是，场地的准备也表现出了他的责任，暗示了他的权威和自信——巴坦男人的最基本品质。进一步来讲，它证实了巴坦人生活的基本前提：财产不是为了积累，而是为了利用。财产本质上并不重要，只有软弱的人才会附着在财产上并依赖于财产，而强大的人把他的地位建立在内在的品质和人们对这些品质的认可上，而不是建立在通过对物质的控制而达到对人的控制上。

一个贫穷山区农民的自尊由此可以在相邻的东方文明的财富和奢侈面前得到维护，但同时在巴坦人价值观的条件范围内，通过好客，人们规定了把财富转化成政治影响的方式。在被款待的陌生人认可当地人最高特权的同时，当地首领在单边模式中也能通过宴请同村人而获得大批的拥护者。关于好客的观念通过这种方式使人与人之间的交流和信息的传播在无政府领域里变得容易起来，并且保护了本地人免于和陌生人进行招人嫉妒的比较。除此之外，当地首领还可以推动巴坦人领导下依附者(servile dependants)的政治同化。①

即便是在巴坦人——这个已经是“去中心化”的部落里，仍然需要用“好客”来确认自己的身份并维持自己的地位。这说明个体的人在集体游戏中，持有财产的方式和获得身份的方式是一体的。

① 引自弗雷德里克·巴斯著：《族群与边界——文化差异下的社会组织》，商务印书馆2018年版，第108页。

巴坦人为什么有这样的风俗习惯？只有维持这样的风俗习惯，他的子孙后代才能继续持有这片土地。同样的道理，在阿富汗那些中心化管理的部落里面，与大酋长非血亲的富裕地主们要么被仇人干掉，要么被大酋长以崇高借口法办，很少有富裕的地主能够把财富传承三代以上的。

看看现代美国社会的普通人吧！他们的身份依赖于一个中心化的权威机构的认证。为此，他们掏钱养活了一大批权威机构——它们握有各种"橡皮图章"。想象一下：一个美国人维持自己身份、享用自己权利、拥有自己的资产、持有自己的护照并发现去全世界其他地方都可以随意使用美元的时候，他同时需要维持一个庞大的联邦政府的运转（中心化的认证机构和发钞机构是一体的）。同样的道理，朱老师的邮票要恢复价值就需要全社会重新开始写传统书信。相对来说，比特币持有身份的代价就低得多——只要不扔掉硬盘就不能忘记密码。

巴坦人为什么用好客来确认身份？为什么他特别渴望外乡来的人在同村邻居面前对自己表现出极大的恭敬，并为此不惜大费周折耗巨资办一场欢迎宴会。他需要那种来自外乡人的恭敬，以便向他的同乡炫耀，从而获得、确认或巩固自己在部落村庄里的身份地位。那为什么美国人从不搞这种类似夸富宴的好客仪式呢？因为他已经为庞大的"橡皮图章"体系付过钱了（就是我说的"铸币税"[①]），他的身份已

① 学院派经济学家会说我根本不懂什么叫铸币税。对此，我不做任何辩解。因为，我意识到两个重要的事实：一是这些经济学家往往都和一个中心化的发钞机构关系密切；二是经济学家们痛恨的书往往销量比他们推崇的书要好很多。

经得到了认证。

请不要忘记，本书一开始就介绍过，巴坦人几乎不使用货币，而美国人是使用中心化机构发行的美元。两者都为各自的身份认证交过钱了，只不过方式不同而已：巴坦人热情好客招待异乡人；美国人勤劳工作养活一大堆中心化的“橡皮图章”部门。

写到这里，我又想起多年前读过的一个人类学发现（可惜忘了出处）：凡是主雄产生方式不明确的地方，人们都倾向于对外乡人好。因为他需要外乡人的赞美、感谢、服从乃至敬仰等反馈来形成一个有利于他的舆论环境，从而确认乃至巩固自己在本部落的身份。为此，部落酋长往往对本部落的人非常刻薄和吝啬，而对于款待外乡人这件事则不惜花费巨资。

在比特币的世界里，人们没有必要去用这种讨好外乡人的办法来确认自己的身份。保持身份的条件变了，不是由“人际关系互动”产生的，而是用巨大的耗电量保证的。

需要中心化权威部门来认证身份，这也从某种程度上说明人类一旦进入货币时代，相互之间的信任不足问题就开始困扰我们。解决信任不足问题可能有两个方向：一是人与人的疏远和个人自由的确立，最终进化到了使用货币的集体游戏阶段。但他们始终需要中心化机构来认证游戏中的身份，以便和陌生人达成交易。二是个体缺乏自由，他们最终的进化归宿可能是退回到巴坦人那样，生产力水平低下且不使用货币的去中心化部落，依赖外乡人的认可来确定身份。

比特币是否具有储备货币的功能呢？我不回答这个问题，我建议读者从另外一个角度思考这个问题本身。在比特币的世界里，没有人能够剥夺你的财产，没有权威机构能够篡改你的交易。如果有人要这么做的话，其他持币人出于他们自身利益的考虑，会予以阻止。这就使得人在集体游戏中低成本地获得了身份，而且还能去追求自由。

这个发展方向比人类之前努力尝试过的两种方式都更合理、更符合人的利益。所以，不用争论比特币是不是虚拟的，是不是骗局，是不是泡沫。重点应该是观察它是不是在一个更符合人性的集体游戏中承担“认证”的角色。

只有让下一代的年轻人继续沿着你奋斗过的方向努力，你手里的资产才有保值增值的可能性。历史难道不是这样发展的吗？让人都愿意来加入我们的游戏，让人渴望拥有我们游戏里的身份，他们就会玩命工作，我们就可以安心退休了。

比特币能否作为储备货币？我感觉它至少在一个方面符合了人性发展的路径：集体游戏需要有一个成本更低的身份认证方式，这样一来，集体游戏中的个体玩家才获得了更多的自由（手里的代币更多了），游戏才能吸引更多玩家，从而继续下去，所有人手里的代币才能保值。某个货币能够成为储备货币，根本原因是越来越多的人加入了使用该货币的集体游戏。

黄金为什么曾经是储备货币？因为在下一代的集体游戏中，采掘冶炼技术仍然是必要的游戏技能。美元为什么曾经而且现在也仍然是储备货币？因为在下一代的集体游戏中，持有美元可以兑现更多科技进步带来的发展机会。

从这个视野继续望向远方，比特币除了低成本的共识机制以外，还有其他特征可能是下一代集体游戏所需要的，如算力和电力。

在写作这本书时，我拜访并请教了许多人。从我自己学习比特币知识的经历来看，读者急需澄清一些固有的知识误区和对比特币的误解。其中，最大的误解莫过于有些人把比特币同人民币对立起来。那些币圈的炒家、投资人、码农、矿主和 Web3.0“交易猿”（“猿”不是错别字，他们在和我沟通过程中坚持用这个字称呼自己）等，这些看似“社会闲杂人员”说的东西，即便我当时听不懂，但事后回想起来，还是有所收获的。而那些看似“社会贤达”的经济学家们的话，我一听就懂，但事后回想，要么说得不对，要么什么也没说。

我猜想读者可能一直在犹豫，考虑是否买些比特币保值。对此，我没有任何建议给您。我只负责在这本书里对您说有关比特币的实话。[①] 但是，我建议您不要听信专家、权威、大咖、高手，尤其是那种光环亮、名气大且头衔多的“业内人士”的建议，一定要把决策权捏在自己手里。

我无意以火星人的视角来评判比特币的是非。我只是想澄清一些有关比特币的误解——毕竟，维特根斯坦说过，哲学就是澄清误解的行动。有关比特币的误解是如此广泛而深刻，它们被深深地植入普通人（纸币持有人）的心灵里，以至于我周围许多人都认为我被骗了，走火入魔了。好吧，我不做辩解。您就当我是深入虎穴的侦查员，在掌握了第一手资料之后，在这里发表了一番轻松的“炉边谈话”。

一是比特币值钱是因为它数量固定。这句话包含了以下多重误解：

---

① 我有责任提醒读者，我这里说的“实话”，意思是发自我内心的真话。我不肯定它同时也是符合事实的真相。我从不声称自己单独掌握了全部的真相和真理。

首先，比特币的数量被说成是固定的，不能乱发新币。其实，情况不是这样的。比特币的数量确实是由中本聪的白皮书事先明确过，但如果51%的持币人默契一致愿意修改规则，是可以额外发行的。

其次，比特币值钱并不仅仅是因为数量固定。早在洪荒初创的宇宙早期，黄金数量就已经确定，无法人为增加，且黄金成为货币时间很久了，人类早已使用习惯。但是，比特币在最近10年来的涨幅远远超过了黄金。

重要的不是比特币的数量预先固定，而是它约定了在相当长的一段时间里，比特币相关的激励机制仍将持续有效。

比特币估值的基础是它独特的共识机制，它疯涨的原因还在于它所代表的算力——尤其是并行计算——符合未来世界人工智能这个集体游戏的技术路线，它比纸币更适合在未来世界成为游戏代币。

有币圈人士预测，比特币将取代黄金成为新的储备。他进一步预测，现在全世界黄金的总市值为23万亿美元，比特币也会达到这个数字。他由此推测了比特币将上涨到150万美元一枚。我对这个数字不做评论，但我反对他分析问题的逻辑。黄金值那么多钱是因为需要鼓励大家发展与工业有关的技术。比特币到底值多少钱，其实取决于另外一些问题：要多少钱才能鼓励科学家开发出类似核聚变的能源？才能让工程师造出全面模拟蛋白质功能的芯片？需要用多大代价才能重建一个类似比特币的广泛共识机制，里面有足够多的参与者，足够分散的来源，足够的相互提防，足够的行动共识？这些才是比特币估值的关键因素。

二是比特币挖矿完全是浪费资源尤其是电力。这是天大的误会。

挖矿比特币不是消耗电力，而是给全体持币人的财产拉起了一道安全电网。这就像你把黄金存入银行地下金库，银行会雇用保安，安装监控设施，消耗电力来保护你的财产。挖矿费电是为了筑起高墙，保护前面的比特币持有人。如果有人想要篡改区块头，就要修改它后面的一系列区块，这样的做法将费时费力且费电。

在我写作的这个档口，后面新挖出来的比特币（即便每度电只要 0.3 元人民币）的耗电成本也在每枚 5.7 万美元。任何人为了获得比特币的控制权，需要掌握 51％的算力，因此，他在如此高昂的电费账单面前，只会放弃控制欲望。

三是比特币会越来越少，物以稀为贵。比特币总量不会减少，只是新增比特币的数量大约每 4 年减半一次。所以，有人认为比特币以后会“物以稀为贵”。真是一个糊涂蛋！如果比特币后面越发越多，就有可能出现一个超级计算机的控制人，他获得了绝大多数后面发行的新比特币，他就有可能持有了 51％的节点，他就能够修改规则，甚至能够篡夺其他人的比特币。为防止这种情况，保护现有持币人的利益，后面的比特币越来越少，这样一来，即便你有超级计算机，也不能绑架共识而图谋不轨了。

四是我们差一点借比特币完成人民币国际化。这种误解主要由两个事实拼凑而成。第一，我国确实曾经拥有大量的算力节点；第二，我国确实曾经清理了比特币挖矿行为。当时，有些投资人利用我国西部水电资源丰富而且不能全部送电出去的现实情况，搭建了比特币挖矿设施。后来，他们绝大多数被清理出去了。有些人就臆想：如果当年人民银行没有出手打压挖矿行为就好了，现在人民币就可以借助比特币国际化了,或者我国的外汇储备里面也有比特币了。

这是极其幼稚的误解!我早就离开体制了,而且我从来不是人民银行雇用的经济学家。我提醒读者,比特币的核心是不受中心化权威控制的共识机制。在千千万万陌生人之间自发形成的一致默契是比特币的核心价值所在。如果比特币由一个国家的央行控制,它就根本成不了今天的比特币!

拥有这种幻想的人要想一想:如果你想控制整个比特币的话,那么,这些算力节点对你来说有重要的价值,因为它们是认证新挖出来的比特币时所必需的基础设施。你控制的算力节点越多,给自己挖到的新比特币投票的可能性越大(尤其当你被迫面临短链选择时)。但那样的话,比特币的共识机制就因为某一个人(或某利益集团)的过分强大而瓦解了。比特币被某中心化利益集团控制了以后,大家就都散了。那样一来,比特币倒就真的是泡沫了。

在比特币问题上,人民银行没有做错任何事情。如果按照上面的剧本来操作的话,今天,人民银行不会控制一堆价值连城的比特币,而只会"湿手沾面粉"——背上一个毫无价值的累赘。

除此之外,还曾经有一个专家对我大骂比特币,说这是一场针对人民币精心构建的阴谋。我的天!这就像是中国足球协会整天担心国际足联在下一届世界杯冠亚军决赛时故意安排一个对中国队不友好的裁判。对于中国男足来说,冲出亚洲是第一步,等打入 1/4 决赛以后,再担心上述问题也来得及。从概率来看,下届世界杯决赛应该还是在南美或西欧等传统强队之间进行的。即便决赛的当值主裁对中国队有偏见,他也不会影响中国队的排名,更不会影响比赛结果。

对于今天的人民币来说,最大的挑战不是比特币,而是自由兑换。

五是比特币是未来世界的储备货币。各国迟早实施比特本位。这是乐观派对比特币的误解(倒更像是已经持有比特币的投资人的期待),主要依据是截至2025年一季度,共有61家金融机构(含主权财富基金)持有了3%的比特币。我猜测,未来世界可能会逐步形成两个不同的"世界货币体系":一个向比特本位靠拢,更依赖于共识机制;另外一个向金本位靠拢,更依赖于生产技术。各国根据各自的国际分工选择各自的货币体系。这"两种货币体系"对应了"两个集体游戏""两种人的组成方式"和"两个世界"。这两个世界注定不是平等的,但一定是相互依存的。

六是通过交易所的数字货币ETF参与比特币。2024年,美国证监会批准华尔街投行发行首批共9个基于比特币和其他数字货币的ETF。投资人误以为这就像他们平时参与的标普500ETF。其实,这两者有根本不同。真正的比特币信徒是不会用这种方式参与的。投资银行购买了一定数量的比特币以后,在交易所以挂牌方式出售比特币ETF的份额。这不仅是参与比特币的错误方式,还破坏了比特币本身最美好的价值。比特币的价值在于它被为数众多的匿名投资者分散持有。它的持有人越分散,系统遭受共谋攻击的可能性越小,全体持有人也就越安全。投资银行财大气粗地发行ETF并大手笔买入比特币会使得持有人越来越集中,这对任何人都不利。而且,交易所本来就是一个中心化金融活动的产物,通过它来实名认证的ETF交易也违背了比特币去中心化的初衷。

最后,我还担心我的读者会对比特币产生另外一种误解:比特币的价格高企实际上构成了对挖矿的激励机制。其实,这种激励先是对算力,然后是对电力的激励。由此,未来世界通过比特币的上涨,鼓励投资人将资金(美元)投入开发算力和电力的项目中去。GPU 把向量运算优化了。于是,绘图和人工智能 AI 模型的训练与预测涉及向量运算时,都会有更好的 GPU。随着基于图像处理的自动驾驶逐渐成熟,人形机器人也呼之欲出。它会直接用"摄像头+GPU"处理图像,而不用大堆的传感器,它将更大范围地解放劳动力。最终,那些能够产生更多清洁能源的项目会获得更大资助——因为比特币挖矿的算力已经不是瓶颈了,电力消耗则日渐增长。随着今后新增比特币数量减半,挖矿的电力消耗只会更高。

我建议读者还是从集体游戏的角度来理解储备货币的问题。未来世界肯定是大量应用人工智能的。这个算力的瓶颈现在看起来已经打开了,但这个成功由此带来了新挑战,即清洁能源的制约。只要未来世界需要大量的清洁能源,就需要有一个激励机制去鼓励大家现在就去投资。比特币的数量固定和增量减半的路线图体现了未来世界(从现在到 2140 年)的瓶颈从算力向电力转变的路径。

从青年到中年的这二三十年里,我观察的各国社会都比较鄙视穷人(尽管政客们嘴上说着相反的调门)。大家都有虚荣心,装门面,打肿脸充胖子的现象在各国都有。这种风气是表面现象,核心是各国都推崇勤奋努力的人。大家都默契地认为一个人之所以穷是因为他懒,而懒惰的个体最终会拖垮整个社会的进步趋势。所以,大家都歧视、欺负和贬低那些看似穷人的懒汉。大家都推崇、巴结和歌颂那些看似富人的能人。一个人人都争当能人的社会一定是积极进取的社会,那里的问题和困难会迎刃而解。

回过头来看比特币也一样。比特币之所以值钱,还是因为它身上折射出了未来世界的倒影——先是拥有更高算力的人,然后是拥有更多清洁电力的人,他们会先后拥有更高的社会地位。并不是比特币值钱,而是社会需要一批能人搞更多的算力和电力,为此,体现那些品质的比特币也水涨船高了。类似地,并非这个社会嫌贫爱富,而是社会需要一批能人辛勤劳作。当大家都贬低那些懒惰躺平的人时,大家就开始爱面子,爱虚荣,努力工作去争当体面人了。

我在《估值原理》一书中指出,人类会组成集体游戏来防范特定风险。因此,"涨和跌"并不是资产本身的物理属性,我们无法也不应该用数学方法来描写资产价格的"涨和跌"。"涨和跌"所对应的回报和风险,恰恰是集体游戏中的"输和赢"。我们要用人类学和社会学(乃至生物学)的方法来研究不同的人是如何在集体游戏中实现他们个体社会地位的"升和降"的。个体需要适应集体游戏的规则。每出现一种新货币就意味着有了新的集体游戏和新规则。这主要是因为生产关系要调整以便适应生产力的发展。

当集体游戏更换比赛用球的时候,你应该盯住那个球,它就是那个承载着我们共同克服风险的标的物。你可以从容地在 20 世纪 20 年代抛弃英镑纸币换成美元纸币;你还可以安然地在 20 世纪 70 年代把美元纸币换成标普 500ETF。这些切换并不复杂,不需要内幕消息,不需要经济学家的建议,也完全合法,你有充裕的时间完成切换(过渡期约 10 年)。货币史上的这些变化都是集体游戏在切换比赛用球,以便应对新出现的共同风险。

我在《时间游戏》中指出，人类社会存在“天外天”和“人上人”两种集体游戏。前者追求自由，后者追求安全。因此，要在各自不同的游戏环境中分别去理解“自由”和“安全”。“天外天”游戏中的“自由”其实是成为更好自己的内在冲动。在成为更好自己的过程中，克服风险，提升能力，感受更大自由。在“人上人”游戏中的“安全”其实是鼓励个体作出自我牺牲的外部压力。这个集体游戏通过鼓励大家自我克制和服从大局而实现集体安全。个体做出自我牺牲就会被免除责难，甚至获得嘉奖。个体由此获得一种“安全感”。

货币在上述两个集体游戏场景中有着完全不同的应用。所以，我相信比特币不是 FTX 那样的骗局。就像在 20 世纪 20 年代，丘吉尔在英国“复辟”金本位刚刚失败时，要说服一个普通英国人相信纸币一定是困难的——无论你的分析多么有理智和有说服力，他已经丧失了相信的勇气。毕竟，他刚刚得知了有关英格兰银行黄金储备的真相，而且这个真相被“刻意”隐瞒了这么多年。你现在要他接受同一个银行发行的纸币，虽然面值不变且印刷更精美，但他就是不相信了，至少，他用起来就是不舒服，也不放心。

回头看，这 100 年来，纸币不照样流行开来了吗？你的社会地位可能不如你的祖母高，但你的生活质量肯定远远超过她。只不过当时的人们可能没有意识到这一点。重要的不是货币变了，而是使用货币的集体游戏变了，游戏规则变了，人在游戏中的角色变了，人与人之间的互动关系变了，对人实施的激励和约束的手段也变了。

金本位和纸币所对应的集体游戏有一个重要的区别：你可以单独反对金本位，不需要其他人的配合。你不相信英国政府的信用，你可以去指定窗口要求兑换实物黄金，然后你和你的金子一起撤到安全的地方去。你兑换实物黄金的决定可能无法撼动英国的金本位制度，但是，对你个人而言，这是有效的防范措施。而在纸币时代，你需要英国社会上有投票权的其他 51%的人和你一起达成共识，才能在下次大选中替换掉现在这个你不满意的首相（以及他掌握的其他中心化的“橡皮图章”部门）。如果没能和其他陌生人达成这些共识的话，你再怎么反对也没用——这届你不信任、不喜欢的政府和你讨厌的人仍然坐镇唐宁街 10 号。所以，能够平稳使用纸币的国家的人民需要有更大地形成共识的能力。

这不是一种与生俱来的能力，这是一种后天通过练习获得的“自信”和“互信”，且两者须同步获得。我在东西方都发现了这种建立共识努力的蛛丝马迹，我由此知道了建立共识有多难，也由此理解了比特币真正稀缺之处是它的共识机制——无人能控制且无人能背弃。

多年来，我经常听到有人提起“炒股要听管理层的话”。这句话在股民中流传很广，我一开始对此是认可的。后来，我对这句话很反感。因为我们投资炒股是自己的事情，应该自己承担风险，自己享受回报。有了亏损以后，不应该“讹”或者“赖”上政府职能部门。后来，我逐渐发现了更糟糕的事情。这句话的真实意图是把那些炒股失败的人归类为“不听话的人”。这使得他们处于一种被我们社会批判、鄙视和抛弃的地带。没有人会去同情和关心他们——因为他们对我们的体制不忠诚。这样的说辞使得股民群体难以形成共识，使得他们始终一盘散沙，无法自发地去组成一个能够约束上市公司的股东大会。于是，上市公司的公司治理问题迟迟得不到改善，上市公司质量不够好是我国股市长期在 3 000 点徘徊的重要原因之一。

破坏共识的言论在西方也潜移默化地存在。1906 年,伊夫林·霍尔在整理伏尔泰的思想后,写出了《伏尔泰的友人们》一书。她写道,“我不同意你说的话,但我誓死捍卫你说话的权利——这是他的态度”。虽然伏尔泰本人并没有说过这句话,但这个想法确实符合他的思想。我曾经很喜欢这句话,感觉其中有高尚宽容的自我牺牲。但是,我现在对这句话很反感(读者理解了比特币的“硬分叉事件”以后就容易理解我的反感)。我的发言权要依赖于你的保护?那说明我发言的自由度取决于你的包容度。我的发言权可能仅限于对你的讴歌,绝对不能包含对你的批评。一旦我的发言权在你的保护之下,我其实已经丧失了自由发言的权利。

比特币则没有那样的麻烦。在没有中心化权威机构的情况下,人们仍然能够形成共识,他们就可以去玩一个新的集体游戏。那里的科技更进步,对人的要求更高,该游戏使用比特币或者其衍生品为代币的可能性就很大。各国可能都有年轻人会去尝试这种新的集体游戏。

在比特币的世界里,持币人不分三六九等,他们的权利是完全平等的。持币人无法抛弃共识机制,即便有利可图,他也做不到这一点。无法通过背叛、告密和篡改记录来出卖邻居的利益,你根本做不到这一点——整个系统设计得“就像男人不会怀孕一样”。

“短链”与全球化

这里讲的“短链”，不是“脱钩断链”的笔误，而是比特币挖矿时一个特有的现象。但是，要理解这个概念的极其重要性，我们可以先来看一个古代英雄的悲剧故事。

公元前 321 年，长达 20 年的“罗马-萨谟奈”战争到了转折点。萨谟奈人佯攻卢凯利亚要塞。待罗马军团主力赶来救援时，萨谟奈人又在考迪昂峡谷设伏，将其诱入峡谷内。一开始，罗马人还拼命抵抗，但萨谟奈人已将他们团团围住，且占据有利地形。再这样下去，罗马人不是战死就是饿死。于是，罗马指挥官为了保全全军将士的性命，决定投降。

大胜以后，年轻的萨谟奈族酋长问他的父亲赫伦纽斯：“我该如何处置这 1 400 名俘虏？”

赫伦纽斯回答说：“把他们全都放了！”

儿子说他不能接受这个意见，这样太便宜罗马人了。父亲又劝他把罗马人统统杀掉，一个不留。但儿子又认为这样做过于残忍，便问父亲有无其他折中的办法。赫伦纽斯坚决地回答：“没有。孩子，你要知道，和罗马这样的国家开战以后，就没有中间道路了。折中的办法既不会使罗马人成为我们的朋友，也不会使我们摆脱这个敌人。”

罗马疆界漫长，邻国众多。如果你释放全部战俘的话，那么，罗马人为将来其他战争中可能被俘的军人生命考虑，会树立一个“善有善报”的典型，以鼓励其他部落效仿萨谟奈部落的友好姿态。如果你杀死全部战俘的话，就会在本部落造成一种基于恐惧的内部凝聚力。大家都知道今后要时刻面临来自罗马人的报复，人们就容易服从酋长的命令，部落内的统治就变得顺畅。

可惜的是，大多数骁勇善战的古代军事统帅在军事以外的问题上都极为天真。萨谟奈人不久就有理由后悔没有听从老酋长的意见。“杀一半，放一半”的折中策略使得罗马人认定萨谟奈人是“一个不愿成为朋友的懦夫”。于是，罗马人以举国之力，首先灭掉了萨谟奈部落。当时，其他部落无一驰援。

有人说，人类始终未能从历史中学会任何新东西，吸取任何新教训。我不赞成这个判断。我认为我们至少学会了如何去犯新错误。

1994年的圣诞节后不久，英国金融业的百年老店霸菱银行（Baring）的交易员尼克·里森在新加坡裸卖出了一组针对日经指数的蝶式期权组合。如果半年内的日经指数涨超上限，或者跌破下限，投资人的全部损失将由霸菱银行承担。如果指数在这两者之间波动，霸菱银行将坐享这个范围内的全部期权费。

一个月以后，日本发生的阪神大地震导致日经指数暴跌。这家有着233年历史的银行（它就是当年东印度公司的票据清算银行）就此倒下了。不过，我并不同情它。它在这笔交易中把自己当成了上帝，向市场卖出了时间。这种交易策略根本经不起“小概率、大事件”的考验。

如果您用倒序时间来回溯这场战争和这笔交易，你就会发现一个共同点：当历史分水岭式的重大事件发生以后，那些瞻前顾后的中间道路、左右逢源的中立立场、观望等待的中性态度和投鼠忌器的折中方案，统统都是死路一条。

你可能会想起一句老话，“选择比努力重要”。这当然有几分道理，但也有几重迷雾。在许多情况下，我们面对分岔路口做出选择的时候，实际上，我们不仅仅是在选择未来的道路，也同时是在为我们过去错误的选择支付代价——如果我们一开始就选择了正确的道路，此刻我们不需要面对这样糟糕的选择——就像霸菱银行遇到的情况一样，代价有时候是很致命的。

面对分叉链的时候，选择错误的短链会造成极其严重的后果。比特币的规则鼓励大家自觉加入那个效率更高的阵营，从而尽快凸显出长链，并自然淘汰短链。

短链的意思是在某一个时刻，区块链上同时有两个矿主声称挖到了新区块，而且它们各自邻近的节点都给出了认证。这样一来，就出现了链分叉。

最好的办法是大家尽快识别出那条未来有可能胜出的长链，然后跟着它继续挖矿，而且跟的人越多，这个长链胜出得就越早。它胜出得越早，所有参与者的损失就越少。

最差的情况就是几个短链同时竞争发展，争夺盟友并消耗资源。当某一个效率最高的长链最终胜出时，其他短链上已经积攒了大量的区块，它们最终都将被系统自动抹掉失效。

面对重大决定做出正确选择固然重要，但是，更为重要的是一开始就在小问题上做出一个正确决定，从而防止自己今后被迫面对重大问题去做决定。

在比特币分叉链上，两个素不相识的挖矿人会默契一致地执行“跟随先挖到的那个人继续挖下去”的策略。他们不会去组织游说集团，让国会继续保留自己所在的短链。短链越晚被取消，他们的损失就越大。比特币可以容忍一个人可以足够坏，但不会让他足够傻——傻到伤害自己和系统内其他人。

我选择在某一个分叉链上挖了 6 分钟，还没有挖到新区块。另外一个陌生人却已经在另外一个分叉链上挖到一个新区块了。此刻，我应该尽快放弃自己在这个短链上的算力，赶紧跟在那个陌生人后面，重新开始挖矿。那个比我快的陌生人，看似抢走了我的新区块，让我前面 6 分钟浪费了，其实，他恰恰带给了我安全。这样一来，我只浪费了 6 分钟，而不是一小时的算力。否则，我继续在分叉的短链上挖矿，大约 1 小时后(按照目前的“挖矿出币”速度，大约每小时挖到 6 个新区块)，长短链就分出胜负了。那条多 2 个区块的分叉会被系统自动判为长链，另外一条判为短链，短链上的全部交易会被废除。那样一来，我在短链上痴迷不误的全部努力就会被浪费。

比特币建立的这个机制是相当睿智的。在区块链的分叉上挖矿的两个素不相识的人，会默契一致地执行“跟随先挖到的人继续挖下去”的策略。即使长链只领先一个区块，我也要跟着它，因为这时候跟随短链去挖矿完全是“自杀”。默契一致地给最高效率的分叉链投票，这是比特币的共识。人不会因为感情和立场问题把信任票投给自己亲近的短链，他只会根据理智和自利原则选择效率更高的长链。人与人之间素不相识就有这个好处，避免了感情的纠结。

和比特币相比，人类在类似“短链”的其他问题上的表现是相当糟糕的。我们经常碍于面子，被一群团结起来的少数人绑架集体共识。我们经常受困于情感而不是理智，去做一些损己利人、损人不利己，甚至害人害己的错误决定。

一是个体拥有独立的选择权。在我们的现实生活中，我们可能没有那么理智和自觉——尤其当你用这种视角看待欧洲近代史的时候——国王或教皇可不希望你站在效率一边思考，他们会煽动你的情绪，调动你的激素，让你站在他们一边。

英国自由党人曾经认为，如果大家都遵守公平竞争的绅士规则，那么，世界大战是打不起来的。每时每刻发生的商业竞争将取代战争。但是，他们没有料到的是每次发起战争的都是效率较低的“短链”国家。最终，我看欧洲近代史不是正义战胜了邪恶，而是高效战胜了低效，自由战胜了专制，市场战胜了国王，长链取代了短链——只不过，代价太大了。

如果 1914 年的欧洲列强就像是各自独立的区块链，那么，第一次世界大战本来是可以避免的。但偏偏不巧的是，当时列强面对的情况就像是比特币挖矿时遭遇了链分叉。我们来看看当年欧洲列强们的愚蠢吧！它们都对土地，尤其是海外殖民地，有着重度痴迷。把这种殖民地经济看成一个链，那么，短链被取消全部交易就相当于在第一次世界大战中的失败。结果不令人意外，奥匈帝国瓦解了，德国失去了全部的殖民地。

我在《市场本质》中提到，自从有了自由市场经济之后，每一场战争都是市场战胜了国王。自由市场有强大的生命力，它由热爱自由的人民自愿组成，因而比国王的军队有更高的效率。

我在想，每次大战之前，如果所有欧洲人都用自己的钱来押注（投票）谁赢谁输，也许世界大战就打不起来。让每个人都自私自利地独立做决定，可能是捍卫欧洲安全的最好保障。

糟糕的是，国王、教皇和独裁统治者们形成了利益集团。他们代替了你做决定，并把反对他们的人说成是“不爱国”的叛徒。英国哲学家罗素就因反对英国参加第一次世界大战而坐过牢。

二是防止利益集团的游说。尽快淘汰“短链”对所有人有利，但是，短链上的人们往往会雇用说客，来影响华盛顿和国会山的决策。19 世纪，白银背后的美国利益集团就是典型的例子。

传统金融学讲到金银复本位的时候，都是含糊其词，态度暧昧，不采取明确立场，不做确定判断的。当我从比特币的分叉链角度看问题的时候，我忽然感觉自己对这个问题有了更好的理解。

金银复本位问题源自一个经济学家的模糊立场。大卫·李嘉图本来是支持英国实行银本位制度的。但是到了 1819 年，他在国会作证时，李嘉图又改变了他以往的观点，转而支持金本位。他说：“我已经认识到机器设备尤其适合白银的采掘，因此，极有可能会导致白银数量的增加，从而改变其价值，而与此对应，类似的原因不大可能出现在黄金价值上。”弗里德曼曾经批评过李嘉图的这个立场。弗里德曼认为，“在 1860 年康斯托克矿脉被发现之前，白银产量相对于黄金产量一直是下降的，并且机器不仅适用于白银采掘，也同样适用于黄金采掘”。这说明至少李嘉图这位经济学巨擘都曾经在黄金和白银问题上陷入一团迷雾，摇摆不定。

欧美在历史上都曾经采用过金银复本位制度。该制度规定，按照1∶15的比例，授予1枚金币和15枚银币具有同等的债务法偿地位。除非私人商业合同中另有约定，否则政府可以用银币去偿还投资人用金币认购的国债。

现在，请读者回到石币岛来考虑金银复本位制度。金本位相当于规定只有用400里外的岛上开采的石头才能制作石币；金银复本位相当于追加规定除了可以用400里外岛上的石头制作石币以外，还可以用本岛的石头做石币，但是15枚本岛的石币才能抵得上1枚外岛的石币。

在同一个经济体内同时保持两种货币发行技术标准的结果就是16世纪英国伊丽莎白铸造局长格雷欣提出的“劣币驱逐良币现象”(Gresham’s Law)。

这个现象以前我都不能完整理解。现在，借鉴比特币的短链处理方式，我就很好理解这个现象了。劣币就是短链。“劣币驱逐良币”是表面现象，核心是有一群“坏人”已经意识到自己可能会因为处于短链而被淘汰。因此，他们形成了共谋的利益集团，铸造不含金的银币。与此同时，社会上最广大的好人则是明哲保身且一盘散沙。好人不团结，他们无辜且无助。货币发行当局当然也不会帮他们。于是，一群紧密团结的“坏人”把一盘散沙的“好人”驱逐到社会边缘(或者是被剥夺到了社会底层)。坏人赶走好人，才是问题的核心。

19世纪末期到20世纪早期，美国有几个州的白银开采集团一直游说国会保留金银复本位，其实就是保留分叉链。他们就是为了自己小集团的利益，而伤害全体美国人民的利益。直到20世纪初期，还有一场政治运动要求“为白银州做点儿什么”。在金银复本位中白银就是短链。

你现在理解比特币的好处了吧？它并不需要好人开一个国民制宪会议，组织北美大陆民兵来捍卫规则和秩序。越是那些邪恶的小人、“流氓”，他们也越是自私自利且极端精明。他们完全会按照各自的小算盘来做一个符合大家全体共同利益的决策。他们每个人，每一步，都会捍卫这个效率第一的原则——否则他们就在那条注定要失效的短链上浪费 1 小时的电力。

两种货币的制造技术一定是不同的。这里的制造技术不仅仅是指将黄金和白银铸造成金币和银币的技术，还包括获得新的黄金和新的白银的能力(往往是战争能力和贸易能力)。毫无疑问，获得新的黄金的难度要高于白银。维持金本位所需要的工业效率高于银本位。在自然界中，这两种元素的比例大约是 1∶50，且银矿含银量普遍高于金矿的含金量。欧洲和美国在 19 世纪实施的 1∶15 的金银复本位制度其实是为白银这条短链开了一个大后门。

糟糕的是，白银开采者们形成了利益集团。更糟糕的是，普通欧洲民众没有形成遏制利益集团的共识。

三是投票者的动机。每 4 年一场投票，你是在投票选举真正对你有利的总统候选人吗？还是在选一个更会吹牛和画大饼的候选人？这恐怕取决于你的智慧和认知水平。投票有许多形式，最早的大规模类似“全民公决”式的表态出现在罗马帝国。

世界文化遗产古罗马角斗场(Colosseum)位于意大利首都罗马市内台伯河东岸。它是罗马帝国的象征。角斗场建于公元 72—79 年，当局者强迫 8 万名犹太俘虏做劳役，用工 8 年完成。整个建筑占地 2 万平方米，周长 527 米，可容纳 9 万观众。它是罗马帝国征服耶路撒冷后为纪念皇帝威斯巴西安的丰功伟绩而建的，其建造理念甚至一直影响着现代大型体育场的设计。

爱德华·吉本在《罗马帝国衰亡史》中披露，古罗马的皇帝喜欢在斗兽场组织各种盛大的狂欢表演。罗马的元老院贵族、普通公民、自由人和使节都会参加。罗马公民可以在这里免费享受美食和表演。每次演出都非常盛大，罗马皇帝需要罗马公民在这里向他欢呼，以表示支持。他希望用精彩刺激的演出和丰盛免费的招待来获得他们正面积极的表态。

如果罗马公民们对这场角斗士们拼死厮杀的斗兽表演感到满意，他们就会在罗马皇帝出场时欢呼；反之，他们就沉默。一旦罗马公民表示了沉默，就相当于他们认为现任皇帝是一条“短链”，他们不愿意站在他这一边。于是，罗马禁卫军很快就会酝酿一场政变，推翻现有皇帝，另立新君。在罗马帝国的历史上，绝大多数皇帝都不是自然死亡的，顺利传位给子孙的皇帝更是凤毛麟角。

每次斗兽表演都是一次分叉链的选择。后来的学者（包括伏尔泰和蒙森）都批评罗马公民沉溺于声色犬马之中，不知道全力以赴去捍卫自己作为公民的权利，也没有尽到公民的义务。他们将罗马的衰落归因于其公民的短视和懈怠。我感觉两位先哲太刻薄了，罗马帝国纵有千错万错，它延续的时间还是比法兰西和德意志这两个帝国长很多。

罗马公民在角斗场上用欢呼或沉默来“按表决器”的时候，他们并不是在“效率高”和“效率低”这两个分叉之间做选择题，而是在“慷慨招待我们的暴君”和“小气吝啬的暴君”之间做选择。罗马最终也只能以这样令人扼腕的方式逐步走向衰落、瓦解和崩溃。

罗马公民被提交的选择是两个糟糕的选项。更糟糕的是，禁卫军已经形成了利益集团——他们需要罗马人民沉溺于声色犬马之中，以便他们自己可以过着更加奢靡的生活并同时控制国家政治。罗马帝国的政治腐败根源在于此。这也是后世的政治家们批评罗马公民的一个重要出发点。

人民过着俭朴生活的国家，它的政治反而清明——至少在美洲大陆建立第一批定居点的清教徒们是这样想的。我是不赞成这个观点的。我认为核心问题不是罗马公民在品行操守上的腐败堕落，而是罗马帝国形成了利益集团（禁卫军可能只是他们手里的提线木偶）。利益集团给罗马公民选择的是“现在很糟糕”和“将来更糟糕”。

以比特币为代表的区块链思想恰恰要求“去中心化”。其实，这个“去中心化”放到罗马帝国漫长的衰亡史中就是“去利益集团化”。历史上，许多国家都没有做到这一点。利益集团绑架了人民和国家的命运。直至最后一刻，利益集团都在用免费的斗兽表演这种“止疼片”来投喂罗马人民，以便继续压榨吸取他们的血汗财富。

四是在两个表面现象之间做选择。如果罗马帝国是一个区块链，那么，无论那里的人民多么腐败堕落，也不会出现利益集团绑架国家命运的情况。即便人民懦弱、自私且不团结，他们也不会在“高效”和“低效”的选择上犯错误。

不幸的是，我们今天看到的欧洲历史介于区块链和罗马帝国之间。有研究表明,政治会改变道德判断和宽容度。很长一段时间以来,困扰西方社会的一大问题是,普通人打开任何社交媒体平台,打开电视或播客,都很容易找到政治言论中虚假信息或不良行为的例子。

内布拉斯加大学林肯分校政治科学家的新研究或许可以解释其中的原因。由凯尔·赫尔(Kyle Hull)、凯文·史密斯(Kevin Smith)和克拉斯·沃伦(Clarisse Warren)共同主持的一项大型调查研究结果表明:人们在参与政治活动时愿意违背道德,甚至做出不道德的行为。

他们的研究结果表明,当受访者从个人领域转向政治领域时,对外部群体(反对党)的敌意是造成道德模糊的驱动因素,而且双方都有这个倾向。

参与该研究的赫尔说:"在政治领域,无论选民们的年龄或意识形态如何,他们都更愿意做出不道德的行为和判断。他们在很大程度上是被自己内心对另一方的厌恶所驱使的。"

研究人员制定了一项调查,并对 4 个不同的成年人样本群体进行了调查,共有 2 472 名受访者参与。调查包括政治和非政治的道德行为以及政治和非政治的道德容忍度。

利兰和奥尔森教授(Leland J. and Dorothy H. Olson)指出,我们向同一个人提出了几乎相同的问题。唯一不同的是,我们把"说这些话的人"改成了"特定的政治家"。结果发现,这个改变就足以改变人们的道德判断。它改变的方式说明我们的道德评估其实是很灵活的,而不是坚持某些原则。

研究者们发现,人们对自己喜欢的政治家的道德容忍度更高,他们也愿意容忍朋友的类似行为。在日益两极分化的——而且往往是有毒的——政治环境中，这一发现凸显了愤怒情绪影响西方政治的现实危险。

赫尔教授指出："我有理由对此感到担忧。只要人们内心对外部群体存在某种厌恶，他们就愿意采取不那么道德的行为。这一行为倾向肯定会有系统性风险。政治会让我们做出我们通常不会做的事情，容忍我们通常不会容忍的事情。它有时会激发出我们最坏的一面。一些政客和媒体谈论另一方的方式在某种程度上助长了这种火气。我们越是把一个政客或另一个政党说成是坏人，就越有这种感觉，就越愿意把道德放在一边。"

另一位研究者史密斯认为："如果这是真的，那么人们在个人生活中对道德行为或道德选择所采用的标准就可能与在政治世界中不同。这就是我们的发现。政治并不会让特定的左派或右派、年轻人或老年人、富人或穷人变成混蛋。政治似乎把我们所有人都变成了混蛋。"

维特根斯坦说过，"情绪给思想着色"。他大概没有想到，在他对报纸上的希特勒照片呕吐之后的 100 年里，西方政治进一步演变成由情绪控制的两极分化格局。

两极化就是拒绝理智解决方案的链分叉。这个体制使得人们无法将个体的自私动机和群体的正确决定统一起来。我真的很佩服比特币处理分叉链的做法。人们越是自私和分裂，他们越是能够默契一致地做出正确决定，以确保集体在效率最高的路线上继续前进发展。

个体自私动机和集体正确决定必须由一种机制来实现高度的统一。如果一个国家出现了若干个利益集团，他们之间无法达成妥协，他们就会操纵舆论,煽动对立情绪。拜占庭帝国晚期就出现过这个局面。蓝党和绿党分别代表了海外贸易集团和军事集团,他们啥事都对立,甚至对同一部歌剧的评论都要形成割据对立的局面。

比特币好就好在没有利益集团能够操纵它,也就没有人用各种真与假的说辞来鼓吹它的是与非。在短链问题上,我们当今社会也有类似的情况。两家相互竞争的高科技公司会突然放弃宿怨,其中一家公司会舍弃自己开发多年的技术标准、路线或操作系统,转而宣布支持对方。这种合作就类似于挖矿人在分叉链上放弃短链,选择效率更高的长链。这也说明,那家放弃自身短链的高科技公司没有雇佣院外游说集团,没有被北美汽车制造业工会控制,“落后者”和“失败者”没有抱团形成不可改变的利益格局。失败者不断地自愿加入更高效率的阵营,这才堆积起了硅谷的科技进步。

2001 年,中国加入了世界贸易组织。这也可以视作加入了效率更高的长链。当然,我们也做出了许多承诺和让步,甚至有些行业承受了冲击。这些代价就类似于短链上的交易被取消了。最终,中国的加入不仅发展了自己的经济,更是推动了全球经济的高效发展和繁荣。

任何经济体如果关起门来,单独搞一套自我封闭的循环体系,就是在短链上执迷不悟,迟早要面临更大的损失。归根结底,人人心里都向往加入先进文明——尽管他们嘴上不这么说。

2016年“硬分叉”与1517年宗教改革

我的《货币起源》出版时得到过精算大咖谢志刚老师的大力推荐。他退休后去茶马古道考察民风民俗，路上还惦记着我的《货币起源》。回来以后，他告诉了我一段历史：20世纪早期，云南地区币制混乱，军阀大战，城头变幻大王旗。于是，茶马古道沿线的老百姓先抛弃了北洋政府发行的“袁大头”，又抛弃了云南本地军阀铸造的“滇币”，转而用茶饼当货币。这又一次证明了我对货币的猜测，货币是一种共识机制，人们被机会所吸引，协作从事某种共同的生产生活（集体游戏），他们会在劳作过程中，自发地形成“用什么标的物当货币”的共识。

在那段中国货币史上的混乱日子里，几乎每个地方的军阀都发行了自己的货币。这些银币的含银量和重量都不一样，都是割据一方的军阀委托海外铸币厂铸造的。

他们为什么不愿意使用统一的货币呢？因为他们要把税收地方化。割据一方的军阀就是一个利益集团，他们要收税专营，防止其他军阀捞过界。所以，他们就发行自己辖区内的货币，规定只有这些货币才在当地具有法偿地位。

比特币就像是我最新的货币史老师。它教会了我用一种新眼光回望货币史那些和金融学原理格格不入的、令人“不舒服”的现象。现在，我反而能够“坦然”接受了。各地军阀铸造自己的货币，防止本地经济活动加入一个全国统一大市场，这些都指向了利益集团的动机。脱钩断链只对利益集团有利。只要这个社会上不断形成利益集团，他们就会不断制造恐慌和迷雾，让人们在面对“分叉链”时，不要选择那个效率更高的“长链”。煽动了“地方经济安全”和“地方民族主义”的民众情绪，利益集团就可以绑架老百姓去选择效率更低的“短链”。或者，他们根本就不给人民任何选择权。

我进一步大胆想象，以美元为代表的纸币发行其实是介于“比特币”和“赎罪券”之间的货币。纸币很像是一种利益集团的征收“铸币税”的工具。所以，当纸币时代的经济学家嘲讽比特币是虚拟泡沫的时候，我总想反问他们，为什么不同时批判赎罪券也是泡沫？赎罪券并不是泡沫，它名义上是去天国的通行证，好像教会代表上帝免除了某些人在人间的罪恶。实际上，它是现实世界的免罪券。中世纪的欧洲已经被天主教会控制了。在赎罪券出现前100年左右，公元1231年，天主教会教皇格列高利九世颁布神圣教旨，指定由道明会设立宗教法庭。此法庭是负责侦查、审判和裁决天主教会认为是异端的法庭，曾监禁和处死所谓的持不同意见者。所以，购买“赎罪券”其实就是向天主教会缴纳保护费。交了钱之后，你就获得了安全。你怎么能把实实在在的人身安全视作虚拟的泡沫呢？那可是一个鲜活的生命啊！要把赎罪券放到它诞生的那个环境中去理解人们使用它的动机，由此，也就理解了它的价值。待在自己的书房里，研究赎罪券和比特币，当然容易得出“它们统统是泡沫”的结论。

比特币的“去中心化”是表面现象，核心是人们试图摆脱利益集团控制的“去权威化”。利益集团控制经济和社会的主要办法就是渲染危机，制造恐慌，让人民以为没有他们不行，让人民使用他们发行的货币。利益集团把自己打扮成“民族荣耀保卫者”和“社会秩序维护者”。因此，货币的“去中心化”和“区块链化”有另外一条并行的线索：人的“去权威化”和“自发秩序化”。

赎罪券一开始就是由一个中心化机构（罗马教皇）发行的。到了公元13世纪以后，它完全泛滥成灾，纯粹成为欧洲天主教会掠夺人民的工具。可以说，欧洲宗教改革是赎罪券不得人心的直接后果。1517年，教皇利奥十世派台彻尔去德国兜售赎罪券。是年10月31日，马丁·路德在威登堡教堂门前贴出反对销售赎罪券的《九十五条论纲》，从而揭开了宗教改革的序幕。1520年利奥十世发布《斥路德谕》，限路德于60天内改变立场。路德公开烧毁教皇通谕，并相继发表《关于教会特权制的改革致德意志基督教贵族公开信》等3篇文章，阐明其神学见解和政治纲领。宗教改革在德国爆发以后，迅速波及西欧各国。在新兴资产阶级势力较强的地区，如瑞士、尼德兰、法国南部，宗教改革以群众运动方式进行，因而比较彻底。在封建势力强大的中央集权君主国家，如英格兰、北欧各国，一般是自上而下进行改革，国王取代教皇成为教会首脑，从而削弱了教廷的地位，建立了独立自主的国家教会。

从比特币和纸币的历史回望赎罪券以及其后的宗教改革，它像是一场欧洲人民自发地去中心化集体行动。欧洲人（具体来说就是新教徒们）摆脱了教廷控制，将信仰私人化了。他们仍然信仰上帝，笃信教义，遵奉良知，但这是他们自发的修行，而不是在中心化教廷统一指挥下的被动服从。然后，他们中的许多人移民去了美洲。现代美国中产阶级把他们的财富移民到比特币上，这是不是另外一场摆脱利益集团控制的自发行动?

马丁·路德的宗教改革难道不是一次去中心化的尝试吗?他已经发现了并非信仰有什么问题，而是那个总部设在梵蒂冈的，管理广大信众的机构太腐败、太臃肿、太落后、太荒谬甚至太变态，已经到了不抛弃不行的地步了，而天主教会自身根本就没有改革的动机。

我们再来看2016年比特币的那次硬分叉为什么行不通，因为持币人不能肯定那个看起来更好的比特币设置是否存在被一个中心化机构人为操纵的空间。于是，他们宁可持有一个更贵的、更自由的、更不方便的，也更依赖于其他无数陌生人共同捍卫的共识机制。持币人不愿意让自己陷入某一个人或者利益集团的共谋之中——即便这个利益集团的领袖既聪明、又能干，还勇敢，甚至无私——那也不行。

关于比特币的这次硬分叉，有多种版本的叙事。我引用的这个版本是金融学者的叙事。读者今后还可以去看看矿工码农们怎么说。

> 到目前为止还没有试图改变比特币货币政策的重大联合行动，不仅如此，一些更简单、更直接的、试图更改比特币某些技术参数的尝试也都失败了。一些看似无害的技术改进也很难推广，原因就在于比特币网络的分布式特征。
>
> 需要互不相关甚至利益冲突的各方共同同意，一项改动才能得以实施。参与者越多，越难让大家都能理解一项改动的意义，因此，获得共同同意也就越难。对大家来说，现在的状态经过了反复的测试，安全而熟悉、稳定而可靠。比特币的

现状可以被理解为稳定的谢林点(Schelling Point),激励所有参与者坚持下去,放弃会带来巨大的损失风险。

如果比特币网络的一些成员决定通过引入新版本的比特币软件,改变比特币代码的某些特征,而这种新的比特币软件又与其他网络成员不兼容,结果将会是分叉,实际上会创造两种不同的货币和网络。

只要有人愿意继续使用原来的旧网络,他们就会受益于现有的网络基础设施、挖矿设备、网络效应、知名度等。新的分叉想要取代旧网络,就必须让用户数量、算力以及所有相关的基础设施同时压倒性地迁移过去。如果不能获得压倒性的多数,最有可能的结果是,出现两种比特币。如果分叉背后的人希望胜出,他们就必须卖掉原有网络上的比特币,并且希望所有人都这么做,这样旧网络的比特币就会价格下跌,而新分叉上的代币会价格上升,从而驱动更多的算力和经济活动从旧网络转移到新网络上来。

但是,对比特币任何特征的任何修改,都只可能是对一些人有利同时对一些人不利,因此,不太可能所有人达成一致,一起转移到新网络上去。从更广义上讲,多数人持有比特币的原因,是比特币自动完成交易且不受第三方的影响。这样的人不太可能冒险,不太可能将对网络进行修改的裁量权交给提交不兼容代码的组织。争辩谁才是多数并无实际意义,重要的是,只要一批坚持原有网络规则的人存在,就能保证现有的系统特性一直保持下去(除非出现不可知的原因破坏了系统的运行)。

除非当前设计出现灾难性的故障,否则可以肯定的是,将有相当大比例的节点选择继续使用现有的比特币实现方式,对任何人来说,这都比使用分叉网络安全得多。使用分叉网络的问题在于,要帮助分叉网络成功,就不得不卖掉你在原来网络上的比特币。任何人都不愿意看到的是,自己卖掉了旧网络上的比特币,来到了新网络,却发现身后的跟随者寥寥无几,新网络上的代币价格暴跌。

简而言之,如果没有绝对多数的人愿意集体转移,就不可能有新的共识规则实现,而没有绝对多数共同支持,参与新网络的各方几乎一定会面临经济上的灾难性后果。

如果任何新的转向获得成功,都会让这一转向的发起方获得对比特币未来发展方向的极大话语权。不过,想要成功,前提是必须获得广大持币者的支持,而持币者可以说打心眼里就反对比特币出现任何形式的权威,因此,他们几乎不可能支持这样的转向。

这些持币者群体的存在,使得对任何其他人来说,支持分叉都特别危险。以上分析或许可以解释为什么迄今为止比特币拒绝了所有试图大幅改变它的尝试。协调利益对立的人做出步调一致的行动是非常棘手的,尤其是这中间有很多人出于自身立场极力坚持比特币的不可改变性。除非未来出现什么不可抗力,让人们不得不放弃现行的比特币实现方式。

举例来说,比如某个修改可以增加比特币新币发行的速率，增加矿工得到的挖矿奖励，矿工可能会喜欢这个提议，但是现有的持币者应该不会喜欢，所以持币者不大可能同意这样的修改。与此类似地，如果提议增加比特币网络的区块大小，对矿工是有利的，这样的话，矿工可以在一个区块中打包更多的交易，收到更多的交易手续费，从而使投资挖矿的收益更大。

但是，长期持币者不大可能支持这种修改，他们会担心更大的区块会让整个区块链的体积过于庞大，使运行全节点的成本太昂贵，因此降低全网的全节点数量，使网络变得中心化，更加易受攻击。开发者开发比特币节点运行的软件，却无法将改变强加给任何人。

他们只能提交代码，用户自由选择下载喜欢的代码和软件版本。跟现行的比特币实现兼容的代码会比不能兼容的代码更容易得到用户的认可和下载，因为不能兼容的代码要等到全网压倒性多数的用户都使用它的时候才能有效。

因此，比特币表现出了极强的现状偏好。迄今为止，发生的都是一些微小的没有争议的更改，每次试图大规模改变比特币的尝试都以彻底失败而告终。这令比特币的长期持币者感到高兴，因为他们最看重的就是比特币的不可改变性和对改变的抵抗力。在这些尝试中，最令人瞩目的就是“扩容”(增加单个区块的大小，以增加网络交易承载量)的尝试。

先后有过数个试图扩容的项目，它们争取到不少杰出的和早期的比特币参与者为其摇旗呐喊，也极力争取公众的支持。加文·安德烈森(Gavin Andresen)是与比特币有关的知名度最高的人物之一,他与许多利益相关者(包括一些技术精湛的开发者和财力雄厚的企业家)一起,非常积极地推动了几次让比特币拥有更大区块的尝试。

最初,加文·安德烈森和一名叫麦克·赫恩(Mike Hearn)的程序员于2015年6月提出了“比特币XT”(Bitcoin XT),目的在于将比特币的区块大小上限从当时的1MB增加到8MB。但是,大部分节点更倾向于保持1MB的区块大小,拒绝升级。之后,麦克·赫恩被一个“金融机构区块链联盟”雇用,以将区块链技术应用于金融市场,同时《纽约时报》发表了对麦克·赫恩不吝赞美的文章,称他是拼命试图挽救比特币的英雄,由于英雄得不到认可,比特币已经不可挽回地走向失败。赫恩宣称“比特币实验已经失败”,交易承载能力增长乏力是比特币的致命障碍,并宣布他已经卖出了所有的比特币。当时比特币的价格是350美元,两年过去了,比特币的价格又上涨了40倍不止,而他加入的“区块链联盟”什么都没干出来。

加文·安德烈森并没有善罢甘休,随即提议以“比特币经典”(Bitcoin Classic)之名进行新的分叉,还是要将区块大小提升至8MB。这一尝试同样没有成功。到2016年3月,支持比特币经典的节点数开始减少。接下来,大区块一族在2017年又一次聚集在“比特币无限”(Bitcoin Unlimited)的旗帜下,这一次声势更为浩大,他们中有世界上最大的矿机生产商以及控制着 bitcoin.com 域名的超级富豪,他们花费了无数资源推动大区块运动。媒体大肆炒作,对所有关注主流媒体和社交媒体上比特币新闻的人来说,危机感扑面而来。然而,事实是,大区块一族依然没有成功,大多数节点继续运行 1MB 版本的比特币。

最终,2017 年 8 月,大区块一族以"比特币现金"(Bitcoin Cash)之名硬分叉出一个分叉版的比特币。比特币现金生动展示了没有得到极大共识的分叉币的命运。大多数人选择留在原有的比特币网络上,整套经济的基础设施也集中在原有的比特币网络上,比特币的价值远高于比特币现金,比特币现金的价格持续下跌,到 2017 年 11 月,不足比特币的 5%。比特币现金不仅无法取得经济上的价值,严重的技术问题还使它几乎无法使用。既然新链和比特币使用相同的"哈希"算法,矿工就可以在两条链上挖矿,从两边获取挖矿奖励。比特币的价值远高于比特币现金,挖比特币的算力比挖比特币现金的算力多得多。但是,一旦比特币现金的挖矿收益率升高,就会有大量的比特币算力切过来。这给比特币现金带来了不幸的两难困境:如果挖矿难度太高,就会算力泄出,长时间无法挖出区块,交易无法获得确认;如果挖矿难度过低,就会算力涌入,挖出区块太快,货币供给增加过快。比特币现金的供给速度快于比特币,将会导致比特币现金的挖矿奖励很快被耗尽,未来无法吸引矿工。更可能的是,将导致比特币现金不得不继续进行硬分叉,调整供给增速,以期获得挖矿激励的可持续性。只有比特币的分叉币会面临这个困境，比特币本身不会。比特币挖矿一直都吸引着最多的算力，随着矿工购入更多的挖矿设备，算力还在持续递增。但是对比特币的分叉币来说，价值较低，挖矿难度也较低，总是很难抵抗来自更高价值链的算力蹂躏。

比特币现金试图发起挑战，证明谁才是真的比特币，它失败了。另一个由活跃在比特币经济圈的很多初创公司协商的，试图将比特币区块大小增大一倍的分叉企图，在 2017 年 11 月被取消了。这是因为它的推动者们认识到，他们不大可能获得网络上的压倒性支持，最终极有可能以另一个分叉币和分叉网络收场。

经过事实的反复教育，比特币的支持者们开始对这样的企图不屑一顾。他们知道，无论怎样炒作，任何改变比特币共识规则的尝试都将导致另一个山寨比特币的诞生。这就像所谓的“竞争币”(Altcoin)，不管抄袭了多少细节，都抄不去比特币最重要的特征——不可变性。通过以上分析我们可以认识到，比特币的优势不在于速度、便利性或友好的用户体验，比特币的价值来自无人可以改变的不动如山的货币政策。任何一群人试图改变比特币的某个特征分叉出一个新币，在这个币诞生的那一刻，就失去了比特币最具价值的根本属性。①

---

① [黎]赛费迪安 · 阿莫斯著:《货币未来——从金本位到区块链》，机械工业出版社 2023 年版，第 216—220 页。

比特币硬分叉事件也同时解释了为什么今天世界上绝大多数数字货币都不能和比特币竞争。尽管它们都声称自己是区块链,尽管它们都有强大的后台技术支撑,尽管它们看起来更完善、更便利和更先进。但是,它们无法像比特币一样使人放心。比特币曲折的发展史使得大家相信了它不是由某一个利益集团控制的,也不可能由几个金融科技大佬共谋之后来操纵比特币。比特币完全"弥漫"在整个数字世界里。恰恰是那些看起来似乎可靠的大公司发行的数字货币使得人们对它忧心忡忡。人们宁可扑向高价的、无人控制的比特币,也不愿意用便宜的、可能有人控制的其他数字货币。

比特币之所以值那么多钱(或者说其他数字货币为什么不值钱)根本原因在于大家相信它背后没有利益集团操纵。大家像金融难民一样涌入比特币,最大动机是"此地无苛政"。

未来世界的货币体系应该有两个极端,在金本位和比特本位之间摆动。如果一个国家的人们能够像金本位时代那样,依靠市场或议会来约束政府的开支,他们可以继续使用纸币;否则的话,他们将被迫建立一个去中心化的新世界,那里的货币就接近于比特币。

2013年,美国埃默里大学校长詹姆士·瓦格纳发表了一个备受争议的观点。他认为,美国宪法中第一条第二款有关众议院选举权的妥协是美国建国国父们的政治安排,体现了娴熟的政治技巧。该条款规定,各州自由人(主要是白人)有一个算一个,其他人(主要是黑人和印第安人)按照3/5的比例缩减后折算。这样一来,那些控制着许多黑人的南方各州就可以放心加入美国,而不用担心被授予黑人权力而被推翻;否则的话,美国一开始建国就会分裂成两个敌对的国家,因制度不同而相互对抗,美国就没有了后面的繁荣,也谈不上在建国 100 年后解放黑奴。

作为集体游戏的组织者来说,应该减少个人的选择,把一个“二选一”的分叉链直接呈现给普通玩家。给客户太多可选择的功能,只能给他们制造困惑。亚马逊公司创始人杰夫·贝索斯在一场访谈中曾经说过:“人类之所以进步到了今天,是因为我们创造了一种新的文化。这种文化以公司为单位,取代了部落,而且在公司里大家有共识要相互说实话。”我由此对他另眼相看。贝索斯指出,人类并非天生就是追求真理、真相和真知的物种。早期人类部落里面强调礼貌、谦让和团结。在那种环境下,人需要让别人喜欢并接纳自己才能获得部落的安全保障。如果你口无遮拦说实话而得罪了人,很可能当晚就被部落酋长下令乱棍打死。现代企业取代原始部落,成为一个集体游戏的载体并取得了辉煌的文明进步。在贝索斯看来,其根本原因是公司是一个鼓励说真话的地方。他同时指出,公司规模越大,人越多,就越难说真话,公司的效率也就越低。因此,他认为管理者需要在企业规模不断扩大的同时,不断维护说真话的氛围。

即便政治家们把问题简化成两个选择题,人们也有可能基于恐惧或者寻求安全的本能去做一个错误的选择。效率更低的短链可能在人类社会反而更能成功。

我国古代就有“指鹿为马”的故事。执政者给随从们一道选择题:说谎还是诚实?其实,随从们面对的是这样的选择:默默服从强权还是联合起来抵抗?在不能说真话的场合,给民众选择权看起来既民主又开明,其实是让人们生活在压力和监视之下,他们只能被动服从。

结果就是社会发展方向逐步偏离了“效率更高者胜出”的基本原则。最终，大自然会以毁灭来终结这条“短链”。

现代社会虽然没有指鹿为马的情况了，但是，我参加有些会议的时候，仍然会像原始人那样启动自我保护机制。我会说一些我内心完全不赞成的话，以便让周围的人，尤其是会议组织者放心，让他们认为我是一个无害的人，一个顺从的人，不会反抗也没有怨气。由此，我才能获得安全感。

我在国企工作的时候，每次遇到招投标和股权交易的时候，我总觉得最好是和国企（尤其是那种承担国家重大任务且由国资委全资控股的央企）达成交易。这样一来，无论将来合同盈亏情况如何，我和班子其他人都安全了。

我们在日常生活中并不总是选择效率更高的长链。我们会有各种自私的动机去选择最终对我们不利的短链。比特币好就好在提供了匿名却又普遍的选择机制，让人在做选择时免于恐惧。我可以放下被部落（包括领导和群众）惩罚和报复的担忧，毫无顾虑地做出对我最有利的选择。于是，这个选择对我个人是自私的，同时它对社会是正确的。

我化用了维特根斯坦的名言来描述比特币：理解比特币并不需要高深的智慧，但需要巨大的勇气。

可以回头的未来

我经常听到有人满怀期待地说，“让历史告诉未来”，还有人义愤填膺地说，“忘记历史就是背叛”。我当然不是在和这些人讨论史观问题，但我觉得说这些话的人在使用“历史”这个词的时候，与我对历史的理解可能是不同的。因此，历史这个词的用法需要事先澄清。

我祖父是一个历史学家。他始终坚持要把历史和未来看成一个“生活系统”的统一整体，历史书虽然有篇章和片段，但一定要在人的生活中理解历史。历史学家里面有两派，一派专注于挖掘“史料”，另外一派侧重于构建“史观”。这两者之间的关系很像金融学里面“数据”和“模型”的关系。

他曾经半开玩笑半认真地对来访的好朋友考古学家胡厚宣说，“你是我的敌人。你就想挖出新东西来证明我的书写错了”。胡老憨憨地笑着，从他那个黑色人造革皮包里拿出一个牛皮纸包，里面是他最近发掘出的几片龟甲。

当你按照某种史观写完一部历史之后，你就会担心考古学家挖出新东西，从而推翻你建立的史观。当你构建某种模型来对资产估值之后，你就会担心市场发生新变化，从而使你的模型失效。

从哪里回头看，回头看多久，这些问题直接决定了我们对未来世界的看法和安排。当我们停下来，带着某种“史观”回头看的时候，我们眼里的历史人物会有对和错。当我们做出上述判断时,一定要清醒地意识到,对历史人物对错的认识将在很大程度上取决于我们从哪儿回头看历史,以及我们用什么史观去看。

从这个意义上讲,金融学研究的时间是一段可以回头的未来——这段时间里面不能只有随机漫步,它总得有点儿估值模型或者趋势性的动能。所以,金融学看待未来时间的方法有些类似于历史学对历史事件的研究——没有史观的史料就像是没有估值模型的一堆数据。

黑格尔说过,"历史就是哲学"。他的意思可能是,用什么史观去看历史属于哲学的范畴。维特根斯坦说过,哲学的任务就是发明一个比喻,然后告诉人们,"看!可以这样看问题"。用一种新角度看问题时,原有的困惑可能就消失了。一如历史学试图用一种史观来看待过去的时间;金融学试图用一种模型、算法、估值模型或交易策略来看未来的时间。我感觉,金融学是一种看待时间的哲学。

我可以设置一个未来某个时刻的事件为"停时"(stopping time)。时间对于我来说,必须是可以回头看的未来。停不下来的那个随机事件也就无法纳入研究范围。比如,设定上证指数第一次触及 3 000 点为停时,从现在起到在这一事件实现之前的时间就服从随机过程,可以纳入金融学的研究范畴。如果我设定上证指数最后一次触及 3 000 点为停时,那么,即便该事件已经发生了,我也停不下来。因为我无法确定这是最后一次——只有上帝知道这其实是最后一次"三千点保卫战"了。学者们无法研究这类停不下来的事件。

意识到这一点以后,我发现,许多社会问题的形成都在于当时当地人民在历史记忆和对未来的看法之间做了平衡和取舍。最典型的莫过于中东问题了。我曾经在达特茅斯学院旁听过巴勒斯坦和以色列学生组织的宣讲会。我听前者发言的时候,我的同情心在他们一边;我听后者发言的时候,我的同情心又换了立场。我发现,正义并不取决于他们双方各自陈列的照片和罗列的史实,而在于我自己内心深处的历史从什么时候开始。我要回头看多久才能构建一个史观? 而且这个史观必须同时适合于解决我当前和未来一段时间的问题,这才使得我的史观站得住脚。同理,我需要采集多久的数据才能构建一个估值模型,使得这个模型在今后一段时间内,不说帮我赚钱吧,至少也能被将来的交易数据所验证。

比特币和我们之前的匿名化交易则完全不同了。它没有了谅解、宽恕、开脱和赎罪等纠缠我们的情绪了。它把完整的历史和彻底的未来统一起来了。我现在说这个话,读者可能还有些陌生、突兀和抵触,让我来举几个例子,您就清楚了。

有些地方鼓励原谅和宽恕。其实,你仔细想,原谅和宽恕只是硬币的一面,另外一面就是欺诈和掠夺。鼓励老实人吃两遍苦,就是在容忍奸商赚两遍钱。比特币里面既没有老实人,也没有奸商的概念,因为它从一开始就用一个全新的方法来保护产权。

传统的重商主义和大航海时代里留下足够多的数据让我来提炼一个史观,构建一个模型,呈现一种看法。我认为,在人类的商业活动中,"促进交易"和"保护产权"曾经长期存在矛盾而无法兼顾。为保护产权,我们必须向后看;为了促进交易,实现机会,我们必须向前看。我们很难用一套固定的史观或者估值模型来同时"向前看"和"向后看",这导致我们只能这样做:

一是要么经常往更远的历史去看，仿佛那里有更基本的正义和更原始的真相。

二是要么更换另外一组市场交易数据，以便使得我们已经构建的模型看起来符合某一特定时间段的交易表现。

我们今天民法典里面有“善意第三人”的概念，这是各国在长期商业实践中摸索出来的一个特定身份。“善意第三人”的身份和他持有产权的方式都是特殊的，他的这种特殊优势就暗示了在另外一个我们看不到的地方有人吃了亏。但是，法律赋予了他这种地位，以便于促进交易，实现商业繁荣，从而给更多人带来希望和机会。

为了促进交易，只能鼓励双方向前看吗？为了确认产权，必须追溯这个标的物全部的交易历史吗？让我们先来看看那个去中心化的斯瓦特巴坦人社会的情况。

对于那些长期定居在一个地方的村民（无论是佃户、工匠还是其他的人）来说，巴克图人所代表的是一种不必要的负担。村民们有自己的亲属关系网络，有与他们的生活息息相关的各种关系，他们之间有维持经济体系所必需的各种技术和人力资源。他们自己建盖而且必须维护自己的房子，他们比巴克图人更了解土地和灌溉体系。

在传统的土地轮换制度下最富戏剧性的是，巴克图人突然发现在今后的十年里，他们要面对几千个从不认识的人，其中可能有盟友，也可能有敌人。所以，巴克图人面临的问题是如何让村民对自己产生依赖，如何尽可能多地把他们吸收到自己周围来。答案就在巴克图人宣称他们拥有所有的土地。然后,以这样的假设为基础,运用前面几章中描述的各种契约,建立起一个组织来。其他村民(非土地所有者)没有这样的政治组织来使他们能够团结起来去占有土地。他们只是一群在政治上毫无组织的农民和工匠。

……

在斯瓦特,任何人只要接受了协议性的报酬就等于放弃自主权,他只能根据别人的指示来做事。因此,他的地位就低于那个人的地位。从另一个方面来说,这样做也就免除了他对自己行为负全部责任的义务,这个责任由那个指使他做事的人来承担。比如,如果一个首领雇一个刺客去杀某个人,这个刺客只是在刺杀的过程中处于危险的境地。一旦刺杀完成,所有责任都落到了那个给他出钱的首领身上,勇敢的名声也落到首领的头上。同样,一个受贿的人也放弃了他的自主地位,他的违规行为或欺骗行为所产生的责任也落到了行贿者的头上。

仆人这一职业是斯瓦特地区唯一一个不是与某个或某几个单一种姓相联系的职业。人们认为,除了巴克图以外,所有种姓都适合。一个雇用仆人的人肯定是一个拥有相当数量土地的人。仆人是多种多样的,地位最高的仆人是管家(naz kotwal)。如果他手下没有别的仆人的话,他除了管主人的财物,还要管主人家的普通事务,仆人必须随时听候主人的使唤，直至根据双方的意愿终止。[①]

我一直把斯瓦特巴坦人当成我思考比特币的镜子。他们是有追溯权的。“冤有头债有主”这句话对于他们来说，是天然的正义。这使得他们和现代商业实践有了明显的区别。

原谅和宽恕总是让人忘记过去而面对未来。于是劣性商人继续留在市场里交易。追溯和寻仇总是让人和自己的过去挂钩，所有人都陷入群体监督的网络。任何人都不能脱离部落去寻找新机遇。史观、模型、犹太人的商业惯例和斯瓦特人的寻仇，这些看似事关“历史”和“未来”，其实，这些概念都指向了一个核心的问题：如何在鼓励个体寻求发展机遇的同时保护好其他人。

我们先来看中世纪在地中海经商的犹太人创立的商业惯例中为什么要保护“善意第三人”的商业规则，因为这样一来，法律不再追溯货物（有时候是赃物）的来源。出钱买下一件便宜座钟的“善意第三人”不会因为现场有失主的主张而失去低价购买它的机会。即便后来小偷找到了，“善意第三人”也只有在收到失主支付的赎款（金额等于他购买的价格）之后，才会把座钟归还失主。因此，“善意第三人”是一个稳赚不赔的安全角色。

从表面上看，之所以在商业实践中演化出了这个角色，是因为要促进交易。为此，我们要鼓励交易双方在达成交易时向前看，而不能任由“道德洁癖”带着我们向后看，去追索去考究每一个器物的来龙去

---

① 摘自[挪威]弗雷德里克·巴特著：《斯瓦特巴坦人的政治过程》，黄建生译，上海人民出版社 2005 年版，第 98—99 页。

脉。这样一来,人人都要证明自己的无辜和清白,市场就没有活跃的交易了。

实际上,这个问题复杂得多。犹太人在商业实践中进化出这个角色是为了逃避“霸凌”和压迫,以保护好自己的财产。而地中海沿岸的其他民族为了促成交易,也就接受了犹太人的这个做法。

有一份记录,记载了 1421 年由银行开具的支付超过存款数额的付款保证书。在这份单据中,威尼斯元老院判定发行这种银行券为违法行为。是什么动机推动了亚历山大城的犹太商人开出了给予持有人的超额的付款保证书呢?是对于自己商品命运的担忧。犹太商人的货船冒着被基督教徒海盗以及天主教国王陛下的舰队俘获的风险,这些人把犹太人和土耳其人的货物看成合法的战利品。因此,在亚历山大港经商的犹太商人在自己的保险单据上插入了一些虚构的基督教徒的名字,比如保罗或者希皮奥,或者随便什么你喜欢的名字,货物到达港口后,再凭借保险单据上虚拟的“持有人”收受货物。

整个中世纪,犹太人一定常常受到同样动机的驱使!他们一定常常尽自己最大的努力,采用某种伎俩来掩盖自己就是这笔钱,或者这批远道而来的商品之收货人的身份。还有什么比这更为自然地让他乐于接受这一法律形式呢?单据赋予了单据“持有人”索取权。

如果处于任何一个地方的犹太人躲过了迫害的风暴,这份单据就有可能使他避免财产的损失。它也使得犹太人可以在他们所能想到的任何地方存储自己的货币。万一什么时候某笔财产有了危险,就可以通过某位虚构人士把财产转走,或者以一种不会让自己之前的财产留下踪迹的方式,转移走自己的权利。

人们或许觉得无法解释的是,为什么在整个中世纪,犹太人只是在很短的一段时间内被剥夺了"一切",他们很快设法再次富裕起来。联系我们的说法,这个问题很好解释。事实是,犹太人从来就没有被抢走"一切"。一旦国王收得太紧,他们的大部分财富就被转到了一个虚构的拥有者名下。我们从《塔木德》中已经能看到,任意物品的现在所有者是如何受到保护,使之免于受到原来所有者的危害的。

我们可以从犹太典籍《密西拿书》中看到这样的说法。众所周知,如果谁家里被盗之后,失窃者在另一个人那里发现了他的书籍和器皿,另外这个人必须发誓说他买这些东西付了多少金钱,他拿到这笔数额的钱之后就要把物品还给最初的所有者。但如果没有发生被盗事件,就没有必要走这个程序,因为这就意味着,物品的所有者已经把物品卖给了第二个人。也就是说,现在的物品所有者购买了这个物品。因此,在任何情况下,物品现在的所有者都能获得赔偿,但在具体情况下,他可以不费任何周折地保留自己的物品。物品现在的所有者必须得到"市场保护",物品之前的所有人必须付给现在的所有人他之前付出的价钱。

……

《塔木德》对交易的态度十分友好。整个中世纪，犹太人一直对交易持这种态度。[①]

看来，犹太人早就学会了如何把交易转到一个虚拟人物的名下，以逃避国王和教皇对犹太人的压迫。这难道不是今天比特币的部分持有人的初衷吗？他们把自己的部分资产转入到一个虚拟世界的地址下，且只听从自己的支配。这再次让我想起了凌力老师的那句名言："相比于银行卡，比特币更像身份证。"你实名登记的银行卡其实也是由中心化权威机构认证并统一监督和管理的——那个权威不仅给你发身份证，还监管你的财产，更定期向你收税。你的比特币则像是给你一个虚拟的身份证——你的部分财产可以暂时转入那个身份了。你的身份和财产在区块链里，你就暂时逃离了教皇和国王的监管了。

我们可以认为，中世纪商业实践中保护"善意第三人"的做法源自犹太人的自我保护机制。它使得犹太人在察觉到危险时，先把货物置于一个事后不会被追索的持有人（代理人、"马甲"或者虚拟的第三人）名下，这样就使得自己处于安全的地位。待到危险过去，他再从该持有人名下获得物品的所有权。

该机制使人的身份地位和资产、货物乃至商品物件在商业活动和社会生活中统一起来了。人拥有资产的方式和他保有身份的方式是统一的，都需要一个统一的默契一致的行动机制。该机制会完成物品

① [德]维尔纳·桑巴特著：《犹太人与现代资本主义》，商务印书馆 2022 年版，第 74—99 页。

的交割，货物的转运和买卖，资产的抵押、转让、借贷和继承。

犹太人的社会地位低，处于被压迫、掠夺和屠杀的悲惨处境。他们处理货物、商品、物件和资产的方式就必然与之相对应。他们必须发明一种商业惯例（并使其交易对手接受），这种惯例使得商品和资产在交易过程中也必须在历史和未来之间人为地制造某种不公平。这些保护产权的措施看起来违背了正义，其实就是维持交易的代价。

我是在接触到这段历史以后，再回头看比特币，才意识到我以前忽略的东西。人的地位和物的权益是统一的。要让“所有的人”获得平等的地位，就要将“他们的物”置于公平的交易和严格保护之中，使人无后顾之忧。否则，要么就是有利益集团用控制物的方法来操控人；要么就是有政治团伙控制人来获得物。当身份和财产都依赖于一个中心化权威机构的登记时，在某种极端的情况下，人可能会被“工具化”，成为利益集团掠夺财产的工具。

“不要在人间制造天堂和地狱，天堂和地狱是主的事情。”我感觉把这段谶语落实好的并不是宗教改革者们，而是比特币。对物的全面保护才能确保人的全面发展。这种全面保护就是在排除了一个以“清算中心”为名的中心化利益集团之后，仍然能够实现人的自由、物的安全和交易的公平。

犹太人处于被罗马的天主教会和地中海沿岸的其他信奉基督教的商人（有时候是海盗）压迫的地位，他们的财产就无法得到保护。保护人权应该是和保护产权同时发生的事情。犹太人辛苦工作却又被掠夺，就意味着当时社会上有些地位更高的阶层可以不劳而获。

比特币对产权的保护是真正做到一视同仁的。因此，它才能真正抛弃“善意第三人”这种“马甲”。在比特币的交易过程中,天然要回溯到每一枚比特币的地址,确保其来源的合法性。比特币在社会经济的实践中实现以下三种好处:

- “人和资产的并行”;
- “产权的匿名化”;
- “地址透明决定了地位平等”。

比特币没有“善意第三人”的问题,这并不说明比特币保护偷盗者的权益。比特币并不能防止你的地址被盗风险。那样的话,该地址的比特币就落入别人手里了。这只说明你要保护好自己的密码。在比特币里面,并没有一个类似经侦总队那样的中心化机构。一笔交易如果可以被修改(假设你的地址被盗),不仅说明那里有迟到的正义,还说明那里有一个权力高于其他持币人的“警察”。不能追溯是为了防止出现这个警察角色,因为一旦有了这个角色,它如果胡作非为,就没有人能够放心自己地址里的比特币是安全的了。即便我没有忘记密码,硬盘也没有被偷,我的比特币仍然可能被这个超级警察没收。如此的话,比特币就此失去了吸引力。当然,你也可以争论说,我们需要对它进行监督。然后,监督它的人也需要被监督,如此反复下去的结果,就是你在区块链重建了庞大的官僚机构——那就违背了人们建立“去中心化”区块链的初衷。

早在安妮女王(Queen Anne)统治时期,英国犹太人作为一个群体就已经成了该国最大的金融势力,他们持有了 1/4 政府发行的债券。也就是在这个特殊阶段,信贷制度演变成为标准化制度。这就是说,以往债务是两个熟人之间签订协议的结果,现在则是以制度为基础的重新安排。事实上，当事人完全可以是陌生人。新的关系是用汇票或证券或抵押房契这类可流通票据表示，对这些票据的仔细分析可以最终证明这一点。

票据以具体当事人为抬头（收款人）开出，如果汇票没有写明收款人，那么其他两方就不知道谁才是票据持有人。票据收受人可能与开出单据的当事人并无直接的生意往来，但这张票据确立了前者对后者的请求。

证券赋予证券持有人参与某项与他没有直接个人联系的资本运营和利润的权利。他可能从未看见过进行这项业务的办公楼，当他把自己的证券让渡给另一个人时，他就转让了参与权。银行券的情况也一样，银行券持有人也拥有对发钞银行的要求权，尽管他个人可能从未在此银行存有一个便士。所有这些匿名交易都是对收税的统治者的匿名，对于交易的组织者来说则是透明的。

比特币分配给用户一个唯一性的地址，别人可以把币转到这个地址（不是账户），持有人也可以用这个地址来支配比特币。比特币地址与其持有人的真实身份没有关系，用户甚至可以离线生成比特币地址。用户暴露在比特币网络上的只有地址，没有账号，因此不存在实名认证账号的问题。

交易并没有一个中心化的政府或者一个类似中心化的犹太人控制的交易清算中心来给各个账户清算余额。比特币交易系统对地址进行运算。如果要收款，转账到这个地址就好；如果要付钱，用这个地址的钱进行支付转账，能成功付款就好。

因为用户不需要将比特币地址与“账号”进行关联，这就最大限度地排除了账号注册和登录可能留下的身份印记。为了正确识别一个地址的持有者，比特币系统在生成地址的同时，给予用户一个对应于该地址的唯一“密钥”。当用户需要动用某个地址的 UTXO 来付款，就要用自己掌握的“密钥”生成一份“证明文件”，表明这笔钱的拥有者“名分”，其他用户可以用此“证明文件”来验证真伪。如果没有持有这个密钥就无法生成证明文件，也就无法动用这笔钱。

你不需要像中世纪犹太人那样先把钱藏起来，然后自己再找地方藏起来。你自己仍然待在原有的集体游戏和社会关系中，你仍然受到一个中心化权威的管理和监督。但是，你的资产已经加入了比特币的世界，那个系统仅认可你的密钥并对指定的地址进行操作，它并不听命于那个控制着你的“大酋长”和“大主教”。比特币是透明的，你甚至可以把它打印在你的咖啡馆外墙上，让顾客向这个地址转账。大家都可以看到这个比特币账户的某个地址，但就是无法知道它的密钥，也不知道该密钥掌握在谁手里。

如果能更好地保护财产，那么就能够更好地保护人。这是了不起的进步，我甚至欢呼这就是未来“平等世界”秩序的基石。比特币里面的财物（地址）都是透明的，所有者（人）都是匿名的。而在现实生活中，人和物是统一整体，共同接受一个中心化集体的监督。一个富人拥有多少资产对于社会公众和税务机关都是透明的。这就使得他在处置这些资产的时候必须接受公众监督和税务机关的制约。

比特币解放了人，它的方法是使得中心化的政府无法攫取个人的资产。通过约束政府的行为有可能实现人的全面发展，这是一种保护人并创造更多机会的机制。

任何一个宣称自己能够为所有人创造一片乐土的政治家首先必须证明他能够为所有人的财产创造一片净土，否则大家不应该相信他的承诺。

2024 年，彭博社女记者艾米莉·张质问 Open AI 的总裁山姆·奥特曼："我们凭什么相信你？"奥特曼略有迟疑，答道："你们不该相信我。"从上下文的意思来看，他的意思是，用户根本就不应该把自己的身家性命、荣辱进退和个人命运交予一个中心化的机构管理，并指望它能够"公平而善良"地为广大用户主持"上帝的正义"。

人应该对自己负责，而不是躺平或者依赖更强大的中心化机构。这个机构有时候是一个垄断企业，有时候是一个花钱无度的政府，有时候也可能是一个组织严苛的教会。

一直涨到新秩序！

试图预测比特币价格的涨跌就类似于预测足球的起落。我们应该专注于足球游戏本身，而不是那个球。

每次我演讲比特币的时候，总有部分听众（一般是 30～40 岁的已婚女性白领）会问我这样一些问题："你自己买比特币了吗？"

我一般是这样概略地回答她的："关于这个问题，我没有应披露而未披露的信息。"

我知道，如果我回答了她这个问题（其实这并不是一个问题，而是一杯混合八卦好奇心和地位焦虑感的鸡尾酒)，那么，她们很快会问出更多问题(或者说产生更多的焦虑)：

“你什么时候买的?”

“什么价位买的?”

“你买了多少啊?”

“你是怎么买的?”

“现在买还来得及吗?”

“你说话算数吗?”

“我亏了钱要找你算账的哦!”

“来，我们加个微信吧!”

这些问题——不，这些其实都不是问题——是泥潭，源于有人担心自己因错过比特币的行情而导致自己相对社会地位下降的焦虑。因此，她自己在虚荣心的泥潭中挣扎。面对这种情况，请管好你的同情心，不要向她伸出手——你根本救不了她。而且，你试图挽救她的这种念头，就已经把你自己排除在“崇尚自我、反对攀比”的比特币文化圈之外了。

比特币要涨到什么价位？我过去在金融学系上班的时候会问自己，比特币内在的合理价值是多少？它估值模型怎么构建？

如今，我早已像孙猴子一样，反出了金融学系的“南天门”，来到了社会学系的“桃花源”。我宁愿相信资产有“外在作用”，也不愿意相信资产有“内在价值”。我会这样问自己，比特币要涨到什么时候？要涨多久才能建立一个新秩序？它给我们带来什么样的冲击？它会催生什么样的变革？它会构建什么样的新型社会关系？

我很早就注意到，当人有主动性的时候，资产才有流动性。交易清淡的股票，它们所属的行业也一般暮气沉沉。资产价格的涨跌不仅能够反映，而且能够影响人的主观能动性。比特币价格越高，流动性越好，参与的人越多，它推动社会关系调整的外在影响（或作用）就越大。

从我关注比特币开始，直到我现在写这本书，它就一直在涨。这让我想起来，从我回国开始，上海的房产就一直在涨。它早已突破了任何我熟悉的估值模型。我先不回答房价要涨到什么时候的问题。我建议读者回头看看房价持续上涨20年带给我们的新型社会关系。

早期买房的人肯定借了一大笔钱，他们比周围的人更勇敢、更激进，他们也就凭借这个特征获得了更高的社会地位。后期买房的人肯定欠了金额更大的一笔按揭贷款合同，他们肯定要玩命工作一辈子。拥有房产就拥有更高的社会地位，于是，不断上涨的房产促使一代又一代的年轻人勤俭节约并努力工作，整个社会就进步了。

房子是一种药物？一项资产？还是一种激素？或是一套装置？它的持续上涨就把年轻人牢牢地钉在岗位上，任劳任怨地努力工作，以便还清按揭贷款；它鼓励了全社会加杠杆，大干快上扩大生产规模，以便生产更多的水泥和螺纹钢；它还促进了基础设施建设，新建的地铁推动土地升值以后，投资就能够回收了。

等到未来的某一天，上述任务/目标都达到了，那么，房地产的历史使命也就完成了，它的价格就开始下跌。于是，经济学家说这是泡沫破灭了。

我认为，这不是资产价格泡沫破灭，而是房地产作为一颗特效药的药效被吸收代谢掉了。病人好了,疗程结束了,该出院了。我们还将迎接新挑战,遇到新问题,到时候,我们就需要新的资产(药物)来刺激了。

比特币也一样。它的持续上涨带给我们什么新型社会关系呢?这是一个关键问题,请读者容许我先跑个题,东拉西扯地(其实是浓墨重彩地)渲染一下背景音乐。

我听过有关未来的最浪漫的幻想是这样的:今后随着科技进步,人形机器人将取代人的岗位去从事繁重的体力和脑力工作。人就得到了解放,可以去轻松愉快(也可能是随心所欲)地参加那些文艺、体育和休闲类的活动。

这个幻想的前半部分可能是要实现的,而且我们大概已经在这个进程的半路上了,这个幻想的后半部分则是过于浪漫了。那一天到来的时候,人人都在抢着找工作,而且你已经不是和那些美墨边境偷渡来的非法移民竞争了,你是和正儿八经的硅谷机器人竞争一个收垃圾的岗位了。社会不会让人躺平的,它总是会发明新游戏让人们玩命地工作。早在100年前的大萧条时期,底特律的大亨们就意识到:提高工厂效率的最好的办法就是让工厂大门口找工作的人排起长队。

如果人类没有几近狂热的热情,那么,旧秩序就不会瓦解。在新秩序形成之前,人类还不会恢复理智。新秩序一旦形成,他们就会抛弃那个带他们来到新秩序的资产,称之为“泡沫破灭”。但是,在那之前,人们需要“资产泡沫”带来的“动物精神”去推动变革和进步。

用涨的办法来吸引更多人参与建立新秩序。持续上涨是因为新秩序还没有建成。资产根本没有内在价值,它只有内在使命:建立新秩序——回想一下房地产，你就明白了。

一是涨到发达国家恢复财政纪律。

比特币的上涨对发达国家来说，是倒逼政府改革的一剂苦口良药。这些发达国家普遍存在财政纪律松弛的毛病。多年来，政客们为了自己的选票，不断开支票讨好选民。结果呢？政府一面开支巨大，一面还在减税。这还不是最可怕的。最糟糕的是，政府规模越来越大，效率越来越差，机构和人员都庞大无比，它自然就要消耗更多纳税人的钱来养活。对于美元这样的货币来说，不仅仅是美国国内的纳税人，全世界美元持有人共同承担了这个代价。

想象一下，你在“灯塔小区”买了一套房子，该小区的物业公司什么事情也没干，小区治安、服务和环境都很差劲，但物业费却年年上涨。你当然不乐意了。

如果物业公司高效运转，雇用很少的人就实现了干净整洁和安全的环境，那你买的房子就会有更大的可能性升值。

当越来越多的业主觉醒了，他们把该小区的房子卖了，在“比特圈”购置物业了。比特圈的房价虽然贵，但是，那里没有物业费，你只要管好自己的密码钥匙就好了。你再也不用每年向那个低效的物业公司缴物业费了（或向联邦政府缴纳个人所得税了）。那么，灯塔小区的物业公司就会感受到压力，就会被迫进行改革，减少人员编制，缩减日常开支，提高工作效率。

美国人民向美国政府缴税，美国政府理应维护社会秩序并为所有持有美元的人（含外国投资人）创造发展机会。如果美国人民缴税很多而美国政府挥霍无度且花钱无效，那怎么办呢？

持有美元，就像持有灯塔小区的房产证，那是一个不断融化的冰激凌。资产保值的成本越来越高，而该资产升值的可能性越来越小。政府开支大和效率差就会带来这样的后果。对美国人民来说，是时候推动政府改进工作提高效率了。

如果真有哪一天，美国政府管住自己花钱（尤其是别人的钱）的手，那么，持有美元就意味着低成本地持有了更多机会。

此时此刻，许多机构正在如火如荼开发基于 Web3.0 的各种金融交易工具/平台。这也就意味着，你不需要持有美元，也不需要通过华尔街上的纽交所，或者美国证监会和国税局，就可以完成一笔金融资产的交易。包括融资、衍生品、债券和定制的金融产品，都可以在华尔街以外，不依赖美元的情况下完成。这意味着，即便美国政府效率改革成功，它还需要面对另外一个竞争，即为美元持有人创造出更多的机会——否则大家就换成 USDT 去 Web3.0 实现交易机会了。毕竟，华尔街在美国税务局的监管之下，而 Web3.0 则不在。美国税务局要从 Web3.0 收税，完全要靠美国纳税人的自觉申报了。

假如将来有一天，美国政府能够做到：改革行政体系，提升运行效率，缩减开支并消除赤字，并大幅度减少监管，落实行业自律的市场环境，给美元纸币的持有人创造更多的发展机会，并减少他们持有美元的损耗（观望等待机会的成本），那么，比特币有可能受到美元的竞争并被夺回部分市场占有率；否则，美国政府维持目前开支无度寅吃卯粮的财政局面，就是在给比特币火上浇油，并反过来勒紧了自己的喉咙，切断了自己的后路——等美国中产阶级都觉醒了，把资产转入比特圈了，它的税收来源就会进一步收紧。

二是涨到人工智能的普及。

由奥黛丽·赫本和加里·格兰特主演的希区柯克电影《谜中谜》有一个贯穿全剧的悬疑，那笔40万美元的赃款哪儿去了？谜底最后才揭晓——是其前夫买了一张珍贵的邮票。为什么已盖章用过的邮票值那么多钱？为什么当时没有人质疑它的估值是泡沫？它的泡沫和比特币的泡沫哪个大？

20年前买的邮票不值钱，而20年前买的房子大幅度升值了。资产能不能保值关键还在于下一代年轻人是否玩同样的游戏。那些和实物挂钩的货币不仅是一把价值尺度，还是一种“激励—淘汰”机制。这种机制要么激励下一代的年轻人继续沿着上一辈的路线图玩命努力工作；要么淘汰上一代积累的财富，抛弃他们的致富路线图。

如果下一代人还将上一代的路线图视为分叉链里面的“长链”，那么，他们就会沿着这个“长链”继续努力向前。上一辈手里的资产就会继续升值，而上一辈的养老问题就容易解决了。否则的话，上一代努力的路线图被下一代视为“短链”，就会出现日本在房地产泡沫破灭以后的情况：相当多的70岁以上的老年人被迫继续从事体力劳动以补贴自己的晚年生计。

持有邮票就是持有了一面怀旧的镜子，只能照出过去的自己：寄信和电子邮件相比是效率更低的短链。于是，邮票贬值了。持有房产就是维持了一种激励年轻人的机制，只要下一代年轻人愿意更努力工作，我手里的房产就会更值钱。如果年轻人躺平或者年轻人越来越少，那我的房产就变成了短链，也会贬值。

怎么样才能让下一代将我们曾经努力过的路线图和我们已经积

累起来的财富视为长链呢？我们要从现在开始，做最基本的、最直白的、最真诚的、最核心的和最确定的正确事情。问题最终简化为“不断提高效率”和“创造更多机会”。这两个努力的方向肯定是对的，无论下一代人多么XYZ，多么变异古怪，他们总会需要更强的算力和更多的能源。这就是比特币包裹着的“激励—淘汰”机制。

我曾经在《估值原理》里面详细分析过，股票的估值核心是效率提升。这符合大自然进化的普遍规律。股票的上涨就是鼓励下一代年轻人进一步提升效率，他们用发明创造来提升他们的社会地位，从而给之前买入指数ETF的老年人带来持续回报。

持有比特币也是同样的激励机制。挖矿比特币最初曾经推动了GPU的需求，使其得到快速发展。进一步完善了并行计算能力之后，GPU的算力就达到了人工智能的应用门槛。从此以后，人们必须开发更快的GPU芯片，这样，既可以用于比特币挖矿，也可以用于人工智能的应用。

转折点在2015年就出现了。打那以后，挖矿比特币的瓶颈就从算力转向了电力。当然，你仍然可以声称比特币的高价在激励更快的芯片。你要意识到，更省电的芯片恰恰是运算更快、工艺更先进的芯片。而之所以GPU越来越省电(算力也更强大)，恰恰是因为比特币的挖矿瓶颈变成了电力。

可以想象，从现在到2140年(比特币停止新增的日期)，电力仍然是制约经济繁荣发展的主要因素。开发更省电的芯片并不会淘汰发电厂，也不会使得电力不再成为制约因素了，而只会使得人工智能应用的门槛更低，应用的范围更广。当然，也使得开发这款省电芯片的人获得更高的社会地位。

我猜想未来世界的路线图应该是这样的[①]：

一是各种机器人取代了蓝领在生产线上工作。

它们未必是人形的机器人。因为目前的生产线是为人类劳动力设计的，未来完全可以为机器人重新设计生产线，而不是设计更复杂的人形机器人以适应现在的生产线。当人类不再是一种劳动力或生产要素的时候，社会学家和经济学家都要学会面对这个新世界。

二是机器人会分化成通用机器人和专用机器人。

通用机器人的造价越来越低。我们可以通过跨行业和多平台的数据来训练它。这样可以拓展通用机器人的应用场景。以后，即便你要求的工资很低，低于通用机器人的电费，你也很难在工厂找到一份蓝领工作。因为整个工业系统已经按照“部署通用机器人”来设计了，单独为你安排一个岗位，对系统来说，是不可能完成的任务。专用机器人会替代许多白领的工作，甚至医生和工程师都将被替代。

1939 年，纽约世博会的主题是“建设明天的世界”。它预测未来汽车将大行其道，每个家庭都开车上下班的场景最终要实现。但是，令人哭笑不得的是，它对未来预测最准的部分恰恰是它忽略的那些——停车难和交通拥堵。

我肯定我此刻对未来的预测受到周围许多人给我的信息的影响。根据我多年的炒股经验（教训），我因此更不肯定有关人工智能的乐观预测会变成未来的现实。其中，就包括一个如今流行的预测：人工智

① 我此刻五味杂陈地提醒读者：自从我学会猜想未来以后，未来就学会了如何绕开我的猜想——我感谢它由此给我制造的失望、惊喜和人间百味。

能的大规模应用将导致电力消耗成倍增长。届时，我们将同时面对劳动力富余和电力短缺的困境。

三是涨到能源革命的成功。

相应地，比特币挖矿的瓶颈早已不是算力了。现在乃至将来的瓶颈都在电力。

为写作这本书，我曾经多次去凌力老师家里请教（其实是打扰）他。我一般遇到智商明显比我高的人，总是敬而远之并有所提防。但是，凌老师有一种高智商人群少有的温暖人心的亲切感。以至于我多次声称，我是因为他才对复旦大学产生好感的。有时候，他带我去他家附近的面馆吃午饭。当时，我脑子里都是他在上午给我讲的挖矿的事情。于是，我想象着这样一个场景：我和凌老师带着大号电池坐下吃面。结账的时候，我们给掌柜指定的接口充了10度电。“一碗面十度电”这个当天餐桌上的笑话给了我巨大的启发，导致我后来好几天都沉思于此。

我们为什么不背着大号电池出门呢？我的手机支付App为什么不能根据我的指令把10度电转给面馆呢？这难道不是一个更准确计价的钱包吗？电力为锚的比特币难道不是一个更好的本位体系吗？

于是，我在想：会不会我们都被语言制造的迷雾和表象遮住了双眼？比特币并不仅仅是一个根据挖矿工作量证明给出的奖励，它其实是一个开发能源的奖励？

电力是一个很难储存的东西。它不像黄金，你可以挖一个洞把金子埋起来，然后发行纸币，宣称我可以随时兑付实物黄金。但你不能发行一个纸币，让它对应仓库里特定数量的电力。储能的成本是极高的，我去过天荒坪抽水蓄能电站，那里用高山人造水库来给电网调峰。它占尽得天独厚的各种自然优势和政策利好之后，效率依然只有25%左右。据说，这已经是同行业里很高的水平了。你可以想象吗？你如果搞一个"电本位"，当你每次支取实物电的时候，要被收取75%的手续费，而这还是效率最高的"央行"（此处请把天荒坪想象成央行的金库）。

比特币没有解决这个问题，它也解决不了，但它绕开了这个问题。所有这些问题都忽略了问题的核心："维持纸币发行的那个中心化权威机构本身消耗了巨大的社会财富。"为维持社会和经济的运转，政府本身开支巨大。它们收的税都未必能够覆盖开支，还要发行国债，最终债务庞大乃至有些央行不得不印钞票来将债务货币化。

人人背着大号电池，银行就是一个大型储能装置，这个持有成本可能比纸币时代维持政府运转的成本更庞大。因此，"以某个物体为锚发纸币"和"直接用某个物体当货币"本位的念头都是过时的。关键是确保下一代年轻人前赴后继继续沿着这条道路努力下去。仅仅维持现有的比特币运行就需要消耗掉巨大的电力，挖矿比特币更是如此。这种消耗电力就像是在纸币时代，美国政府消耗掉了美元持有人缴纳的税收。维持一个货币体系的代价总是高昂的。

货币体系重要的功能并不是一个计量尺度，而是激励—淘汰机制。那些做同样口味面条却能更省电的面馆、那些消耗同样燃料却能够发出更多电的电厂，它们会在我们社会脱颖而出。它们的投资人就会获得更高的社会地位；反之，那些低效率企业，从面馆到电厂，就会在这个货币体系中被淘汰（任何一个货币体系都有一个与之对应的资本市场和社会结构)。

比特本位并不存在,它其实是一种激励人们投资开发更多廉价、清洁和可调度电力的机制。它甚至可以被称为"电力本位"。解决问题的方法不是把发出来的电存储起来,而是鼓励大家多发电,而且更灵活也更清洁。

如果电力价格越来越高,做空比特币就可以提供一个"对冲工具",鼓励大家去开发更多低成本的电力。一旦电力价格下降了,你的比特币空单就实现了"本垒打"。不断有人去用电挖矿,不断有人去研发更新发电技术,不断有人投资更高效的发电装置。这就像是一个流动的电力蓄水池。我更乐于把区块链上的比特币想象成金本位时代的地下金库,它们分别是"电本位"和"金本位"这两种货币发行体系的组成部分。

基于这个视角,我认为挂钩黄金那样的纸币本位不会出现在比特币上,世界上不会有哪个央行发行基于比特币的纸币。央行本身无法提供更清洁、更便宜和更灵活的电力,它需要人们相信它发行的纸币背后储存着足够多的"电力"——这根本做不到。

如果央行有这些能力,它肯定会去挖矿比特币。那样一来,比特币就出现了实际控制人,它的估值基础就会随之瓦解。如果央行没有这样的能力,那它发行挂钩比特币的货币也根本没有人信。

想通这些问题以后,我就对山姆·奥特曼有关"算力是未来货币"的判断有所保留。电力可能才是未来货币,算力只是让那些能够更高效使用电力的人获得更高社会地位的方式。

我相信,全球各国央行最终会变革各自的货币发行体系以适应未来的新环境。其中的标志性事件将是全球签署有约束力的碳条约。可惜的是,各国政客们不会像圣保罗那样只有神圣宏大的远见而无现实利益的羁绊。气候变化在他们眼里可以是一个口号,是反对(甚至是勒索)传统能源行业利益格局的工具。在没有现实可行的方法解决气候变化问题之前,它将只是竞选纲领的一部分。只有当气候变化对他们在下次大选的选情有利的时候,他们才会认真对待。

如果未来我看到全球签署有约束力的碳条约,我相信届时比特币将遇到阶段性的下跌。因为,这个条约取代了比特币向全球提供激励机制,鼓励大家开发更清洁的电力和更省电的生产发生。而且,这个条约体现了全球共识。条约如果生效,它将创造碳排放权这个新标的物资产,它才是未来影响比特币估值的关键挑战。

四是涨到对财产的更好保护。

保护产权的核心就是让资产置于其主人的掌控之中,而不是置于一部“为大多数人的利益而制定的法律”之下,那样的话,资产很可能在“崇高的借口”之下而被没收。

比特币把人类对产权的理解推进到了遥远的新边界。它不是一种新资产,而是拥有资产的一种新方式。这种拥有资产的独特方式,使得资产完全独立于其他人的意志——其他人甚至在不自觉中,组成了一道藩篱,成为保护该资产的屏障。这种拥有资产的方法,同时也是个体拥有自己身份的方式。

过去,人拥有的资产需要中央结算机构的确认,人拥有自己的身份需要同一生态系统中其他人的认同。而比特币改变了这一切。人拥有比特币的方式也同时是人拥有自己身份的方式。这两种方式的统一，使人获得了对资产更完整的控制权和支配权，使自己拥有了更独立的身份自主权和行动决定权。

比特币不是冲击了央行主导的纸币发行体系，而是重塑了人依赖于其他人的认同而获得社会地位和群体身份的社会关系。它使人在更大程度上独立于其他人，它使人同时来到了产权和自由的新边界。它更接近于恩格斯提倡的“自由人的联合体”。

五是涨到人与人建立新关系。

集体游戏的组织形式变了，人在游戏中的角色就变了，他在社会中的地位也变了。相应地，人的身份证明变了，货币的形式也就相应地变化了。

苏丹达尔富尔地区的游牧部落和农耕部落之间的季节性移民现象给了我巨大的启发：人获得身份的方式、人持有资产的方式、社会组织形态、社会形成秩序的方式以及人们使用货币的方式都应该是统一的整体。因此，我根本不能在今天的社会组织形态中讨论比特币的价值，而在一个完全使用比特币的社会则根本不需要讨论它的价值。因为人已经获得了一种新的身份，人与人之间获得了一种新的关系。

我是不太相信未来会出现一个完全使用比特币的社会的。但是，我相信我们一定要推进社会关系的变革。社会要有关心人的温暖情谊，但不能养闲人。如果闲人都不能从岗位上淘汰下来，那么，年轻人就没有上升通道。年轻人不往这个方向努力，整个游戏就玩不下去，现在值钱的资产迟早会变成破灭的泡沫。

我曾经参加过国企改革，至今回忆起自己的行为，仍然后悔自己当时的鲁莽和浪漫。你能开除人吗？国企员工有两个身份：一个是员工，一个是群众。这两者决定了他有权拒绝你安排给他的工作，他还有责任监督和举报你的一言一行。一旦他举报你之后，如果你再给他安排工作，就很有可能被视为打击报复。当大家都保持模糊的双重身份时，你一个人推动国企的市场化改革，就意味着你失败的可能性很大。国有企业在资本市场的估值不高很大程度上是由于身份模糊造成的。

给人发身份证的集中认证机构，统一起来发行纸币的中央银行，这两者是统一的整体。这是当前流行的集体游戏的特征。比特币是下一场新游戏使用的代币筹码。那场游戏中，人将获得新的身份，每个人都将以新身份参与新游戏，比特币会一直涨到新游戏的新秩序建立起来，直到人获得新身份为止。

你我的身份证是公安机关统一发的，这是我们在这个社会中的身份证明。在其他国家，驾驶证也被用作一种身份证明。我们为什么需要一个中心化的机构来统一认证我们的身份呢？没有这个认证的话，其他人对我们不够信任；我们对其他人也不够信任。我们只能借助于“公信力”机构的证明来证明自己的身份，体现自己的地位，参与社会集体游戏，扮演自己的角色，实现自己的价值。

纸币时代需要个体更加积极地参与到国家治理中来，否则的话，印钞机就可能被特定利益集团控制。人民的命运就远不如金本位时代。

我反对单独研究货币史，我认为应该把货币放到当时当地的人文、风俗、生产力水平和道德等环境下去研究。货币其实是一种人与人之间的关系。脱离了人，货币就毫无意义。货币是一个完整的生态系统中不可或缺的一环。因此,单独研究货币史、单独谈论货币现象或者单独分析货币理论都是错误的。我将力图避免割裂历史中真实的人类活动而单独谈论有关货币的问题。

货币史还给我一条重要观察线索,那些采用最严格和最先进防伪措施的货币,往往对应了一个人人独立且相互提防的社会形态。

信任不足只是硬币的一面,另外一面是人的独立和自由。随着货币的使用,原有的紧密团结互助的部落一定变得松散了,个体的人获得了相对独立的地位,不再受部落的牵制和约束。人越是独立,就越强调社会公平;社会越是公平,货币也就越强。

纸币时代最好的状态就是大家都不怎么需要货币,大家都安心持有资产,安心从事科研,埋头做自己的事情,对未来有稳定甚至顽固的宗教式的预期。这时候,其实就没有货币什么事儿了,现金只有零星交易时的结算价值;相反,假如一个社会的预期变得既迅速又剧烈,交易非常频繁,资产换手率很高,这个社会就会对现金有很高的需求。

许多经济学家想当然地认为纸币时代的央行具有了更大的灵活性和调节市场的能力,他们以为只要调节货币的供应量和利率就能实现政策目标。其实纸币时代的央行更难有所作为,或者说当他们想要有所作为的时候,掣肘更多,代价更大。读者切莫以为印出钞票发行出去就可以零成本地解决经济问题。印出来的钞票怎么投放?以什么方式?什么途径?什么理由?投放给谁?将来怎么回收?这些措施是否会破坏原有的道德体系?这些问题在金本位时期是闻所未闻的,而在纸币时代,则必须反复斟酌——我该在此刻得罪哪个群体?我又如何在下次大选前赢回他们的信任?

“共谋”与“共识”

共谋常常被宣传成共识。其实，它是一小部分人先达成了共谋，剩下的大多数人被迫或自愿地接受了它，由此形成了社会共识的局面。

《三国演义》里面有桃园结义的故事。刘、关、张三人就相当于形成了一个共谋的小团体。然后，他们试图让天下其他人接受由他们共谋主持的秩序。当然，他们有一个崇高的借口：匡复汉室。如果有人反对他们共谋的统治，他们就名正言顺地惩罚他，说他反对“复兴汉室”的大业，是破坏天下人共识的乱臣贼子。

如果说赎罪券就是极少数发行人迫使大多数人接受了他们的共谋，那么，比特币就是全体持币人自愿的共识。如果说从亚当·斯密到茶党的经济学家们提倡把政府（少数共谋者）的权力关进笼子里，那么，比特币就是参与者自己把财产关进了一个安全的金库里，使之不再受困于贪婪的教皇和挥霍无度的政府。

我建议读者回头看看本书开头部分讲述的古代阿富汗游牧部落的争斗历史。我在本书结尾处再次回顾这个国家（准确地说，这片土地上的人们）的故事时，我不能说，中世纪晚期的普什图部落就像是一个“失败”了的比特币；我倒是想说，比特币更像是一个“成功”了的普什图部落联盟。

我建议读者对照中本聪的那本比特币白皮书和古代阿富汗普什图语部落的历史来理解比特币：它容易产生共识，却极难形成共谋。比特币的许多算力都被“浪费”了，其实是为了防止出现一个强大的利益集团的共谋。比特币机制的设计者特别注重防止共谋。

与此同时，普什图部落的历史则向我展示了另外一种可能性：当一群人可以轻易形成共谋，而共识却从未坚实凝聚时，他们的命运会出现什么样的变化。

> 正如普什图古谚所说：“我和我的兄弟联手对抗我的堂兄弟，我和我的堂兄弟联手对抗陌生人。当没有外人的时候，我对付我的兄弟。”
>
> ……
>
> 这正是艾哈迈德这个国王面临的最大挑战。他领导下的“国家”由大家庭组成，每个大家庭都认为自己是至高无上的，事实上，每个家庭中的男性主人也都自视为国王。
>
> ……
>
> 然而，除了这些准则之外，普什图部族社会还有一种独特的立身原则：男人的地位并不取决于他所担任的职位或这些职位所拥有的权力，而直截了当笼络人心，才是步步进阶的保证。身居高位的人，一定有真本事让属下服膺。他们赢得这种尊重，是因为其在政治游戏中获得的经验。在这个游戏中，才干是有意义的，但不是一切；继承下来的声望固然重要，但并不代表一切；雄辩的口才、亲切的举止、盟友关系、姻亲背

景,都是有意义的,但又不是必然的。这样的道理也适用于王权的更迭。国王总像流水一般换来换去,觊觎王位的野心家也是层出不穷。小小的疏失、无意的惊扰、笨拙的举止、不雅的言行,都有可能成为对手利用的契机。

家人相处的道理,总能用于解释家族之间的关系,家族关系又能为氏族和部落的生存竞争提供借鉴。在这个部族社会,一切权力都来自私人关系。错综复杂的家族政治和这些关系网络交织在一起。干涉部落内部事务只会让国王大伤面子,甚至还会害他失去权位。因此,即便是艾哈迈德这样的酋长也无法命令他的近亲,他的每项命令都必须经过大家讨论,方能施行。

艾哈迈德能够得势,少不了身边一群人的追随与拱卫。至于地方上那些实力派,国王则许以权力与高位,换取他们对他的忠诚。君臣之间就像家人,家人之间的关系外人自然无法判断。权力的秘密总在折磨入侵的外敌,他们总在扶植傀儡,试图达到代治的目的,却浑然不知一个官位在阿富汗并不代表相应的权力。

艾哈迈德很清楚,唯有养战自重,他才能保住盟主的位置,他的子民也会因为战争而团结一心。他的先祖曾经远征印度、大肆劫掠,他决定效仿。[①]

---

① [美]塔米姆·安萨利著:《无规则游戏——阿富汗屡被中断的历史》,浙江人民出版社2018年版,第7—9页。

有观察家把阿富汗称为“帝国坟场”，那是因为几个世纪以来，英国、苏联和美国都在这片土地上吃过苦头——列强扶持的政权从未能够在阿富汗站稳脚跟。我在想，这是否因为这里的人民容易达成共谋却很难实现共识呢?

这里的人们不能让渡一部分权力给中心化的“联邦”，他们也不信任其他部落。于是，任何人想要征服他们都会立即激起他们默契一致的反抗。与此同时，他们没有规则，也不尊重契约。他们当然有共识，但那仅仅是一种反抗外来入侵者给他们树立傀儡政权时才突然表现出来的共识。当外来入侵消失时，他们又失去了共识。

他们很难达成共识。他们轻易地形成共谋，然后又轻易地相互背弃。与之相反，比特币则是广泛而牢固的共识，很难被小部分人构成的利益集团、兄弟同盟或其他势力用共谋推翻。共识和共谋之间的辩证关系是理解比特币和其他货币的一个视角。

如果我把家庭视为一种最容易达成“共谋”的团体，那么，我还可以把国家视为一种需要捍卫“共识”才能维护的组织。货币是一个国家共识的体现。如果一个国家的货币没有人用，那么，它的政府也没有人信，国家所依赖的“共识”要么已经瓦解，要么根本不存在。

共识机制越是强的组织(这个组织可以是国家，也可以是超越国家的欧元区或者比特币生态圈)，它的货币越是“虚拟”；共谋越是强的地方(比如古代阿富汗普什图语区的游牧部落)，它的货币就越是“实在”——要么是“真金白银”，要么就是土地和粮食。

人们之所以用真金白银这些看起来实实在在的货币，根本上是要提防自己成为一场“共谋”的受害者。如果其他人密谋了一场事变或者劫掠，我的地窖里好歹还有些真金白银，还能安身立命，还能乱世自保，甚至还能东山再起。

与此相反，共识越是强的地方，人越是独立于家庭、部落、酋长和真金白银。共识使得陌生人（甚至可以是宿敌）都相互保护、相互策应和相互成全。只有这样，大家才能生存。有共识的地方对人有更多的尊重，对财产有更多的保护。你待在这样的地方反而安全了，不用担心军阀、财阀和门阀的共谋了。你可以安心用极其虚拟的货币——它可以是一张纸，也可以是一串代码、一个地址。这个虚拟的货币其实就是一个默契。你在这个基于全体陌生人共识的环境下，可以自由追求人生，寻求更大发展了。你这样做的时候，可以放心，其他人正在做同样的事情。当他们遇到阻碍和限制的时候，不会妥协忍让，而是会和你一起捍卫共识。

我对于某些经济学家们“围剿”比特币的言论很反感。斯瓦特巴坦人的货币就很“原始”和“质朴”。土地是货币，粮食是支付手段。等到阿富汗部落之间的战争结束，以及阿富汗人民抵御英国和沙俄入侵的独立战争胜利以后，那里的人们才开始走出家庭、氏族、部落村庄和常年水源地，去组建一个全新的现代意义上的国家。我为他们的进步感到高兴。在某种程度上，我感激他们启发了我思考共识与共谋的问题。这个问题想通了，我就理解了（或者，按照维特根斯坦的说法，坦然接受了）从金币到比特币的过程。这不是货币虚拟化的过程，而是人的进步，是人在更大范围建立共识机制的过程，也是人在更大空间实现独立和取得更大自由的过程。

我不赞成建立估值模型来给比特币定价。比特币现在涨到 10 万美元一枚也完全不让我意外。因为,让一群素昧平生的人默契一致地形成共识是一件很困难的事情。比特币估值的核心不是“去中心化”,而是要看到它的“去共谋化”。没有什么小集团密谋发行比特币或者对持有人进行限制、干扰、监督、征税和管理。从同一个角度,我也理解了为什么其他数字货币,虽然也声称自己区块链技术可靠,也需要挖矿,也数量固定不能超发,也能够接受稳定币,也可以嫁接智能合约,但是,这些数字货币的总市值远远低于比特币(我写这本书的时候,约 1.5 万亿美元)。比特币已经被证实是一个基于无数人的共识机制,而其他数字货币,越是背景强大,越是容易让人怀疑它是小集团(大酋长、大祭司和大主教等小圈子)的共谋。

在比特币上达成共识需要 5 项核心原则:

一是共识。每个人都可以在区块链上写作并参与共识。

二是公共。每个人都可以检查区块链上正在发生的事情。账本在无需许可的环境中对所有人是公开的。

三是中立。区块链的不信任性使其保持中立和公正。没有人可以通过使用无需许可的区块链来利用交易对手。

四是无边界。由于其去中心化的性质,无须许可的区块链没有地理位置。

五是抗审查。由于区块链本身的去中心化性质,没有人可以阻止任何人加入和参与网络。

其实,事情远没有那么复杂。你只要看看一个地方的人们是否自觉排队,就知道他们是否能够达成共识。

我脑海里经常浮现出两幅新闻照片。第一张记录的是 1940 年盟军从敦刻尔克海滩撤退时，士兵们明知德军的飞机坦克正在围攻他们，仍然秩序井然地排队上船。另一张则是 2023 年美军从阿富汗撤退时，喀布尔机场上人山人海、仓皇混乱的拥挤场面。

个体不能自觉排队的地方，往往共谋多于共识。比特币告诉我，共识有多么重要。一个人之所以插队，是因为他预判到排在他后面的人是一盘散沙，他们不会默契一致联合起来反对他；排在他前面的人则根本不关心后面的争议。于是，当一个人插队时，排在他后面的人心里很清楚，自己无法联合其他人形成一个“多对一”的优势阵营来对抗这个插队者，自己只能“一对一”去对抗，而自己没有胜利的把握，于是，他选择了沉默。

在不会自愿排队的地方，如果旁边有一个拿枪的保安，人们就会自觉排队了。有了他的存在，被插队的人就会理直气壮地站出来和插队者斗争了。这个保安就是中心化权威机构，也就是央行的雏形。

一个地方的人，尤其是陌生人之间，如果无法形成默契来建立秩序并坚持规则，他们就不容易形成共识，也就容易被共谋控制。他们的货币也就往往比较疲弱。

有时候，插队的不是一个人，而是一小撮利益集团。在我国古代，私铸铜钱是常见的“插队”现象。这些铸币者其实是大小强盗集团，他们对无辜和无助人群进行掠夺。而人们无法反抗他们，只能被迫用他们铸造的铜钱。到了官方收税时，老百姓还必须接受一个更大的折扣才能把这些掺杂了锡的“白金钱”换成官方铸造的铜钱。

当然，统治者或者利益集团的共谋如果被大家普遍接受了，社会也有了某种共识。只不过，这种共识的形成是以人们的愚昧懦弱和统治者的强权暴政为前提的。

一小部分人共谋的地方容易鼓吹对领袖的个人崇拜。这样做的目的是让大多数人放弃独立思考，直接接受“领袖”（比如教皇）及其小团体的共谋。这样一来，整个社会就比较容易达成共识（当然是基于统治集团的极少数人的共谋）。一旦人民接受了，社会就有了共识，这种共识主宰的社会会有行动的默契一致，社会就运转得非常有秩序。

而在另外一些地方，人民反对个人崇拜，他们喜欢独立自主。这些地方的共识就比较难以达成，需要一批同质化的高水平的人才能实现稳定的共识，或者说，这种共识是最大公约数的共谋。但是，一旦他们达成了共识，人人都会捍卫。因此，他们的共识轻易不会被打破和抛弃。而对于那些个人崇拜严重的地方，人民往往坐观成败，不肯出手去捍卫共识，因为这和他们关系实在不大。

要建立一个现代化的国家，必须走出“事不关己高高挂起”的心态去捍卫共识。在古代阿富汗部落和比特币之间的其他货币形态都介于“纯粹的共谋”和“纯粹的共识”之间。

由中心化央行或政府机构发行的货币——无论是否挂钩黄金——都是一个“被社会公众接受的工具”。于是，一个合理的问题就是：社会公众在什么情况下接受货币发行者的共谋呢？

这无非有两个办法：一是被动使用（忍受）共谋者发行的货币；二是主动制约（采纳）共谋者发行货币的行为。前者多见于发展中国家，那里的人民不怎么能够约束央行印钞票的决定；后者多见于发达国家，那里的人民经常吵吵嚷嚷地对政府做的任何决定都不满意。结果呢？前者的汇率疲弱，后者的币值坚挺。

对强权的沉默，对暴政的服从，对专制的退让，都是对共谋者的配合。18世纪的英国思想家埃德蒙·柏克(Edmund Burke)曾经说过："The only thing necessary for the triumph of evil is for good men to do nothing."(恶人成功的关键是好人无所作为。)

如果把古代阿富汗普什图部落看成货币史的一个原点的话，那么，比特币无疑在时间轴上书写了货币史最新的一章。从阿富汗到比特币，是共谋到共识的过程。中间的金本位和纸币都是过渡地带。

平等世界的创造不是源自政治家的谋划，也不是人们善良愿望的实现，更不是经济学家设计的模型，而是人类自身的进步。

最终，我们还是要从人类社会形态的角度来理解货币发行体系。货币史上有两个极端：一个是中世纪欧洲天主教会发行的赎罪券，由一小部分教会的人共谋来实施；另一个是2009年应运而起的比特币，由全体人的共识来支撑。绝大多数货币体系都落在这两者之间。

我们今天回头看，赎罪券根本就是骗局，完全是一个泡沫，没有任何价值。但当时的人们为什么接受它呢？可能还是中世纪教会太残酷，人们被迫接受这种掠夺。他们接受了教会的共谋以后，就获得了安全。如果一个地方连人的自身安全都不能保证，它一定是没有办法创造新的发展机遇的。这个地方一定是由极少数残暴统治者和一盘散沙的大多数人构成的。

教皇发行的赎罪券，既是搜刮人民的工具，又是维持当时社会秩序的工具。赎罪券就像羊倌手里的鞭子。有些地方，人们在保安的监督下，也会自觉排队，这是因为人们接受了共谋者带来的秩序。最终，人们总是会自己找到一种秩序的。

越是靠近赎罪券的地方(比如元代的至元钞、中统钞和至正钞),货币发行人的共谋越强,持有人的共识越低;发行人所代表的利益集团对持有人所代表的广大人民的压榨就越残忍,几乎到了肆无忌惮的地步;那里的商业活动就越衰微,交易就越清淡;个体的自由发展空间就越小;统治集团的力量就越强大;那里的贫富差距越大;那里的人民往往一盘散沙,不能团结起来抗争,他们生活困苦且愚昧。

使用或拥有比特币的地方具有以下特征:发行人的共谋越弱,持有人的共识越强,持有人对发行人监督和制约就越强;商业活动就越繁荣,交易就越活跃;个体的自由发展空间就越大;统治集团就越像是一个微不足道且可有可无的摆设;人民生活越幸福;贫富差距就越小;个体往往自行其是并默契地捍卫规则。这里的人们为了自私的目的能够和陌生人达成共识,并一致行动起来捍卫共识。

比特币由一群自私自利的人们用他们最本真的人性来捍卫自身利益,默契遵从规则,自觉努力改进能源效率以便获得更多自由和发展机会。那是一种非中心化政府的自发秩序。因此,不可能由一个政府或者央行领导我们使用比特币本位。比特币是货币的极限。

如果我把纸币的发行人看成共谋利益集团的话,对于绝大多数普通人来说,可能会接受现实,并一生努力工作,赚几张纸币来养老。这并不是你参与了共谋,而是你接受了共谋者建立的秩序。当然,看待这个问题时,读者不能太愤世嫉俗,否则您会误解我的意思。毕竟,大家都接受纸币这一事实,这看起来像是一个人人服从的秩序。

这场纸币共识中的利益分配是不平等的。纸币的发行人获得了巨大的收益,也就是俗称的纸币铸币税。美联储印刷几张花花绿绿的纸就能够让你玩命干一辈子，还能让你安心守着它一辈子。为什么纸币的持币人愿意接受发行人的共谋并由此形成一个共识呢？因为纸币发行人(集团)有隐形的承诺：保证社会的公平公正，并为个体创造发展机遇。这就是纸币的持币人接受共谋的前提条件。

相对来说，比特币是不需要这些前提条件的。比特币的共识是天然的，弥漫在全体持币人的默契行动中，浸润在全体持币人的本能反应中。当然，比特币也需要为个体创造机遇。这个任务就落到了以太坊、Web3.0 和智能合约等构成的数字货币生态圈了。

从《货币起源》到《比特本位》，我从贝壳币写到了比特币。我意识到这背后并不是货币本身的进步，而是人的组成方式、互动形式和信任机制的进步。在此，我摘录我在《货币起源》结尾的一句话：人的进步是一切专制暴政都不能阻挡的。

我们需要什么样的区块链？

从 2023 年初开始，我拜访了许多数字货币币圈的人。他们中有一个比较特殊的年轻人，他叫"阿杜"。从电子邮件的拼音推测，他的名字应该是杜勇。他是北大计算机系毕业的，据说当年还是县里的高考状元。他搞了一个小软件公司，专门承接搭建区块链的业务，然后分包给其他年轻人。

一见面，我就恭维他，夸他是"在金矿边卖铲子的聪明人"。他冷笑着，自称是“赌场边卖扑克牌的老实人”。我并不感到意外，那些智商比我高的人大都很冷漠，难以热络沟通。

我向他介绍来意并暗示了介绍人和我很熟之后，诚恳地向他请教，他的那些客户们搭建了区块链以后干什么？有没有提高和改善效率？

“忽悠，全是大忽悠！”

阿杜有着高智商人群所特有的愤世嫉俗和格格不入。据他介绍，他的大客户主要是地方国企。他们会专门搞一个规划，说要大力发展新兴的区块链产业集群，以便追赶世界先进水平或打破外国封锁。后面的操作就是“先画一个饼，再划一块地”。所以，它们本质上还是做地产开发生意。区块链只是圈地的名头而已，而且，圈地也往往不是最终目的。这些地方国企只是需要“创造”(不是“捏造”的笔误)一个项目来找银行融资。据阿杜说，区块链根本不是什么高科技，密码学也没有什么新进展——“这些都不是啥新玩意儿。”他愤愤地说道。

我追问道：“那些园区里入驻的企业呢？他们搞区块链总有具体的商业用途吧？”

“骗补贴用的。上面鼓励发展区块链，有关系的就组一个局，搭一个区块链去申请政府专项产业扶持资金的补贴。其实什么正经业务也没有。”

我当即对他的判断表示了质疑。我告诉他，我曾经参加一个创业项目，做了一家互联网房产中介平台(大房鸭)。我去宝山区经信委和发改委找老同事们申请区里的“先进服务业扶持奖励资金”。由于我当年在发改委工作期间参与起草了这份奖励文件，所以我很有信心，觉得大房鸭完全符合条件。结果我被拒绝了,一分钱也没有拿到。我以此为证据,想让他明白,地方上的补贴并不是那么容易被“忽悠”的。

他明显不耐烦了,直接用粗鲁而直白的话顶我:“那是因为你丫没烧香吧?”他眼神对我极不友好,仿佛已经看穿了我要么在装傻,要么是真傻。总之,从眼神到手势,他都在尽快打发我走。我起身向他致谢和告别,想再客套几句。没想到,他根本不在乎,直接就在办公室地板上抖落开一张瑜伽垫,说要睡午觉了。

我心情沉重地离开了他那狭小的办公室。我相信他那些极端的话可能都是他以偏概全的情绪化表述,根本就是他的主观猜测而不是客观事实。与此同时,我也相信了北京大学几乎每年都有数学天才遁入佛门的江湖传闻。

后来,我时常想起阿杜。我质疑我自己写一本有关区块链的书是否有价值。尽管我的这本书根本没有任何骗补贴的意图和途径。但是,我得回答这个问题:区块链在今天的社会到底有什么用?

有些专家鼓励把区块链作为创新融资工具。他们认为 RWA(real world assets)可以借助区块链这个载体来发行募集类似 REITs 的资金。还有人建议,以后直接在 Web3.0 上像公开发行股票一样募集项目资金,用于科研开发。这些建议都很好,我都很敬佩。但是,我感觉困惑,为什么我们总是在考虑怎么融资呢?我们能不能为投资人考虑一些问题呢?他们蜂拥而入比特币,难道不是逃离那个他们不信任的中心化金融体系吗?

核心问题恐怕还是在于对比特币的认识。有些金融学者以为它是新技术,因此,它会给金融市场带来新变革和新格局。我认为比特币之所以出现完全是因为金融市场原有的机制在瓦解,而比特币则是创造更多可能性的集体共识。

但是,这种“可能性”或者叫“机会”不是由新技术革命产生的,而是由更好的共识机制带来的。这种共识机制体现在资本市场就是更好的公司治理。我总感觉过去的投资银行家们爱“巴结”上市公司,拿到融资委托以后,就去资本市场路演,向投资人介绍各种灿烂而美好的前景。拿到钱以后,投资银行赚取了几个点的手续费,上市公司拿到了大笔的融资。可能也只有在融资阶段,上市公司的普通股民才被认真地当成“主人”对待。平时,他们可不受待见了。

区块链应该成为改善公司治理的“新工具”,而不是融资圈钱的“新噱头”。区块链可以用来降低达成共识的成本,从而改善公司治理。真正体现全体股民都是上市公司主人的机制能够更好地约束上市公司。我们过去的股民大多宣称自己是被动投资人,向往巴菲特那样的价值投资。基金公司则宣扬自己是财务投资人,不参与公司决策。这些恐怕未必是好事,也未必符合历史趋势。我们过去每次谈到资本市场改革,往往会想办法降低上市门槛。我们是否能够用逆向思维来考虑如何提高投资者的门槛?我们是否可以考虑用区块链的方法来改善公司治理而提高公司估值?

我们需要破除股市的内部人控制局面,我们要让上市公司的公司治理真正体现全体股东的共识。我们是否有一种借助区块链的新金融体系能够方便地体现所有利益相关方的共识?股市常有“用脚投票”的被动投资人。他们从不参与公司治理,即便参与了,他们也无法改变大股东的决定。很不幸的是,有些上市公司最终成为被大股东或管理层这些看起来像“精英”、看起来“很专业”的“小团体”操纵的牟利工具。最后，股票退市了，全体投资人一起为他们的失误或者共谋而承担后果。

我们是否能够按照科斯的设想，用区块链的方法把公司治理模式设计成一套高效执行合约的机制？每个股东都有一个类似投票器的App，按照事先约定的公司章程，对全部公司行为都要投票，有些需要2/3，有些则简单半数，但每个人都必须投票。这样的公司治理是否更高效？是否能够避免内部人控制？我们真正需要的恐怕不是找一个阿杜那样的聪明人来搭建一个区块链硬件环境。我们真正需要的是创建一个人人积极参与治理的公司平台，就像躺在“男子之家”的巴坦人一样，没事儿也要去那儿躺着，不干什么也不要紧，但一定要“露脸”。“参与”才能体现自己的身份，而体现自己的身份就是保障了自己的财产权。“财产即身份”——这是巴坦人的故事给我许多的启发之一。如果广大投资人各自为战，各自保持着有名无实的小股东身份，结果就是公司股权的价值集中体现在有控制权的大股东手里。广大小股东的权益将大打折扣。如果这些中小投资人能够在区块链帮助下，以极低成本和极高效率达成有关公司治理的共识，那么，他们的身份就从一个被动投资人变成了一个主动参与者。他们的身份变了以后，他们手里的股权（无论股数多寡）都会因全体股东参与的公司治理而得到提升。我真心希望，今后的投资银行家们不再热衷于怎么帮上市公司融资圈钱，而是研究怎么帮助广大股东达成广泛高效的共识，以此促进公司治理。

在绝大多数情况下，我们并不需要用比特币来创造新机会和新的可能性。我们只需要一场认真的“刀口向内”的改革就能够创造出巨大的机会。国企和事业单位内部的食堂、厕所、停车场和招聘岗位对市场开放。这样一来,大家就会获得更多的机会。大家就对我们现有的体制机制有了更多自信与共识。我们并不需要比特币来带领我们实现技术上的飞跃。我们需要常识和勇气来建立更广泛的投资者共识机制和更强大的公司治理机制。

从2009年美国发生的“占领华尔街”群众自发运动以来,美国政坛明显出现了“去权威化”和“去精英化”的倾向。几乎与此同时,美国资本市场出现了“去交易所化”和“去中介化”的情况。而这两个趋势几乎又同时映射了比特币“点对点”的“去中心化”特征。

我反对把区块链和比特币看成一场单独的技术变革。即便是工业革命和信息革命那样的历史大潮,也不仅仅是技术革新问题,而是全社会组成方式的变化,人们达成共识方式的变化。

我曾经预测过,真正对比特币构成挑战的恐怕是碳条约。如果未来全球各国达成了降低二氧化碳排放的共识,签署了有数量限制和法律约束的二氧化碳减排条约,并建立了一个可核查的机制和排放权交易的平台,那么,将来的碳排放权就可能对比特币的价值产生冲击。因为它不仅凝聚了类似于比特币的共识,它还提供了符合人类发展进程的激励机制,更对现有纸币体系打上了一个重要补丁。

如果把纸币想象成不受约束的“孙行者”,那么,比特币就像是“紧箍咒”,而碳条约就像是“去西天取经的事业”。就像“孙行者”皈依佛门,成为“孙悟空”那样,碳排放权让纸币有了普遍接受的约束。它既是一个去中心化的体系,又需要有“中心化”的权威机构来核查落实它的执行情况。总之，碳排放权的出现，使得纸币持有人的身份和纸币本身的价值同时发生了变化。

我们不妨来把比特币和碳排放权做一个比较。

第一，排放权数量固定且逐年减少。为了实现联合国气候大会提出的把全球温度升高控制在 1.5℃以内的目标，全球必须在 2050 年之前实现碳中和。因此，各国应该达成有数量约束力且逐年减少额度的碳条约，限制二氧化碳等温室气体的排放。

第二，发电厂和加油站就像是算力节点。燃煤或燃气发电厂以及加油站都应该成为验证工作量证明的算力节点，核定该节点上的二氧化碳排放量。我们并不需要一个全球统一的中心化平台来监控排放量。

第三，买卖碳排放权向市场提供正确的激励机制。比特币确定了能源的价值；同时，它又提升了那些能够高效使用能源的高科技行业的地位。那些节约能源的算力芯片恰恰也是运算速度最快和最先进的芯片。在这个方面，碳排放权和比特币的作用是类似的。那些能够清洁发电的技术，那些能够节约能源的技术，恰恰也是未来人类社会需要的先进技术。融券做空碳排放权就能够为新能源开发提供融资便利，这就是鼓励开发新技术。碳排放权越贵，节约能源的新技术就越值钱，开发无污染清洁能源的投资回报就越高。

第四，最重要的是建立碳交易来应对气候变化危机符合全人类的共同利益，它将赢得大家自发的共识。以后，各国央行即便发行大量纸币，也无法刺激本国经济，因为它要受碳条约的限制。大量投放货币只能使得本国纸币对碳排放权贬值，出口商需要花费更高成本来购买排放权然后再出口。因此，贬值不仅抑制国内消费，而且也无法刺激出口。

当然，此时此刻，这个前景仍然是我一厢情愿的幻想，但我们真的需要这样一种解决人类切实问题的区块链。

未来世界

我发现在某些国家，演说才能是非常重要的。它能够迅速凝聚听众的共识，从而鼓动他们和你一起前进。而在另外一些国家，人们对于演说家抱有鄙视和怀疑的态度，人们宁可相信白纸黑字的上级文件。而且他们等到了文件之后，也未必行动起来，他们会继续等指导性意见、试点方案、试点地区的经验总结、推广经验的总体要求、实施细则和配套措施。

我还发现，一群主动性强的人容易在没有领导的时候达成共识；一群服从性强的人则容易原地待命，听从领导的指挥。人类同时具有“主动性”和“服从性”这两种品行，未来也一定是这样的。

未来世界需要人类具备实现更大规模和更复杂程度的共识机制。我们今天说的中心化货币发行机制也好，中心化身份认证体系也罢，都与一个中心化运行的联邦政府共生共存。为了让广大普通人更愿意接受由一小部分人共谋产生的社会秩序，联邦政府就会大力提倡“服从”“恭顺”和“忠诚”的品格。如果普通人不乐意接受这个基于某些人共谋的秩序，他们就必须学会自己动手建立并捍卫秩序。从这个角度来看，比特币像是一群散兵游勇组成的训练营。这个营地培训了人们如何形成并捍卫秩序，从而避免陷入一盘散沙。

我此刻仍然无法具体预测未来世界是怎么样的，并对那些声称预测未来的作品充满了怀疑。多年股市经历教育了我，不要预测明天的世界或市场会怎样，那样的话，你可能输得一塌糊涂。但是，普通人与其指望联邦政府学会量入为出，不如学会如何与陌生人建立共识。想通了这一点之后，我感觉戴上了看待新世界的望远镜。

我并不将比特币视为未来世界的货币。未来世界的货币会怎样，这完全取决于未来世界的组织形态会怎样。如果今天的人们意识到，那个和他们的中心化货币体系相辅相成的中心化政府主导的社会实在是运行成本太高了，那么，他们也有可能选择另外一种去中心化的社会组织形态，那时候，就会有与之相适应的新货币。比特币也许是它的雏形，也许只是有几分相似而已。

准确预测未来需要运气，更需要勇敢直视我们今天的世界。你可以看一下以美元为代表的中心化货币体系的情况。美国财政部发行的国债已经累计到了惊人的地步，结果呢，政府不仅没有学会节约开支，反而还理直气壮地进一步扩大了赤字规模。

如果你是纳税人的话，你就会这样想了：维持整个美元体系的运转需要巨大的行政成本，这个成本已经无法由该系统创造的商业机会来覆盖了。一个新的社会组织形态也许在酝酿之中，人们以后各自为政，相互独立，自己养老，只有在涉及重大问题时，才突然凝聚起来体现共识机制。比特币——在某种程度上——对应了这样的社会形态。

只不过,运行比特币本身也需要消耗巨大的能源。我不肯定这种能源消耗一定会带来更多的商业机会。

我再次建议读者这样比较两种货币体系的“物业管理费”。请你设想一下,有以下两个情况不同的小区:

“梅苑小区”(注:这只是一个虚构的社区,如有同名,纯属虚构)由一个花钱大手大脚的“中心化”物业公司管理,该物业公司负责清洁、保安、维修乃至快递收发等一系列事务。缺点是该物业公司会向你们收取很高的物业费。尽管小区业主委员会每隔4年投票更换一家物业公司。但久而久之,人们发现两家物业公司其实换汤不换药——都乱花业主的钱,而且办事效率越来越低,物业费年年上涨。

另外一个是比特币小区,这里根本就没有物业管理公司。因此,这里也没有物业费,业主们自己负责打扫和维修事务。平时这里各家各户自扫门前雪,老死不相往来。如果你家遇到外来的抢劫和偷窃的话,平时不搭理你的邻居们会自发地一拥而上,将该团伙消灭。该小区唯一的问题是电费很贵。

请问,你认为哪个小区舒服?

我无法代表美国人民回答这个问题。但我有理由猜测,梅苑小区的物业公司越是挥霍无度,该小区的居民就越是想搬迁到比特币小区去住。比特币小区的电费越贵,就越会鼓励人们为该小区开发各种低功耗且高性能的电器、芯片和设备。该小区的先进芯片和高科技设备越多,它们带来的协同、聚合、衍生和溢出效应就越明显。这就能够为全体住户带来更多的商业机会。这里的商业机会越多,年轻人就越是蜂拥而来。新加入的年轻人越是多,电费就越贵,如此循环往复。这就是美元和比特币的小区物业模式(这两个小区应该有完全不同的金融学)。我和其他金融学作者不同的地方就是,我举例子从来不会"言必称华尔街",我更喜欢拿物业公司举例子。

我始终认为未来世界不会出现以比特币为锚发行纸币的央行。但是,我不否认这样一种可能性:各央行增持比特币并使其外汇储备多元化。其实,我更担心另外一种可能性:某些央行、国家甚至利益集团借着比特币大涨之际,发行所谓的基于区块链的数字货币。有些投资人可能会因它便宜而买入这些"××币"。我最大的担心即在于此。如果对读者有什么有价值的提醒的话,那就是:请读者记住我的呐喊,你宁可相信你本国国债或者实物黄金,也不要去碰那些比特币以外的形形色色的"××币",因为那很可能是利益集团收割散户的新工具。

比特币和其他形形色色的"××币"的最大区别在于:比特币是由数量众多、形形色色、素昧平生且老死不相往来的个体之间形成的共识。它完全靠陌生人之间捍卫共识的自觉行动来实现"保护私有财产"的目的。而那么多"××币"则很有可能是由一个中心化的利益集团发行的。它极有可能是一场披着数字化外衣、收割散户的共谋。

比特币以后的未来世界可能还会出现一个重要的新变化——从"风险平价"(risk parity)到"机会平价"的转变。过去几百年的资本主义社会奉行一条默认的法则。在我熟悉的金融学里,它也是资本市场的定价基准:事先为其他人承担了风险的那个人,理应在事后获得尊重和回报。这种回报包括对其他人的剥削,对公权力的掌控和对自然资源的使用——这些都是合理的。而且,这种回报无论多么高,都被认为是对风险的合理补偿。在资本市场上,尤其在大多数时间无风险利率都大于零的情况下，投资人每多承担1%的额外风险，就有理由要求超过1%的额外回报——否则就根本没有人愿意去承担风险，社会也就没有了由“能人”和“精英”带来的进步和繁荣。

在这条标准下，西方世界很推崇企业家。他们承担了风险，组织了资源，创造了就业机会，带来了繁荣和发展。我国古代则很推崇老年权威（古代圣贤）。这些圣贤稳重内敛的警世恒言对于后人防范风险是很有用的生活指南，它们减少了普通人的日常风险。

相应地，在西方世界里，工人的地位就不如企业家高；在我国古代，权威和圣贤的地位就比年轻人高。年轻人必须在长辈和权威面前表现得恭敬卑谦才能在社会上站稳脚跟。归根结底，这是整个社会奉行的“风险平价”意识。

这条“风险评价”的标准适用于一个鼓励人人创造财富的中心化社会。如果未来出现了一个去中心化的社会，那么，这条标准将演化为“机会平价”。

当代金融学的核心假设是在资本市场上没有无风险套利的机会。这明显是基于“风险评价”的。相应地，未来金融学应该基于这样一个假设：资本市场没有无共识的机会。市场上新机会的产生都是源自人们达成了新共识。每当现有共识再赢得额外1%的人的赞成和拥护时，该共识创造出来的机会大于1%；相应地，每当现有共识失去额外1%的人的赞成和拥护时，该共识失去的机会大于1%。如果达不到这个标准的话，共识机制就会因吸引力下降而瓦解。

“机会平价”的社会并不需要圣主明君、贤良智者或者聪明能干的企业家来创造机会，它依赖于全体人的共识来产生机会，并由此鼓励个体的发展并进一步维护共识。它真的很像恩格斯提倡的“自由人联合体”。

整个社会应该包含这样一种机制:开发能源维持共识机制;开发算力节约能源。由此,这个去中心化的社会就可能创造出新机会:让拥有能源的人拥有安全保障;让拥有了算力的人拥有更多的发展机会。未来如果出现一个依靠凝聚多数人的共识的去中心化社会,它就必须鼓励能源生产。

“去中心化”其实是表面现象,核心是“去精英化”。用大多数人的自发共识取代少数人的共谋。当大多数人能够默契一致捍卫秩序时,根本没有必要依赖一个由少数精英策划出来的方案(利益集团的共谋)来管理社会事务。大多数人在接受这个方案带来秩序的同时,也接受了少数精英用共谋攫取更大利益的格局。如果大家都自觉排队,那就根本没有必要再安排一个保安来维持秩序。

我在修改这本书时,遇到了一个大新闻:江苏省的13个地级市自发组织起来搞了一个业余球员为主的城市足球联赛,简称“苏超”。平时,这13个地级市被戏称“散装江苏”或者“十三太保”。它们相互不买账,彼此互不喜欢。它们也普遍不喜欢“江苏省”这个头衔。比如,南通人不愿意对外省人说自己是江苏南通人,而只说自己是南通人。

令人意外的是,“苏超”火爆极了。当地球迷热爱本乡本土的热情高涨,不仅上座率很高,就连网上也一片喝彩。由于南通人对于“南通队战胜南京队”的期待远远超过了他们对“江苏队战胜浙江队”的期待,“苏超”的热度和流量迅速超过了“中超联赛”。

就在“苏超”取得巨大成功以后,有消息说中国足协决定介入,亲自指导并统一部署这次联赛。于是，本来互相“敌对仇视”的 13 个城市足球队又一致对外地反对中国足协的介入。网上更有评论说，千万不能让中国足协毁了“苏超”联赛。我从来不是足球球迷。我只爱棒球。我理解网民们对中国男子足球队的比赛成绩很不满意，并归咎于中国足协。

这一幕场景让我联想到：如果把中国足协看成印美元的美联储，把 13 个城市的业余队看成比特币的持有人，我感觉这其中存在着有助于理解比特币的“哲学相似性”。“苏超”之所以成功，不是因为有权威的中心化足协来认证、管理和指导，而是因为有 13 支“互怼”的球队，默契一致地达成了共识。他们越是相互不喜欢，就越不会打假球，比赛就越精彩，联赛就越成功。

未来世界一定会拥有一个基于共识创造机会的货币体系。比特币其实是这种共识的先驱，或者也可以把它视作“体现共识的基础设施”。根本就不用发起投票，也不用认证选民和实名登记，在最广的范围内以最快速度达成共识，这就是创造了机会。谁也想象不到业余的“苏超”会比职业的“中超”更火爆——广大普通人产生自发共识会比顶尖权威机构的精心谋划更能产生商业机会。

在一个由严肃权威的行政部门、精明能干的企业家和深沉庄重的哲学家把我们组织起来去排除风险的时代，货币就会自然而然地中心化。未来应该是年轻人的世界。陌生的年轻人用自发共识来创造机会。这才是根本的进步。未来的货币也将适应这个变化。

除此之外，未来世界还会遇到一个大问题。大量装备了人工智能和工业机器人以后，社会运转不仅会消耗巨大的能源，还会产生一群

“闲人”。是的，英伟达总裁黄仁勋说得好，并不是人工智能取代了你的工作岗位，而是那些掌握了人工智能的人使得你的岗位消失了。归根结底，还是我在《估值原理》里总结的那样，“资产价格涨跌源自人与人之间关系的变化”。

我们不能仅仅指望先进生产力来养活这些真实的人，一定要有一种方法让人“忙起来”，玩命干些什么。最好是为了一个崇高的目标和使命，使得人们的生活还有意义，工作还有报酬，人还有社会地位。

因为人一旦失业了，他就真的沦落到社会底层且一无所有了。一大群失去工作的人，而且他们还有过尊严，这些人在社会底层流荡会是一个糟糕的结果。

我没有解答这个问题的方法。我只知道，人类的适应性是很强的。我们未来肯定会演化出新的社会组织形式，使得机器人大行其道的同时，被他们取代工作岗位的人类依然有所作为。

最早的区块链共识机制可能几百万年前在刚果河畔就已经形成了。如果某个雄性黑猩猩要改变群体的交配顺序，它必须得到全体雄性黑猩猩的同意。为此，它可以用打斗或威胁的办法。无论它用什么手段，其他黑猩猩都必须表态同意，往往是“低头咧嘴喘气”等一系列动作（类似人类“向外呵气的假笑”）。如果它绕过集体共识，单独去和某只雌性黑猩猩交配的话，群体内其他雄性会群起而攻之。因此，基于共识的社会也是有秩序且优胜劣汰的社会，黑猩猩们并不需要一个联邦政府来锄强扶弱，或者纠正插队行为。

未来一定会出现人类组织形式的变化。个体人要求更大自由空间和发展机遇，他们就必须学会和陌生人形成高效而牢固的共识。人的组成方式越依赖于某团体的共谋，货币就越接近“赎罪券”；人的组成方式越依赖于人们之间的共识，货币就越接近“比特币”。如果那一天真的到来了，相应地，人类的主雄产生方式也会发生变化。这是灵长类动物群体秩序形成的基本机制。

这一想法来自3位日本灵长类动物学家：渡边邦夫、松泽哲郎和加纳隆至。他们3人把一生最宝贵的时间都用于灵长类动物的野外观察上了。我从他们各自的论文和著作中，归纳出以下三个结论。

第一，区别灵长类动物不同群体的关键是主雄产生的方式。过去，我们观察一群猴子，总是力求面面俱到，从饮食起居、交配顺序、猴王争夺到这群猴子和相邻猴群的关系，等等。而这些差异都是由这群猴子产生下一任猴王的方式决定的，因为猴王产生方式决定了它们的食物分配方式、交配顺序、权力等级以及和周围猴群的关系。产生猴王的方式，有打的，也有不打的；有成王败寇的，也有和平交接的。其中，靠打来争夺猴王的，也分好多种。有一对一打的，也有二对一干掉现任猴王然后再内讧的。进化程度比较高的类人猿打起来并不惨烈，它们更多依赖拉拢、遏制、恫吓和装腔作势。有野心的黑猩猩需要团结一批年轻的雄性对老主雄发起挑战。之后，新主雄要坐稳位置就需要容忍这些帮它夺取江山的年轻雄性分享一部分食物和交配权。因此，黑猩猩的主雄是灵长类动物里面比较窝囊的，不得不迁就其他雄性。猕猴则实行一对一的死战，绝大多数小猴子坐观成败，不参与“主雄之战”。相应地，新主雄也不会给它们较多的食物和交配机会，猕猴群的猴王拥有绝对权威和绝大多数交配机会，还决定食物分配顺序。灵长类动物的一切社会化活动，都是围绕该群体主雄产生的方式展开的。

第二，主雄产生的方式必须是明确的。每个猴子、每个猩猩或每个人都必须事先就知晓主雄产生的机制。希腊语中的“政治”一词的原意是“参与”。罗马帝国甚至有这样一条奇怪的法律，它规定一旦发生政变，每个罗马公民都必须参与，无论立场如何，都必须表态。如果群体对于下一任主雄怎么产生是一知半解的，是道听途说的，是云里雾里的，是与我无关的，那这个群体就很有可能会陷入“野心家”的手里。这个野心勃勃的猴子当上猴王以后，往往很难服众。于是，它就会采取各种残忍的统治手段。因此，下一任主雄产生机制不明确的地方，一旦现任主雄进入晚年，群体往往会发生动荡。

第三，下一任主雄的具体“猴选”必须是模糊的。日本猕猴群有“分群现象”。在野外，人们从来没有观察到超过300只猴子的群体。猴群一旦到了这个规模，就会分成一大一小两个群体，各自寻找新的发展空间。在猴群分裂之前，猴群一般会出现一个明显的继承人——另一只强壮、漂亮、灵活的年轻公猴。这只公猴的领袖魅力是如此之明显，以至于大家都预期它将接替猴王宝座（包括人类观察者在内）。于是，等不到新老猴王交替，群体就分裂了。也就是说，主雄在任（在世）期间，群内不能出现明显的继承者。一旦出现，就意味着群体的分裂、混乱、焦虑、被迫的选边站队、个体的情绪失控和普遍的无所适从。

比特币是灵长类动物高度进化以后才出现的一种秩序。它不是资产，而是基于共识的秩序。秩序是无价的，无法对其估值。只能说，在特定秩序下，我们有机会去实现以前从未想见的发展机遇。现在的经济学家大多将比特币视为泡沫和庞氏骗局。终将有一天，经济学家们会在教科书里构建它的合理估值模型。当那一天到来时,人类不仅有了新课本,还已经建成了新秩序。

比特币映射了一个新世界。它和当前社会组织形态是不兼容的。未来的人们靠共识维持秩序,自己更加独立,决策更加自主,主动进取时更坚强,承受挫折时更柔韧。

但无论那个画面多么美好,我都不预期会有任何纸币时代的央行会把货币发行机制改为“比特本位”,就是那种像“金本位”一样,以黄金为锚而发行纸币的体系。

其原因主要有以下几条:

一是无法实现“超光速跳跃”。

如果你真的相信中世纪教会发行的赎罪券是代表“上帝”签发的免罪符,那么,你也许会相信将来会有央行发行基于比特币的纸币。但是,你必须搞清楚,一个基于共谋而产生的中心化机构怎么能够发行基于去中心化社会的货币?要做到这一点,除非实现下面两个条件:

第一,政府改进自身运行效率的速度要比挖矿比特币而改进能源生产方式的速度要快。我把比特币带来的能源革命速度,其每千瓦电力消耗的资本金、排放污染物、单位劳动力等成本的改进速度视作光速运行的宇宙飞船,那么,央行发行比特币本位的纸币就得是一艘“超光速跳跃”的“千年隼号”。我相信这一幕场景仅仅存在于电影《星球大战》里。

效率改进更快的政府才有可能基于比特币发行纸币,因为只有这样,他们才能兑现“本位”的承诺。

第二,锚定比特币的纸币体系必须给持有人创造出比单纯持有比特币更多的发展机会。这几乎又是电影《碟中谍》之终章——不可能完成的任务。从我写下这段文字到你读到这段文字期间,不断有年轻人卷起袖子跳进来做各种智能合约,他们可以用稳定币结算(并无证据表明它是一个庞氏骗局或被美联储操控)。其合约的丰富性和可执行性,对交易对手的约束力,对交易环节安排的周密性,不仅超过了当前纸币时代的清算体系,甚至超过了现代司法体系对交易违约行为追溯索赔的效率——成本更低,速度更快,机会更多。我无法想象中心化的交易所和雷曼兄弟会比智能合约更可靠。

一个维护成本更低、发展机会更多并且还是自发秩序的体系,怎么可能被一个由总统、一帮参议员和一堆官僚经济学家组成的美元体系超越呢?你如果真的相信它锚定比特币发行的美元纸币,你不如自己加杠杆去买比特币,这样更安全、更省力,还可以避税。

发行基于比特币本位的纸币对于央行来说无异于"自毁长城"。锚定比特币发行纸币的想法不仅在技术上不太可行,而且,它将从根本上颠覆现有的估值基础。可以想象,当算力向某一个纸币央行集中的时候,它印制纸币的能力就可能逐步转化为发行一枚新比特币的能力。原来的各自为政,挖矿凭工作量取得报酬,透明地址,相互制约的比特币体系就又演变成了一个中心化的货币体系了。一旦有一个中心化权威机构控制了比特币,比特币就不值钱了。挂钩比特币的纸币又变成得不偿失了,那还不如挂钩黄金的纸币来得稳定。控制全球50%以上黄金储备的央行发行的纸币当然可信,但是控制50%以上比特币的央行发行的纸币反而变得不可信了。

所以，所谓的"比特币本位"存在一个悖论：只有当中心化运转的政府效率高于比特币时，他们才能发行基于比特币的纸币；而如果美国政府能够实现这么高的效率的话，美元的信誉也就不需要比特币来加持了。更重要的是，一旦比特币由中心化政府控制，它就不值这么多钱了。它之所以值钱，在于人们在比特币上自发达成了共识机制。如果未来美国出现了新的社会形态：人们更加松散、独立、自强和默契，庞大的官僚机构消失了，而出现一个类似 17 世纪"茶党"梦想的"无政府社会"，也许可以直接使用比特币作为货币。毕竟，货币发行的方式和社会形成共识的机制是一体的。

我建议我的读者们，不要听信美国政客们的那些不切实际的主张，所谓的把比特币当外汇储备的提议可能有其他未披露的动机（比如讨好他们的政治捐款人）。

我儿子的玩具箱里有一个汉·索罗。他是星球大战里的英雄人物，带领抵抗组织的 X-翼战斗机群以超光速跳跃到银河系以外的星系。但在我自己的现实世界里，不可能有央行、政客和经济学家带领人们跳跃到以比特币为本位的纸币体系。

在美国，普通人持枪是合法的，结果就是人人都有风险。这在爱枪人士眼里是争取更大自由的代价。他们认为正义需要自己主动争取，而不是等法官判你有理。了解了美国的风土人情之后，我感觉在美国由联邦政府出面控枪是根本控不住的。唯一能够做的，就是给个体更大自由。让人们在承担风险的同时，享受更多的自由。

比特币与之类似，它需要巨大的电力消耗来维持整个区块链。比特币唯有创造更多机调，才能继续上涨，才能吸引人来维持挖矿，才会有人愿意为维持算力节点而支付电费账单。一旦它不能创造机遇了，这种正循环很快会瓦解。

自由需要更多人捍卫和争取，然后大家就都自由了。如果大家都坐等圣主明君来给我们自由，那很有可能等来的是小部分人的特权和大多数人的被奴役。

赎罪券、金本位、纸币和比特币，这是一个货币史的光谱。这个光谱标识了从共谋到共识的横轴坐标。比特币完全靠陌生人之间的共识来维系。从货币史来看，发行货币所需要的共谋越来越少，所依赖的共识越来越多。

赎罪券虽然是极少数人的共谋，却能够被大多数人接受。尽管信众们是被迫的，但也说明当时的人们既懦弱又愚昧。当然，等到欧洲人民实在忍无可忍时，他们会起来反抗。但结果往往是换一个国王或教皇，贵族精英团体仍然用人民接受的共谋来实施统治。

"共谋和屈从"可以带来秩序。秩序是免费的吗？不是。带给你秩序的那些聪明能干的少数精英会演变成收税食利的利益集团。这就是秩序的代价。"共识和自由"也可以带来秩序。但这种自由的代价就是高额的电费和必要时出手，人人自行其是，关键时刻爱管闲事。从赎罪券到比特币，无论哪种秩序，都要能够低成本地形成共识并创造机会。

25年前，我在达特茅斯学院听一个退休的老外交官演讲。他说，美国给发达国家提供了"安全"，给发展中国家提供了"市场机会"。它免费提供了那么多年以后，会不会用制造不安全来收取"安全费"？会不会用限制市场准入来收取"机会费"？现在看起来，他提出的问题很有远见。美国维持安全的成本越来越高，而提供的机会却越来越少。比特币的繁荣在倒逼美国自身的变革。

未来不管会发生什么样的情况。地球村都不应该是美国和其他发达国家低成本地形成的“共谋”，由其他发展中国家被迫接受它们的方案，然后大家建立“全球秩序”。地球村的各成员应该对和平发展有更多的共识和行动，才能避免由单极世界或发达国家的共谋来提供“保护伞”和“聚宝盆”。那样的话，我们会向着赎罪券的年代倒退了一步。

我此刻还不能判断美元体系是否会瓦解。但是，比特币肯定是对美元体系产生了冲击和挑战。而那些所谓的稳定币则是帮助了美元体系。挂钩美元的稳定币发行方可以几近零成本地获得美元，然后赚取美国国债的利息。因此，稳定币的发行方其实是向美国财政部提供了融资便利。对于持有稳定币的投资人来说，他们放弃了美国国债的利息，但是可以用稳定币去 Web3.0 做各种投资来赚取差价。对于稳定币发行方来说，它们赚取了美国国债的利息收入。所以，美联储和国税局如果联手放松对数字货币，尤其是对 Web3.0 交易的监管，这说明它们真正的目的是推销美国国债。这可是金融学里的老把戏了——我并非暗示稳定币的发行方是一条“老狗”。

举例来看，美元是现金，发行挂钩美元的稳定币就像一个赌场发行筹码。这个赌场与众不同的地方在于：赌场老板自己并不参与对赌，也不赚赌客们对概率事件有“主观偏见”的钱。整个赌场都是基于 Web3.0 的各种赌局。输赢只发生在赌客们群体内部。赌场把赌客购买筹码的现金投资于美国国债，赚取利息。它的利润仅来源于此。

只要 Web3.0 上提供足够多的交易机会，就会有人前赴后继涌入稳定币。他们试图赚取这些金融资产的波动，代价就是他们因使用稳定币而丧失了美国国债的利息。稳定币就像是 Web3.0 这个游乐场通用的代币筹码。因此，我猜测美国政府会有足够的动机去鼓励大家使用挂钩美元的稳定币，也有足够的动机鼓励普通人产生某种误解，认为它其实是比特币的一个廉价替代品。普通人产生这种误解只会对美国财政部发行下一期国债有利。

“抵抗组织”人物素描

20 多年前，我每次公开演讲之前，都会主动披露：我是一个没有评上教授的副教授。而且，我已经多年没有拿到课题经费，没有发表论文了。台下的听众一听就走了大半，去上厕所了。他们认定我是主办方安排的茶歇时间的“暖场嘉宾”。

10 多年前，我演讲时披露同样的信息。听众会同情我，感觉这是运气不好的中年人。最近几年我在说同样的话时，观众会突然对我肃然起敬，感觉这一定是一个正派人。

如果未来的某一天，我对比特币圈的年轻人演讲时披露同样信息的话，他们会一哄而上把我暴揍一顿。因为，任何人都不应该主动披露隐私信息——他自己的也不行。

这当然是我编的段子。

为了写这本书，我像做田野调查一样，去拜访了许多币圈的年轻人。他们真正让我体会到民风和民情的变化。他们让我相信前面是一个新世界，那里有完全不同的一批年轻人。

他们不认为自己应该从社会底层开始奋斗。他们不屑于待在底层，过着那种巴结长辈，追随权威和向领导讨要功劳的生活。他们不巴结上司，主要是因为他们大多是自由职业者。他们更不钻营和投机。他们比我更执着地相信比特币。我感觉接触到的这些年轻人并不是在社会底层躺平了，而是从社会底层“移民”去往了社会边缘——那里将是未来世界洪流的前锋线。

他们渴望更大的自由，并不期待得到其他人的羡慕、尊重和认可。他们坚信未来会有更多的年轻人加入比特币的圈子。对此，我当然理解，因为来的人越多，比特币就越有价值；来的人越杂，比特币就越安全。

币圈的年轻人“来自五湖四海，为了一个共同的目标，走到一起来了”。他们像是一条各自为战又默契协同的统一战线。

我刚认识他们的时候，经常吹嘘自己以前在体制内担任过领导职务。后来，我发现我故意透露的这种身份信息反而使他们疏远我，并对我保持警觉。于是，我改变策略，主动披露我是一个自己给自己交社保的自由职业者。他们明显变得和我亲近了许多。

我在《时间游戏》中指出：“在一个人人追求安全的地方，你肯定没有了自由；在一个人人追求自由的地方，你至少获得了安全。”这也是我认识了币圈的年轻人以后内心的真实感受。我为他们，更为我自己感到高兴。我认识他们以后,感觉自己有相当一部分未来交到了这样一批年轻人的手里。未来由此变得更值得我期待了。

比特币是什么？这个问题远不如另外一些问题重要:谁在用比特币？他们是怎么样的人？他们为什么用比特币？怎么用的？毕竟,货币是人用出来的,否则央行的印钞机或者区块链的算力节点都发行不出任何货币。

2009年,比特币的重要创始者中本聪说过这样一段话:

> 我们非常需要这样一种电子支付系统,它基于密码学原理而不基于信任。传统货币的最根本问题在于它必须基于信任才能够运作。中央银行必须让人信任它不会使货币贬值,但法币的历史中充斥着对这种信任的破坏。银行必须让人信任来持有我们的货币并使其以电子形式流通,但是它们却在几乎没有储备金的情况下通过一波波的贷款制造信贷泡沫。我们必须信任它们能够保护我们的隐私,信任它们不会让窃取我们身份信息的人掏空我们的账户。它们的巨额管理费用使小额支付成为不可能的事情。①

整个调研和写作的过程中,我一直在想,如何用一句简单的话来描述比特币,让它听起来既高端大气有深度,又朗朗上口易传播。我想过以下这些句子:

---

① Satoshi Nakamoto, Bitcoin Open Source Implementation of P2P Currency, 2009 (http://satoshi.nakamotoinstitute.org/posts/p2pfoundation/1/).

● 比特币是《未来世界》的片花；币圈是《星球大战》里面的抵抗组织。

● 比特币是中产阶级财富移民的途径。

● 比特币是美联储发行美元的紧箍咒。

● 比特币是能源革命的催化剂。

● 比特币是政府干涉个人事务的终结者。

● 比特币是倒逼欧美财政、福利和移民政策改革的机制。

● 比特币是“去权威化”社会的身份证。

● 比特币是创造更多机会的集体共识。

● 比特币是赎罪券的黑白镜像。

● 比特币是人工智能时代的工作量证明。

● 比特币是陌生人之间的行为默契。

这里面每一句都有一定的道理，都是灵光一闪，但又昙花一现，最终鸡毛一地。我没有找到最满意的一句话。作为主题词而印在封底上的那一句话“比特币是创造更多可能性的集体共识”，其实是本书编辑选定的——但应由我庄严并愉快地承担全部责任。

为写作这本书，我认识了一批年轻人。这些年轻人试图劝我加入币圈，就像我 20 多年前在美国的时候，好多基督徒来劝我加入他们的行列（欧洲人总是嘲笑他们的美国朋友抱有这样的企图）。但这条线索使我相信比特币对他们来说，确实是信仰的一部分。

他们是些什么人？我对他们有天然的好奇心。我感觉他们和那些拉我儿子去打电子游戏的人不一样，不是一伙儿的。你和他们中任何一个人混得再熟，他也不会对你倾诉情感隐私，更不会在酒酣耳热之后，对你说出一番豪言壮语。你可以信任他们，但他们不会和你成为推心置腹的密友。不，这句话不准确。更加符合币圈思想的正确表述是，你完全不必等到和他们成为推心置腹的密友之后，才开始相信他们。他们值得你信任，但他们会主动拒绝你的信赖。如果你以为自己已经和他们热络了感情，可以委托他们来替你打理数字资产，那么，他们会抽身而退。他们自由而独立，且不希望被人依赖。

我认识了他们以后，曾经提出送几本我过去出版的书给他们。他们首先问我为什么没有授权合法的电子出版物，他们喜欢看电子版。然后，他们会拒绝我送书的好意。过了几天，我发现他们买了我的书——绝不会是盗版的。但是，他们并不会主动找我签名。如果我主动凑上去要给他们签名并写一段赠语（那种别人读起来很感人，他们看起来很肉麻的话），他们不会拒绝，但我无法用这种办法巩固和他们的友谊。他们对于我不肯授权电子出版物的态度始终耿耿于怀。

我很感谢他们。我的书在写作的时候都是按照畅销书体裁去写的。但是，到了销售的时候，它们就变成了滞销书。网络上有大量盗版的周洛华金融哲学系列丛书出售，价格极其便宜，不到正版书的 1/5。我的绝大多数读者购买的都是盗版书，其中极少部分人还会拿着盗版书来找我签名。我表示不签盗版书之后，他们普遍反馈自己是无辜的，事先根本不知道这是盗版的——尽管外形差异十分明显。我从不诅咒那些盗版书的制作者，我知道我的诅咒对他们来说是巨大的鼓舞，相当于让他们“买一送一”，不仅得到了“蒙骗读者”的利润，还得到了“欺负作者”的快乐，其中送给他们的那份快乐还是来自作者本人——正版的快乐。

在币圈待的时间长了以后，我就释然了。盗版和正版根本就是两个割裂的市场，由两拨完全不同的人组成。即便公安机关打掉盗印团伙之后，买盗版书的人仍然不会花 5 倍的钱去买正版书——尽管这两拨人平时都省吃俭用。盗版书的读者普遍不参与币圈的游戏。他们平时表现得老实，听话，服从性好，纪律性强，时刻等着发财机会出现。他们相信有发财的人生捷径，他们热衷于打听股票消息，或者套牢以后，从我这里得到安慰性的鸡汤——当然是那种免费且正版的安慰。

币圈的年轻人不仅会买我的正版书，也会认真听我关于哲学的啰唆话，但绝不需要我的安慰——即便是正版的。如果他们认为我说得对，他们会和我有更多的互动。互动的方式是提出一个问题来挑战我。对于他们来说，我的价值在于可以获得新思路。如果他们认为我说得不对，也不会打断我或者反驳我，但是会疏远我——我对他们没有价值了。他们从来没有恭维过我——那种当面恭维、背后批评的人我见多了，我对这种人有天然的警惕。币圈的年轻人绝对不是那样的人。

他们不太相信别人，尤其不相信权威。他们喜欢自己分析问题，刨根问底，直到他们自己感觉来到了世界尽头或者问题的根目录。我过去为对付学生的追问，曾经总结过一套方法：你只要把刚才说过的话用更快的语速重复一遍，表现得足够自信，并掺杂几个英语单词，就能打发掉大多数质疑者。这套方法对币圈的年轻人没有用。

他们很清楚哪个平台，哪个应用，哪个合约，哪个机构，哪个节点，有什么具体的技术风险。他们不会蒙眼去冒险。他们不会看破不说破。他们更不会一起相互唱和或者说说笑笑，讲一些听起来正确但实际无效的话,以便证明自己无害,想着尽快融入集体。他们不屑于表现出愿意合作且与人无害的态度。他们有体面的尊严,只服从自己内心深处的东西。那是什么?我说不清楚。

他们强大而独立,自信且笃行。他们知道自己在干什么,他们相信这是未来世界的蓝图——而且他们知道自己并不孤独。他们需要的只是等待,等待更多的人觉醒。

他们之所以笃信自己的道路是正确的,是在创建未来世界的基础设施,完全是因为他们确信现在的、旧世界的金融体系错了,而且错得离谱,错得邪恶而不公正。他们不能忍受一个老实人受欺负的世界秩序。他们不相信让老实人受欺负的纸币央行能够让未来世界更公平。

币圈的男青年们普遍"没有丝毫的奴颜媚骨";币圈的女青年们普遍没有小鸟依人的矫揉造作。他们"有完整独立的人格,既难以拉拢或利用,更难以恐吓或羞辱"。

在绝大多数情况下,我不知道他们的真名。他们不告诉我,我也不问。他们相互之间用一个代号称呼对方。比如,我遇到一个专门在Web3.0做交易的女孩。我问她叫什么?她回答:BCFH(我猜测这是某个地址代码的结尾部分)。我说这太难听了,叫起来也不方便。她回答:"大家都叫我 BC,你也可以这么叫我。"熟悉了以后,BC 问我:"你就是那个真的周洛华吗?我上大学时,金融工程课的教科书是你写的。"我又惊又喜,停顿了几秒钟,期待她对我那本书赞美几句。然而,半句也没有。于是,我把那颗悬着渴望的心放回原处,继续向她请教在 Web3.0 上部署合约和发起攻击的事情。那天晚上,我拿着 BC 给我的半包薯片,走在回家的路上,忽然想起维特根斯坦临终前烧毁

《哲学研究》手稿时说的话:“我本想写一本好书。这个愿望没能实现,而能够用来修改的时光,却已经流逝。”我很感慨:自己不仅是无可奈何地老了,而且几乎是无助地面对一个快速变化的新世界。那些读我的书成长起来的年轻人现在已经成为我的老师,他们比我更早探索和涉足这个新领域。我虽然努力向 BC 和她的男朋友学习,但仍然感觉自己无力为数字货币的新时代写作一本新的《金融工程学》。

我在币圈遇到最有趣的一个年轻人是“冼尼玛”(我曾追问过他真名是什么,几次尝试之后,我感觉再问就不礼貌了)。他是一个广东小伙儿,自由职业者,炒过各种期权和数字货币。他的造型像极了电影《与狼共舞》里印第安部落的飞刀手“风满发”。他说起话来又像动画片《瑜伽熊》的生活原型棒球教练尤基·贝拉。他的话往往“话糙理不糙”,伤人面子时毫不留情。但是,听者往往因其直白质朴的诚实而原谅了他。这种伤害性的语言倒像是他提醒交易风险的方式。他对一个人最粗鲁的谩骂听起来像是温和的劝谕:“你还是安心去找个班上吧。”几经交往之后,我就理解了这句话中的贬义。那种渴望过安稳日子,并且具有很强服从性的打工人不适合币圈。这句骂人的话让我想起了我的祖母。她是革命家庭的烈士后代,她的父母分别埋在南京雨花台和上海龙华。她骂人最狠的一句话是:“你一定是国民党特务。”一代人总会有一代人自己的价值观和喜怒哀乐。

我还遇到过“饭 fei 猫”(也不知其真实姓名)。他是一个山西口音的 90 后胖男孩。做交易的时候,别人叫他“饭饭”,真到了吃饭的时候,别人叫他“肥猫”。他很认真地告诉我,他们这一代人就只有这一次改命的机会。他眼神里并没有对社会代际财富分配不均的愤愤不平，只有一个自行其是的孤勇者所特有的自信和警惕。他似乎经历过并且已经摆脱了许多试图教训、管教和教导他的长辈和老板。他在认识我之初，对我也保持某种提防和警觉，仿佛老一辈留给他的就只有一个又一个的“坑”，仿佛他现在的机会全是靠他自己去挖掘和创造的。熟悉他以后，我自己产生了巨大的思想转变。以前，我总是自豪地认为我们70后是最幸运的一代人。我们生逢其时地享受到了改革开放的红利。现在，我担心我们70后会成为最懦弱的一代人。我们没有尝过失去红利的苦头，我们是否会默契一致地捍卫改革开放的事业？如果有人逆历史潮流，发表偏离、反对、抵触和抹黑改革开放路线的言论时，我们是否会足够勇敢且足够默契地与之斗争？还是会独自陷入沉默以求自保？更或者干脆拿着从祖国赚来的红利悄然移民海外？我写在《估值原理》结尾的那段话就是对这种担心最好的回答：“我将永远忠于党和人民，永远忠于邓小平同志开创的改革开放路线。”今后，我还要动员和影响更多的70后和我一起前进。

如今的人们普遍预测下一代人将进入人工智能的时代。我感觉，无论人工智能多么先进和惊艳，它都与人类智慧有本质的区别。

被称为人工智能“教父”的杰弗里·E. 辛顿(Geoffrey E. Hinton)教授在获得诺贝尔奖之后接受采访时说，人类智慧的本质不是推理，而是类比。这让我想起了维特根斯坦晚年提倡的“纵观地呈现”“概观地理解”“发明一个比喻”“看出事物之间的联系”“让特定困惑消失”和“家族相似性”等主张。我也想起了中国古代圣贤推崇的“反身相观”和“推己及人”的主张。这些都是基于共情和同理心的类比，而不是基于逻辑的推理。

人工智能只是穷尽了逻辑空间的各种可能性，它直接带领我们来到语言的边界。“此时此刻，不可言说的事物显示着它自身，你要凭借信仰，纵身一跃。”“理解我的著作并不需要高深的智慧，却需要巨大的勇气。”我把维特根斯坦的话当成他的嘱托。剑桥学生们记录下他当年和图灵在课堂上辩论的笔记早已成为了人工智能界的经典语录，以至于多家初创公司都以那本笔记的内容命名了。我仔细读过相关人士的回忆录，以此考证了维特根斯坦的临终遗言。于是，我在本书结尾写下这样一个数学公式：

智慧＝逻辑＋激情

维特根斯坦是在英国乡村一个天主教区度过他最后时光的。临终前，贝文医生问他，是否能够按照当地村民的习俗，以天主教仪式安葬他？他回答，这很妥当。于是，贝文医生给地区主教打电话告知此事。主教大人闻讯之后，如获至宝。维特根斯坦一辈子激烈反对天主教会，而此刻却要求做临终弥撒，这对于教会来说，无疑是“皈依”，无疑具有巨大的宣传价值。主教立即带人赶来，他们还在路上时，维特根斯坦就不行了。于是，他说出了那句著名的遗言：“告诉他们，我度过了美好的一生。”从形式上说，这句话就是他的“临终忏悔”，是临终弥撒的第一部分。这句话里面的“他们”，只能是指主教及其仆从。从其他人的回忆录来看，当时他的学生马尔康姆已经回康奈尔了。他把财产分给姐姐们以后也早无来往，哥哥保罗也早就同他反目了。因此，当时并没有亲友赶来告别。我想通这一点以后，感觉这句话里面有勇敢的悲凉、壮丽的豪迈、洒脱的洞察和对形式逻辑完整性的执着追求。他完成了自己的临终忏悔，使得一个天主教徒的葬礼在仪式上保持完整性，从而让那些在最后时刻照顾过他的村民们避免了为难的窘境。但是，“我度过了美好的一生”这句话根本不是对上帝的忏悔，那是自由而独立的呐喊，是对天主教会的无情批判，是豪迈的胜利宣言。

我坚信如果我要求世界上任何一个人工智能工具，为维特根斯坦写一段临终忏悔的话，没有一个能够写出同样一句话。它们可能搜索维特根斯坦的人生简历，然后按照天主教的仪轨，啰唆地罗列一些看起来虔诚又伤感的话。它们始终停留在维特根斯坦早年的《逻辑哲学论》水平上。它们只是比我们更快也更完整地穷尽逻辑空间的各种可能性。它们达不到维特根斯坦晚年的《哲学研究》的水平，因为它们没有那种人类特有的由激素推动的热烈的爱、激情和勇气。

人工智能在逻辑上帮助了我们，我们就需要更大的激情和勇气才能去点燃智慧的火炬。人类的决策过程主要是由激素推动的。知识、经验和理智在这个过程中所起的作用并不大，我们往往是在做出决定之后，再用理智去寻找证据以便证明自己的决定是正确的。我们在决策过程中，常伴有心跳加快、手心出汗、额头发冷和主观忽略部分事实等现象。这些都说明了包括肾上腺素在内的多种激素参与了决策过程。如果决策者本人不承担决策失误的风险和损失，他就不能身临其境地在压力下产生这些激素，也就不能做出正确的决定。

人工智能时代的人类无论用什么货币，做什么决策都需要更勇敢、更独立、更信任和更默契。我们做任何事情都需要秉承人性与真情，这样才能引发其他人的共情，才有可能引起其他人的共鸣，最终才能与更广泛的人们达成共识——而共识是创造新机会的基础。

囿于体裁所限，我不能全部罗列在写作过程中向我提供帮助的币圈年轻人名单。他们就像是《星球大战》里面的抵抗组织成员。平时，他们是游手好闲的游兵散勇。当自由的事业需要捍卫时，他们会毫不犹豫地出手相助，并坚信这是帮助他们自己获得自由的唯一途径。这种温暖的感觉带给我一种强烈的归属感，以至于我此刻恍惚犹豫着是否应该公开披露这份“抵抗组织”的名单。

在写作过程中对我提供帮助的年轻人包括而不限于：BCFH、黄霏霏、陆波浩、汪燚栋、王真哲、本力、卞永祖、毕定耀、宋秀娟、王博宇、Edwin（小明）、陈龙、王军（兄弟情谊）、郭朝晖（全球革命）、年栗、傅碧涵（Jessica）、郜晓文、王亚娟、吴庆（Kinson）、钻石小鸟徐磊、廖建勇（四弟）、陆寅琪、彭晓玲、孙高峰、王妍、孙茂珊、苏耀科、王黎（A5T5）、江海涛、了不起的可可、王斯杰、王彦、周庆全、田立、徐琳、小叮当、毛泰俊（Jo）、张珺、赵梦远、赵璞、厚望（10AM）、高一明、赵亚齐、朱凤余、野蛮生长的 V、马扬、李嘉音、顾峰、张诚、楼慈年、蔡仁美、释老毛。

币圈唯一让我不舒服的是网名叫“犯笑狞”的年轻人（这个网名用上海话念，有主动“犯太岁”的意思）。我一度猜测他的真名也许叫“范小宁”或者“范晓宁”，最终也未能核实。他每次都一脸严肃地精心引导我在错误的方向上挖掘，直到我四处碰壁，鼻青眼肿，他才绽放出开心的笑容——那种电影里的大反派在处决人质时特有的“狞笑”。

需要特别强调的是，上述人员在与我交往中，虽彼此真诚相待，却未必对我披露其真实姓名。因此，这份名单不应被各地税务机关视为追缴个人所得税的线索。

按照我的本意，我很想主动去有关部门举报“狞笑君”并详述其体貌特征。但那样的话，我就背叛了币圈的信条：自己变得更强，然后你才有足够的能力去和更多你讨厌的人达成共识、相互成全、创造机会并且两不相欠（而不是弱弱地装可怜，去向一个中心化的领导讨要一个公平的“说法”）。多年以前，组织上选拔年轻干部时，我就已经被淘汰过一次了。这次，我无论如何也不能被这批好不容易认识的年轻人淘汰了。想到这里，我便忍下了这个“狞笑君”。

这么多年来，以美联储和美国财政部为代表的纸币发行体系在帮助中产阶级的问题上“无所作为”，在利用中产阶级的问题上“为所欲为”。它们逐步培养了人们对纸币体系的不满意和不信任，并最终孕育出了热爱数字货币的这一代年轻人。

归根结底，还是毛主席说得好：“全世界被压迫人民的心都是相通的。”而民心相通是达成任何共识、创造任何奇迹和建立任何伟业的基础。因此，姑娘们和小伙子们，前进吧！

后 记

在本系列丛书的上一本《时间游戏》结尾处，我曾经豪迈地预告，我要去替祖父写完他未完成的《世界通史》最后一卷《平等世界之创造》。

如今，在写完《比特本位》之后，我感觉自己大概率是不会去写《平等世界》了。原因并不复杂，因为我确实不是那块“料”。

祖父 90 多岁时还坚持坐在书桌前看书，划重点，夹书签。那些经常来家里拜访他的学者朋友们个个满腹经纶但又愁眉苦脸，哀叹自己年轻时候读书太少，坦承自己对于真正的学问仍然是一个外行。我还记得小时候家里来过一个老人，他叫董问樵。他性格懦弱又怕老婆，说话还有些口吃。他说自己什么都不懂，就是一个翻译匠。后来，我才知道他学拉丁文出身，德语比一般的德国佬还要好。他翻译了《浮士德》。他和祖父一起回忆了 20 世纪 60 年代为毛主席翻译《梅特涅传》的那段岁月。他非常谦虚，说那本书里面有许多隐晦的典故自己都还没有搞清楚来龙去脉，实在因为当时上面任务催得紧，所以没有深究。20 年后他依然感觉愧对毛主席的托付，痛责自己学问太浅，功利心太重。还有另外一位老人家常来我家，他是甲骨文方面的专家胡厚宣。他总是乐呵呵地说:“是啊,是啊,是啊!”我和姐姐周顺华就给他起了个外号“是啊是啊”。他一来就坐到很晚才走。他会从一个黑色人造革皮包里拿出几块新挖出来的甲骨,他打开包裹的牛皮纸就像拆礼物的孩子。然后,他会和我祖父很认真且很兴奋地讨论某个字记录了什么历史事件。

他们那一代人水平都很高,而且都很谦虚,总是责备自己学问太差,功力不足,对具体问题既没有结论也没有建议。总之,他们和我现在经常看到的那种斩钉截铁地给人指方向的专家完全不一样。

我知道我离为祖父续写《世界通史》的水平差得太远了。他到晚年也未能完成的作品,必然有更深刻的历史原因——也许还没有等到“可以回头的未来”那一刻。如果我在虚荣心的驱使下,匆忙去续写这部通史,不仅会毁了他前面的作品,还会使我自己成为维特根斯坦批判过的那种哲学家:明明已经停止了思考,却还没有停止写作。

不过呢,我大概率会继续嚷嚷着说,我要去写《平等世界》。原因也不复杂:因为我需要这颗“药”。此时此刻,我自己像浮士德一样,陷入了中年困顿。我的生活中既没有贪婪的靡菲斯托,也没有可爱的葛丽卿。我整天处于一种茫然不知的状态,不知道自己要干什么,能干什么。我每次想到,我还有未完成的任务,我还肩负重要使命,我就容易鼓起勇气,继续面对生活,继续积累写作素材,继续阅读各种书籍。总之,想方设法让自己相信前面还有重要使命,这个方法提升了我的生活质量。我把写作《平等世界》的念头看成治疗我中年危机的良药。

准备继续撰写《平等世界》对我来说是一个“停不下来”的使命。为实现这个目标,我不能停止思考和写作,我要继续勇敢前进。

祖父到晚年还念念不忘故乡的生活场景。他说自己“年年有梦回长沙,不似孩提念老家”。受他这种潜移默化的影响,我一直认为自己是湖湘子弟,而不是上海人。结果,我和周围的上海人常常磕磕碰碰,搞得自己处处跌跌撞撞。我不喜欢看他们的金饰粉黛,他们倒是很喜欢看我的灰头土脸。尽管我经常在公开场合赞美上海人,说他们是那种“能把事情做成的人”,但我私下经常埋怨他们是那种“也能让别人做不成事的人”。

我庆幸自己为写这本书去新认识了一批币圈的年轻人。完稿以后,我感觉自己像是刚在打谷场上晒完太阳的“癞狗仔”,“每一根肠子都快活”。Web3.0的世界里有一群比我周围的上海人可爱得多的年轻人,他们没有虚荣心,也不会相互攀比。他们偶尔蹦跶出一句调侃我的话,也需要我琢磨半天。当我想明白他们的“梗”之后,又轻易原谅了他们。

我不会留恋孩提时光的美好生活。那里住着我的对错、荣辱和成败。我要面向未来,那里有我尚未探索的新世界,还未展开的新征程,以及我最终会明白的使命。

我当然也会怀念那个回不去的童年。这种怀念没有任何惆怅,只是增强了我对人生下半场“使命”的执念。那不是新游戏中的新输赢,而是新征程上的新画卷。为此,我要像湖南蛮子一样,秉承“霸蛮搅得烂场火”的策略,坚持“文打官司武打架”的精神。我还会时不时地哼唱这首祖父教我唱的湖南民歌(我只记得这几句了),一路叮铃当啷地——而不是吊儿郎当地——欢歌向前进。

“张打铁，李打铁，
打一把剪刀送阿姐。
阿姐留我歇。
我不歇，
我要回去学打铁。
打铁一，甜蜜蜜，
打铁二，麻拐盖，
……
打铁十，大家有饭吃。”

“大家有饭吃”大概就是平等世界最基本的共识吧！

参考书目

周谷城著:《世界通史》1—3卷,商务印书馆1948年版。

凌力编著:《解构区块链》,清华大学出版社2019年版。

王永长著:《中国土地所有制"二元结构"研究》,上海财经大学出版社2020年版。

周洛华著:《金融工程学》,上海财经大学出版社2019年版。

周洛华著:《货币起源》,上海财经大学出版社2019年版。

周洛华著:《市场本质》,上海财经大学出版社2020年版。

周洛华著:《估值原理》,上海财经大学出版社2022年版。

周洛华著:《时间游戏》,上海财经大学出版社2024年版。

李进华著:《野生短尾猴的社会》,安徽大学出版社1999年版。

[美]爱德华·威尔逊著:《论人的本性》,新华出版社2010年版。

[美]弗朗斯·德瓦尔著:《猿形毕露》,生活·读书·新知三联书店2015年版。

[美]弗朗斯·德瓦尔著:《黑猩猩的政治》,上海译文出版社2014年版。

[法]路易·杜蒙著:《阶序人》,浙江大学出版社2017年版。

[英]瑞·蒙克著:《维特根斯坦传:天才之为责任》,浙江大学出版社2011年版。

[英]路德维希·维特根斯坦著:《哲学研究》,商务印书馆1996年版。